# 아이네이스 3

# 아이네이스 3

AENEIS
IX~XII

베르길리우스 서사시 김남우 옮김

# AENEIS IX~XII
# PUBLII VERGILII MARONIS (B.C. 19)

### 일러두기

1. 이 번역의 저본은 Gian Biagio Conte, *Publius Vergilius Maro, Aeneis*, 2009다.
2. 행수는 일반적으로 5행 단위로 표시하며, 원문의 행수를 의미한다. 번역문 행수와 원문 행수가 어긋날 경우 원문 행수를 따로 밝혀 두었다.
3. 한 행을 둘로 나누어 전반부에 〈a〉를, 후반부에 〈b〉를 붙인다. 예를 들어 6행 전반부는 〈6a〉라고 표시한다.
4. 번역 원칙의 골자를 언급하면

   가. 라티움어로 쓰인 원문 시행이 〈여섯 걸음 운율〉의 18음절로 구성되어 있는데, 이를 반영하여 번역 시행 또한 18자 이하로 구성했다. 이를 편의상 〈18자역〉이라고 이름 붙였다.

   나. 모든 번역 시행들은 최대한 원문에 일치한다.

   다. 서사시의 각 시행 끝에서 운율의 마지막 음보와 단어의 끝음절이 일치하면서 반박자 쉬어 가는 큰 휴지 마디가 있는데, 번역에서도 이를 적용했다.

   라. 고유 명사는 특별한 경우가 아니면, 3음절 이하로 왜곡했다. 예를 들어 〈이탈리아〉는 〈이탈랴〉로 줄였다. 주석에서는 라티움어의 원래 소리를 그대로 적었다. 용언도 의미가 통하는 선에서 줄임말을 택했다. 예를 들어 〈커다란〉은 〈커단〉으로, 〈어두운〉은 〈어둔〉으로 줄였다.
5. 독서 편의를 위하여 고유 명사 색인에 고유 명사에 대한 간단한 설명을 덧붙였다.

이 책은 실로 꿰매어 제본하는 정통적인 사철 방식으로 만들어졌습니다.
사철 방식으로 제본된 책은 오랫동안 보관해도 손상되지 않습니다.

이 마음의 불은 신들이 지피셨는가?
유랄룻, 제 지독한 욕망이 저마다의 신인가?
전투나 혹은 뭔가 큰일을 저질러라, 진작부터
마음은 날 충동이니 난 평온에도 쉬지 못한다.

                    제9권 184~187행

| | |
|---|---|
| 제9권 | 9 |
| 제10권 | 53 |
| 제11권 | 103 |
| 제12권 | 155 |
| | |
| 참고 문헌 | 211 |
| 역자 해설  로마의 서사시 『아이네이스』 | 215 |
| 베르길리우스 연보 | 227 |
| 찾아보기 | 229 |

# 제9권

　　내륙 깊이 딴 곳에서 이 일들이 벌어질 때에,
　　사툰의 따님 유노는 이리스를 하늘에서 내려
　　용감한 투르눗에게 보내니, 때마침 조부 되는
　　필룸눗에게 바쳐진 계곡, 성림에 앉은 투르눗.
5　그에게 장밋빛 입술로 타우맛의 딸은 말했다.
　　「투르눗, 간청해도 신들 가운데 누구도 감히
　　줄 수 없을 걸 흐르는 세월이 전로 가져왔다.
　　에네앗은 도시와 동료들과 함대를 내깔리고
　　팔라튬 에반더의 왕권과 거처를 찾아갔다.
10　그도 모자라 코뤼툿의 외곽 도시들 먼 데까지
　　뤼디아 백성을 들쑤셔 무장한 농군을 모은다.
　　왜 주저하는가? 이제 전마와 전차를 부를 때다.

　1행 내륙 깊이 딴 곳에서 : 그때 아이네아스는 팔라테움에서 에우안데르를, 그리고 에트루리아에서 타르코를 만나고 있었다.
　4행 필룸눗 : 필룸누스는 제10권 76행에 따르면 투르누스의 조상, 619행에 따르면 고조부다.
　5행 타우맛의 딸 : 이리스의 별칭이다.

지체란 일체 치우라. 적진을 흔들어 점령하라.」
말하고서 양 날개로 몸을 하늘에 들어 올려
구름을 갈라 커단 무지개를 놓으며 떠나갔다.   15
청년은 여신을 알아보고 양손을 들어 별들을
향하여 이리 말하며 떠나가는 여신을 쫓았다.
「하늘의 자랑 이리스여, 구름에서 내려 뉘 그댈
땅의 내게 보내셨는가? 어찌 이리 갑자기 맑게
날이 개는가? 하늘 한가운데가 갈라져 지축을   20
떠도는 별들이 보인다. 크다손 뭐든 따르리다.
뉘시든 무기를 들라시면.」 이리 말하고 물로
다가서서 와류의 수면에서 맑은 물을 떠올려
신들에게 많은 기도를, 하늘에 소망을 실었다.

　　벌써 벌판에 넓게 펼쳐져 전군이 걷고 있었다.   25
넘치는 군마들, 황금 자수의 넘치는 군복들.
메사풋이 선두를 맡고, 후미를 통제하는 것은
튀룻의 아들들. 중앙 대열의 지휘관 투르눗.
[누볐다. 머리 하나만큼 우뚝 솟아 있는 무장]
그건 잔잔한 일곱 지천들이 키워 내 불어난   30
강게스강이 고요히, 부푼 홍수의 닐룻강이

14~15행 양 날개로 (……) 떠나갔다 : 제5권 657~658행과 같다.
22행 뉘시든 : 종교적 공식 어구다. 제1권 33행, 제4권 577행과 비교하라 (Williams).
28행 튀룻 : 제7권 484행 이하에 등장하는 목동으로 라티누스 왕의 가축을 돌본다.
29행 누볐다. 머리 하나만큼 우뚝 솟아 있는 무장 : 제7권 784행과 같다. 편집자들은 이 행을 지운다.

들판에 멀리 강바닥에 붙어 흘러갈 때 같았다.
이때 난데없이 검은 먼지구름이 피어오르고
벌판에 어둠이 솟는 걸 테우켈이 건너다본다.
35 맞은편 망루에서 카이쿳이 제일 먼저 외쳤다.
「시민들아, 웬 먹구름이 무리 지어 다가오는가?
서둘러 칼을 들고 창을 잡아라. 방벽에 오르라.
적이 다가온다. 어서.」 큰 함성에 모든 성문마다
대피하는 테우켈이 성벽 안을 가득 채운다.
40 떠나가며 그리하라 당부한, 전쟁의 우두머리
에네앗. 자릴 비운 새 행여나 뭔 일이 생긴다년,
전열을 맞세우지도, 전장에서 맞서지도 말라,
다만 흙 쌓은 성채와 성벽을 안전히 지켜라!
수치와 분노가 맞붙어 싸워라 명할지라도,
45 성문을 닫아걸고 당부한 걸 열심히 지켰다.
무장하고 성탑 깊은 곳에서 적을 기다렸다.

　느린 행렬을 나는 듯이 앞서 달려간 투르눗은
기병 선발 부대 스물을 대동하고 도시 앞에
느닷없이 등장한다. 그는 얼룩빼기 트라캬
50 준마를 탔고, 붉은 깃털 황금 투구를 눌러썼다.
「청년들아, 나와 앞장서 적과 싸울 자 누구인가?
보아라.」 말하고 허공을 향해 힘껏 던지는 창.

---

37행 : 제4권 594행과 비교하라.
　52행 허공을 향해 힘껏 던지는 창 : 로마의 전통적인 전투 개시 행위다. 조약관 *pater patratus*은 적을 향해 허공으로 창을 던졌다.

전투의 시작. 들판에 그는 우뚝 버티고 섰다.
동맹들은 함성으로 받들어 무서운 고함 속에
뒤따른다. 테우켈의 대응 없는 심장에 놀랐다.　　　　　　　　55
들판에 나서지도, 맞아 무기를 들지도 않고
성채를 껴안은 사내들. 격분한 그는 여기저기
말을 몰아 살피며 길 없는 곳에서 길을 찾았다.
그건 마치 늑대가 양 떼 들어찬 우리를 노려
울타리에 붙어 짖을 때 같았다. 비바람 맞으며　　　　　　　　60
밤이 깊도록. 어미 곁에 안전하게 어린 양들은
울어 댄다. 분노하여 사납고 흉포한 녀석은
다가갈 수 없어 미친다. 오랜 굶주림에 쌓인
광기, 피에 목마른 목구멍이 못살게 괴롭힌다.
그처럼 성벽과 성채를 노려보는 루툴리의　　　　　　　　65
분노가 이글대고 고통이 뼛속까지 불태운다.
어떻게 입구를 찾을까, 어떻게 해야 닫아건
테우켈을 진지에서 끌어내 평원에 세울까?
성채의 옆구리에 바짝 붙여 숨겨 놓은 함대,
주변 제방과 흐르는 강물로 둘러싸인 함대를　　　　　　　　70
친다. 환호하는 동료들에게 화공을 요구한다.
불을 뿜는 그는 불타는 횃불을 집어 들었다.
그러자 덤벼든다. 투르눗이 있어 힘이 되었다.
모든 장정이 검은 횃불을 마련하여 들었다.

　66행 고통이 뼛속까지 불태운다 : 눈앞에 적을 두고도 어쩔 도리가 없는
루툴리인들은 굶주려 광기에 찬 늑대처럼 고통을 느낀다.

75 불가마에서 빼내 들었던 것. 연기를 뿜는 홰는
검은 불을, 불칸은 엉긴 재를 하늘로 토했다.
　무사들이여, 어느 신이 모진 불에서 테우켈을
구하고, 누가 함대의 커단 화재를 물리쳤는지,
말하소서! 지난날 약속이나 영원한 말씀이니.
80 프뤼가의 이다산 자락에서 처음 에네앗이
함선을 만들며 먼바다로 출항을 준비하던 때,
신들의 모친 베레퀸이 위대한 유피테르에게
이렇게 말하여 「아들아, 어미의 청을 들어라!
올림풋의 정복자인 널 아끼는 어미가 청한다.
85 긴긴 세월 동안 내가 아껴 오던 소나무 숲은,
사람들이 제사를 지내던 산꼭대기 성림은
검은 소나무, 단풍나무 거목들로 어둡더니,
이들을 나는 함선을 짓겠다는 달다눗에게
기꺼이 내주고, 난 걱정 근심에 마음을 졸인다.
90 두려움을 덜어다오. 어미의 소원을 들어다오.
항해 도중 파선하지 않고 어떤 폭풍 돌풍에도
굴하지 않길. 우리 땅에서 난 게 특권이 될지니.」
이에 별들을 움직이시는 아드님이 답하여,
「어머니, 운명을 어디로 불러 뭘 청하십니까?
95 필멸의 손으로 지은 배들이 불멸의 권리를

　79행 옛적 약속이나 영원한 말씀이니 : 유피테르가 그런 약속을 했다는 근거는 너무 오래되어 지금은 희미하지만, 그동안 계속해서 전해지던 말씀이다.
　84행 너를 아끼는 어미 : 대모(大母)신 퀴벨레는 사투르누스로부터 어린 유피테르를 구해 냈다.

누린다? 불확실한 위험을 겪으면서 에네앗이
무사하다? 그런 큰 힘이 어느 신에게 있던가요?
없지만은, 배들이 일을 마치고 오소냐 항구에
장차 닿게 되는 때에 대해를 벗어난 배들만은,
달다늣 지도자를 로렌툼에 실어 온 배들만은            100
제가 명하여 필멸의 형상을 걷어 내고 큰물의
여신 되라 할 것인즉, 마치 네레웃의 딸 도토와
갈라테처럼 거품 이는 바다를 가를 겁니다.」
말했다. 그 결정을 동생의 스튁스강에 걸고,
검은 송진의 소용돌이로 사나운 강둑에 걸고           105
다지니, 그의 다짐에 올륌풋이 온통 흔들렸다.

   그리하여 약속된 날이 왔고 운명은 정해진
시간을 채웠다. 투르눗의 침탈은 대모신에게
신성한 전함에 날아든 불을 물리치라 알렸다.
이때 먼저 서광이 눈에 띄었다. 거대한 운무가         110
새벽하늘을 가로질러 달려오는 듯 보였다.
이다산 가무단도. 그때 낯선 음성이 허공중에
내려와 트로야와 루툴리의 군대를 채운다.
「테우켈아, 내 전함을 지킨다 부산 떨지 마라!
무기도 들지 마라! 투르눗이 바다를 태우지,          115
신성한 소나무를 태울쏘냐! 너희는 자유이니,
바다 여신 되어 떠나라. 어미의 명이다.」 각각의

---

102~103행 도토와 갈라테:『일리아스』제18권 39행 이하에 네레우스의
딸들이 길게 열거되는데, 거기에 도토와 갈라테아가 보인다(Williams).

함선은 즉시 강둑에 매어 둔 제 밧줄을 끊었고
곧이어 돌고래 충각을 바닷속에 담그면서
120 심해를 찾아, 예서 처녀들은 (놀라운 광경이다)
[앞서 해안에 정박되었던 청동 함선 수만큼]
본모습으로 돌아와 그 수만큼 바다를 달린다.
　루툴리는 혼이 나갔다. 잔뜩 겁을 집어먹은
메사풋과 소란스런 기병대. 주춤하는 강물.
125 티베릿은 사납게 울며 바다에서 뒷걸음쳤다.
하나 과감한 투르눗은 믿음을 버리지 않았다.
앞장서서 말로써 용기를 북돋고 다그쳤다.
「이는 트로야를 노린 이변이니 유피테르는
도움을 거두셨다. 배들은 루툴리의 활과 불을
130 기다리지 않았다. 테우켈의 뱃길은 끊겼다.
피신의 희망도 없다. 세상의 반쪽이 사라졌다.
하나 육지도 우리 수중에 있어 수천 부족의
이탈랴가 일떠섰다. 난 두렵지 않다, 운명이.
프뤼갸들이 내세우고 있는 신들의 응답이.
135 운명과 베누스는 만족하라. 비옥한 오소냐
땅에 트로야가 닿았으니. 내겐 맞설 운명이
주어졌으니, 무도한 종족을 칼로 섬멸할 것.
신부를 뺏기니, 아트렛의 아들들만이 아는가,

121행 : 제10권 223행과 같다.
122행 본모습 : 전함이 바다 요정의 모습으로 바뀐다.
134행 신들의 응답 : 제7권 96행 이하에서 라티누스 왕은 신의 응답을 듣는다(Williams).

이런 고통을. 뮈케네만이 전쟁이 허락될쏘냐.
〈한 번 망한 걸로 족했다.〉 먼젓번 죄로 만족하고           140
관둬야 했다. 이젠 여자라면 온통 멀리해야
하지 않을까? 그들에게 중앙 방벽의 신뢰가,
주변 도랑의 지체가, 죽음과 멀지 않은 거리가
용기를 주는가? 트로야 성벽을 보지 못했느냐?
넵툰이 손수 지었는데도 불 속에 주저앉는 걸.              145
이제 너희 정예들아, 너흰 칼로 성벽을 부술
준비가 되었는가? 겁먹은 적을 함께 치겠는가?
불칸의 무구도, 일천 척의 함대도 나에게는
필요치 않다. 테우켈에게 동맹자로 당장 전체
엣투르랴는 가담하라. 어둠과 게으른 기만을                150
[파수병을 모두 죽이고 팔라스 신상을 훔칠까]
두려워 마라. 말의 어둔 뱃속에 숨지도 않겠다.
공개적으로 대낮에 불로 성벽을 둘러싸겠다.
다나웃이나 펠라스기와 겨룰 때 같지 않다,
헥토르가 버틴 십 년 같지 않다 떠들게 하리라.            155
이젠, 하루의 좋은 부분이 지나가 버렸으니,

138~139행 아트렛의 아들들, 뮈케네 : 아트레우스의 아들 메넬라오스는 트로이아의 왕자 파리스에게 아내 헬레네를 빼앗겼다. 뮈케네의 왕 아가멤논은 메넬라오스의 형이다.

151행 파수병을 모두 죽이고 팔라스 신상을 훔칠까 : 제2권 165행 이하의 내용을 반영한다.

154행 다나웃이나 펠라스기 : 트로이아 전쟁 당시 트로이아인들과 싸운 희랍인들을 가리킨다. 투르누스는 트로이아인들에 맞서 희랍인들보다 짧은 시간 안에 전쟁을 마무리하겠다는 자신감을 보인다.

나머지 시간은 훌륭한 전과에 기뻐하며 몸을
돌보시오, 사내들아! 펼쳐질 전투를 기대하라.」
그새 파수꾼의 초소를 세워 성문을 봉쇄하고
160  성벽을 횃불로 둘러싸는 일을 맡은 메사풋.
루툴리 열네 명이 감시 초소들을 이끌도록
선발되고, 이들을 각 일백의 병사들이 따랐다.
깃털 붉은 청년들은 황금 투구로 일렁였다.
흩어져 각자 임무를 수행하거나 들판에 퍼져
165  포도주를 마시며 청동 술동이를 기울였다.
불을 피워 놓았다. 보초들은 밤을 지새웠다.
노닥이는 불침번.

이를 성벽 위에서 지켜본 트로야는 무기로
방벽을 지키면서 두려움도 없지 않아 성문을
170  살펴보았다. 다리를 놓아 치성들을 연결하고
활을 날랐다. 므네텟, 언한 세레톳이 독려했디.
아버지 에네앗은 변고가 생긴다면 이들에게
청년의 통솔자, 만사의 감독이 되라 했던 것.
전군이 위험을 나누어 성벽에 두루 서고
175  교대로 각자 해야 할 번을 서고 경계했다.

성문을 지킨 것은 전투에 더없이 능한 니숫,
휠타쿳의 아들. 그를 에네앗의 전우로 사냥꾼
이다가 보내니, 창과 활을 쏘는 데 빠른 자였다.

167행 : 미완성의 시행이다.
177~178행 사냥꾼 이다 : 이다산의 요정 이다는 니수스의 어머니로 아들

옆에는 전우 유랄룻. 그보다 어여쁜 다른 이는
트로야 무구를 걸친 에네앗 동료 중엔 없었다. 180
솜털 덮인 얼굴에 피어난 소년의 앳된 혈기.
이들은 사랑으로 하나 되어 함께 참전하더니
그때도 같은 곳에 배치되어 성문을 지켰다.
니숫은, 「이 마음의 불은 신들이 지피셨는가?
유랄룻, 제 지독한 욕망이 저마다의 신인가? 185
전투나 혹은 뭔가 큰일을 저질러라, 진작부터
마음은 날 충동이니 난 평온에도 쉬지 못한다.
루툴리의 기고만장한 꼴을 자네는 보고 있네.
드문 불빛이 반짝이고 잠과 술에 취해 그들은
뻗은 거다. 넓은 들판이 고요하다. 들어라, 장차 190
내 무얼 할 참이고 지금 어떤 생각이 있는지.
백성들과 원로들 모두가 에네앗을 불러오라,
상황을 보고할 자들을 보내라 요구하고 있다.
사람들이 내가 네게 주려는 것을 준다면 (내겐
명성이면 충분하니) 난 방벽 아래로 내려가서 195
팔라스 성으로 길을 톺아 갈 수 있을 듯하다.」
명성을 좇으려는 커단 욕망에 기겁하고 질린
유랄룻은 달아오른 친구에게 이렇게 말했다.

니수스를 아이네아스의 일행으로 딸려 보낸 것으로 보인다(Conington). 혹은
니수스가 사냥하던 이다산을 가리킨다(Williams).
 194행 사람들이 내가 네게 주려는 것을 준다면: 『일리아스』 제10권
204행 이하를 보면 선물과 명성은 훌륭한 일을 성취한 영웅들이 기대하는 보
상이다(Williams).

「고로 저를 거사에 끼워 주지 않겠단 건가요,
니숫? 그 위험 속으로 그대를 혼자 보낼까요?
제 아버지, 전쟁에 밝은 오펠텟은 저를 얻어
아르곳의 공포와 트로야의 참화 속에서도
그리 아니 기르시니, 보았듯 전 아니 그렇지요.
긍지 높은 에네앗과 극한의 운명을 따른 이래.
제 영혼은 세상살이 아쉬울 게 없고, 그대가
좇는 명예면 목숨값으로 충분하다 여기지요.」
이에 니숫이, 「나는 자네가 아니 그렇다 믿네.
안 될 말. 그랬다면 난 개선하지 못하리. 위대한
유피테르나 이를 지켜보시는 분의 가호로도.
만약 어떤 — 이런 위험 속에 자네도 많이 보았듯 —
만약 어떤 우연이나 신이 역경으로 이끈다면,
자넨 살아남으라. 자넨 살아갈 날이 창창하다.
전장에서 나를 빼 오거나 몸값을 주고 되찾아
묻어 줄 이나, 혹여 예의 불운이 이를 막는다면,
빈 무덤을 꾸미고 장례 치를 이가 있어야겠지.
또 난 불쌍한 자당께 애통의 원인이 될 수 없네.
소년아, 수많은 어머니 중에 유일하게 자네를
따라 위대한 아케텟의 성벽을 버리신 분에게.」

208행 안 될 말. 그랬다면 난 개선하지 못하리 : 구두점을 어떻게 찍어야 할지 의견이 분분한 구절이다. 〈못하리 non〉를 분리하여 〈개선하리라〉로 읽을 수도 있으며 이로써 반드시 살아 돌아오겠다고 맹세하는 것처럼 읽을 수도 있다(Conington).

218행 위대한 아케텟의 성벽을 버리신 분 : 제5권 767행 이하에서 다른 나

하나 그는「쓸데없는 공허한 핑계를 엮는군요.
내 결심은 절대 변치 않으며 바뀌지 않으니. 220
서두르죠.」말했다. 잠 깨워 일어난 초병들은
임무를 교대하여 이어받았다. 초소를 떠나
그는 니숫을 따라 걸어갔고 왕을 찾아 나섰다.

  대지에 다른 생명들은 잠에 녹아들어 온통
근심을 내려놓았고 마음은 노고를 잊었다. 225
테우켈의 최고 지도자들, 가려 뽑힌 청년들은
왕국의 막중대사를 두고 의논이 한창이다.
뭘 할까, 누가 에네앗에게 전령으로 갈까를.
그들은 긴 창에 기대어 방패를 들고 서 있었다.
성채와 광장의 한가운데였다. 그때 니숫과 230
유랄룻은 달려와 어서 들여보내 달라 청했다.
지체할 보람의 큰일이라 하니 율루스가 나서
들뜬 그들을 맞아 니숫에게 말하라 명했다.
하여 휠타쿳의 아들은「경청의 호의를 청하니,
에네앗의 백성이여, 저희 나이로 이 제안을 235
판단하지 마시오. 루툴리는 술과 잠에 묻혀

---

머지 어머니들은 아이네아스 일행과 떨어져 아케스테스의 곁에 남아 있기로 하였다.

  229행 그들은 긴 창에 기대어 방패를 들고 서 있었다 : 사람들은 적들을 맞아 즉시 싸울 수 있도록 늦은 밤까지 회의하는 중에도 무장을 하고 있었다(Conington).

  230행 성채와 광장의 한가운데 : 고대 주석에 따르면 베르길리우스가 로마 군단의 주둔지 형태를 상정하고 있는 것으로 보인다.

잠잠하니, 빠져나갈 곳을 보아 두었습니다.
바닷가 성문 앞에 갈래 길이 열린 곳입니다.
불이 끊어져 하늘로 검은 연기가 솟아오르는
240 곳입니다. 만약 이 행운을 이용케 승인하시고
에네앗과 팔라스 성을 찾아가게 하신다면
곧 크게 적을 물리치고, 노획물을 가지고 여기
돌아온 걸 보실 터. 저흰 길을 잃을 일이 없으니.
저희는 어둔 계곡 깊이 도시의 초입을 보았고
245 꾸준한 사냥 덕에 강변 전체를 익혔으니까요.」
이때 나이가 지긋하고 웅숭깊은 알레텟은,
「늘 트로야를 돌보시는 신들이여, 선조들이여!
그래도 테우켈을 멸하실 건 아닌가 봅니다.
청년들에게 저런 용기, 저런 굳건한 가슴을
250 주셨으니.」 이리 말하고 두 사람의 어깨와 손을
붙잡고, 얼굴과 볼을 눈물로 적시고 있있다.
「사내들아, 너희에게 너희 공로에 어떤 합당한
상이 있을 수 있을까마는? 가장 아름다운 상은

---

237행 빠져나갈 곳 : 원문 〈*insidiis*〉는 〈기습〉이라는 뜻을 갖는다. 문맥상 몰래 빠져나가 아이네아스를 모셔 오겠다고 말하는 것처럼 들리지만, 242행 이하 〈곧 크게 적을 물리치고 노획물을 가지고 여기 돌아온 걸 보실 터〉라고 말하는 것으로 볼 때, 니수스는 이미 더 큰 계획이 있었다.

241행 에네앗과 팔라스 성 : 원문을 〈팔라스 성에 머무는 에네앗*Aenean ad moenia Pallantea*〉으로 읽는 경우도 있다(Conington).

244행 어둔 계곡 깊이 도시의 초입 : 〈팔라스 성〉은 언덕 위에 세워져 있고, 니수스는 언덕 아래 계곡에서 팔라스 성으로 가는 길을 보아 두었다고 말한다 (Congintion).

신들과 너희 덕행이 줄 것이다. 나머지 상은
충직한 에네앗께서 곧 내리시고, 한창때인                              255
아스칸도 결코 그 큰 노고를 잊지 않으리라.」
「아버지의 복귀가 유일한 살길인즉 너희에게」
아스칸이 이어 「니숫아, 위대한 신주에 걸고,
앗살쿳의 성주신, 백발의 베스타 성소에 걸고
맹세하노니, 내 운명과 믿음에 속하는 모든 걸                            260
너희 손에 맡기니 아버지를 어서 모셔 오라.
다시 뵙게 하라. 돌아오신다면 근심을 덜겠다.
부각된 문양으로 완성한 은잔 둘을 주리다.
아릿바가 함락될 때 아버지께서 구한 것이오.
세발솥 두 개와 큼지막한 두 탈렌툼의 황금도.                            265
옛 혼주기도. 이는 시돈의 디도가 준 것이오.
만일 이탈랴를 장악하고 왕홀을 쥐게 되며,
승자에게 전리품을 나누는 일이 허락된다면
황금의 투르눗이 탄 말과 걸친 무장을 너희가
보았을 텐데, 바로 그 말과 방패, 붉은 투구를                            270
나는 따로 빼둘 거고, 니숫아, 자네 상이 될 거요.
또한 부친께서는 가려 뽑은 몸매의 열두 명

254행 신들과 너희 덕행이 줄 것이다 : 그들이 큰일을 행했음에 그들 자신
이 자긍심을 얻는 것 자체가 이미 제일 대단한 상이다(Williams).
264행 아릿바가 함락될 때 : 트로이아에 속한 도시 아리스바가 언제 함락
되었는지는 알려진 바가 없다(Williams).
269행 황금의 투르눗이 탄 말과 걸친 무장 : 49~50행에 투르누스의 무장
이 설명되어 있다.

어미들, 포로들, 그 모두의 무기를 하사하시고
보태어 라티눗 왕이 소유한 토지도 그러하며,
275 또 난 자네를, 내 나이가 바투 붙어 따라가는
자네를, 존경스러운 소년아, 내 온 마음으로
받아들이고, 매사에 자네를 동료로 삼으리라.
내 일에 자네가 없으면 아무 영광도 없으리니,
평화도 전쟁도 내 아니 치를 것. 자네 행동과
280 결단을 더없이 신뢰할 것이네.」 이에 답하여
유랄룻은 「어떤 날도 제가 용맹한 전사들만
못하다 하지 못하니. 그럼 됩니다. 행운이나
때로 불운이 지나갈 뿐. 선물은 그만두시고
청이 하나 있으니, 제겐 프리암 혈족인 모친이
285 계십니다. 모진 삶의 모친은 일리온 대지를,
아케텟 왕의 성벽을 떠나 저와 함께 오셨지요.
저는 제기 하려는 모험을 모르고 계신 모친을
인사 없이 떠납니다. (밤과 그대 손이 증인이니)
저는 모친의 눈물을 차마 볼 수가 없습니다.
290 가련한 분을 위로하고 살펴 주십사 청합니다.
저의 이 바람을 허락해 주시면, 전 더 과감히

275행 내 나이가 바투 붙어 따라가는 : 에우뤼알루스는 아스카니우스보다 좀 더 나이가 많아 보이는데, 이런 나이 차이를 마차 경주에 비유하였다 (Conington).

282~283행 행운이나 때로 불운이 지나갈 뿐 : 원문을 ⟨haut⟩로 읽는 사본도 있다.

286행 아케텟 왕의 성벽 : 218행의 주석을 보라.

무슨 일이든 해낼 테요.」 마음을 치는 감동에
달다듯은 눈물짓고, 어여쁜 율루스가 특히,
부친을 섬기는 충직함이 마음에 스쳐 갔다.
이렇게 말했다.                                                    295

「그대 커단 계획에 합당한 모든 것을 믿으오.
내게도 그분은 어머니일 터, 크류사란 이름만
아닐 뿐이오. 그만한 출산에 적지 않은 보답이
있으리라. 그대 감행이 어떤 결과를 가져오든,
부친이 예전 하셨듯 이 머리에 걸고 맹세하오.             300
무사히 돌아온 그대에게 주겠다 약조한 것을
똑같이 그대 모친과 친족들은 갖게 되리라.」
눈물로 이렇게 말했다. 어깨에 걸친 황금 검을
벗어 주었다. 놀라운 솜씨의 장인 크노솟의
뤼카온이 쓸모 있게 맞춰 놓은 상아 칼집도.                  305
므네텟은 니숫에게 갈기가 곤두선 사자의
가죽을 내주었고 알레텟은 투구를 교환했다.
무장하고 나아가니, 떠나가는 그들을 모두가,

---

294행 부친을 섬기는 충직함이 : 제10권 824행에도 거의 그대로 반복된다.
295행 : 미완성의 시행이다.
297행 크류사 : 제2권 738행 이하를 보면 크레우사는 트로이아를 탈출하는 과정에서 사망하였다.
304행 크노솟의 : 크노소스는 크레타섬의 수도인데, 다이달로스 신화 등을 보면 크레타섬은 자고로 수공업으로 유명하다(Williams).
308행 떠나가는 그들을 모두가 : 『일리아스』 제10권 255행 이하에서 정찰을 떠나는 디오메데스와 오뒷세우스를 모두가 배웅하면서 선물로 온갖 무장을 이들에게 주었다.

장수들의 무리, 청년들과 노년들이 성문까지
310 성원하며 따랐다. 어여쁜 율루스도 함께하니,
이른 나이에 사내다운 영혼과 마음을 가진
그는 부친께 전할 것을 신신당부하나, 바람은
모든 걸 앗아가 헛되이 구름에 갖다 바쳤다.
　밖으로 나가 해자를 건너 밤의 어둠을 지나
315 적진으로 나아갔다. 많은 이에게 죽음이 될
그들은 여기저기 들판에 잠과 술에 늘어진
육신들을 보았다. 바닷가에 세워진 전차들을,
고삐와 차륜 사이에 사내들, 무구들, 술병이
누운 걸. 휠타쿳의 아들이 먼저 입을 열었다.
320 「유랄룻, 감행할 때다. 사태가 그리 외친다.
예가 길이니, 우리 등 뒤에서 적이 깨어나지
않는지 경계하며 멀리까지 주시하시게나.
난 이들을 적살하고 네게 넓은 길을 열겠네.」
소리를 낮추어 이리 말하고 즉시 칼로 오만한
325 람네스를 공격했다. 마침 높이 쌓은 담요 위에
누워 가슴으로 온통 잠을 뿜어내고 있었으니,
그도 왕이고 왕 투르눗이 아끼는 조점관이나,
조점으로도 그는 파멸을 막아 낼 수 없었다.
옆에 어지럽게 무구 사이에 누운 세 명의 하인,
330 레뭇의 종자를 제압하였다. 마부를 바로 그

326행 가슴으로 온통 잠을 뿜어내고 있었으니 : 곤히 잠들어 코를 심하게 골고 있는 모습을 표현한다(Williams).

말들 아래 발견하고 늘어진 목을 칼로 그었다.
곧 주인도 머리를 베어 냈다. 버려진 몸통이
피를 쏟아 내고 있었다. 검붉은 피로 젖어 버린
대지와 침대가 흥건했다. 라뮈룻도 라뭇도
청년 세라눗도. 그날 밤 아주 늦게까지 술판을                335
즐기다가 얼굴이 출중한 그는 신에게 크게
제압되어 누웠다. 행복했을 것을. 만일 계속 그
술로 밤을 지새우고 새벽까지 이어 갔더라면.
마치 주린 사자가 가득 찬 우리에 뛰어들어
미칠 듯한 허기에 시달려 뜯고 찢을 때처럼.                340
공포에 침묵하는 여린 가축. 피 묻은 입의 포효.
그 못지않은 유랄룻의 살육. 불타오르는 그도
미쳐 광분하며 이름 없는 많은 백성은 물론
파둣, 헬베숫, 로이툿, 아바릿을 공격하였다.
모르고 당한 그들과, 깨어 모든 걸 본 로이툿.                345
크게 두려워 술독 뒤에 몸을 숨기고 있다가
일어선 그의 가슴에 근접하여 칼날 전부를
찔러 넣고 낭자한 죽음과 함께 뽑아 들었다.
한쪽은 붉은 영혼을 토하며 피 섞인 포도주를
뿜으며 죽었고, 한쪽은 격한 기습을 이어 갔다.                350
메사풋의 동료들에게 달려간다. 거기 외곽에

336행 신에게 : 잠의 신일가 아니면 포도주의 신일까 분명하지 않다.
340행 미칠 듯한 허기에 시달려 : 제10권 724행과 같다.
349행 붉은 영혼 : 348행에 언급된 〈낭자한 죽음〉과 똑같이 죽어 가는 사람이 흘리는 피를 가리킨다(Conington).

모닥불이 시들어 가고 제대로 묶인 말들이
　　　풀을 뜯는 걸 보았다. 이때 니숫이 짧게 이리,
　　　(과도한 살상과 살의에 이끌린다 느꼈던 것)
355　말하되,「그만하자! 불리한 먼동이 밝아 온다.
　　　보복은 이제 충분하다. 적진을 질러 길이 났다.」
　　　순은으로 완성한 많은 물건은 내버려두었다.
　　　사내들의 무구, 혼주기, 어여쁜 융단도 함께.
　　　유랄릇은 람네스의 목걸이와 징을 박은 황금
360　혁띠를 — 과거 티부르의 레물룻에게 부유한
　　　케디쿳이 보낸 선물로 멀리서 친교를 맺으려
　　　보냈던 것인데, 그가 죽고 손자가 물려받았고,
　　　그가 죽고 전쟁과 전투로 루툴리가 차지한 것 —
　　　이를 노획하여 용감한 어깨에 헛되이 걸쳤고
365　또 메사풋의 깃털 장식 투구를 잘 어울리게
　　　썼나. 그들은 석신을 떠나 안선을 노보하였다.
　　　　그새 라티움의 도시에서 기병대가 앞서 왔다.
　　　나머지 군단은 군영을 차리고 대기하였고,
　　　투르눗에게 왕의 답변을 전하러 오고 있었다.
370　삼백 명 모두가 볼켄스 휘하에 방패를 들었다.
　　　군영으로 접근하여 담 아래를 지나고 있을 때

355행 그만하자! 불리한 먼동이 밝아 온다 : 『일리아스』 제10권 251행을 모방한 시행이다(Conington).
369행 투르눗에게 왕의 답변을 : 투르누스가 라티누스 왕에게 전갈하여 군단을 보내 달라 요청하는 장면은 앞서 언급이 없었다. 라티누스 왕은 군단을 보냈고, 앞서 기병대가 먼저 와서 왕의 답변을 투르누스에게 전한다.

멀리 끝에서 좌로 돌아가는 이들을 보았다.
밤의 어둠 속에 빛나는 투구가 생각지 못한
유랄룻을 고발하였다. 달빛을 받아 번쩍인 것.
보아 넘기지 않았다. 볼켄스는 행군 중 외쳤다. 375
「사내들아, 멈춰라! 웬 이동이냐? 웬 무장이냐?
어디로 가느냐?」 그에게 아무런 대꾸도 없이
숲으로 도주를 재촉하고 어둠에 의지하였다.
기병대는 질주하여 익숙한 샛길에 이르러
여기저기 모든 출구를 봉쇄하고 포위하였다. 380
숲은 널찍이 가시덤불과 검은 떡갈나무들로
어지럽고, 빼곡한 가시나무가 온통 가득했다.
숨겨진 숲길들 사이로 언뜻언뜻 길이 보였다.
칠흑의 숲 그늘과 무거운 전리품이 유랄룻의
발길에 가로거쳤다. 두려움에 방향을 잃었다. 385
니숫은 정신없이 적들에게서 빠져나왔다.
후에 알바라 불릴 곳에 (그 이름의 유래는
알바눗인데 당시 라티눗의 큰 축사가 있었다)
멈추어 거기 없는 친구를 헛되이 돌아보았다.
「불행한 유랄룻, 어드메 너를 놓아둔 것인가? 390
어찌 찾을까?」 뒤엉킨 길을 모두 되짚으나,
그를 저버린 숲. 다시 발자국을 찬찬히 살피며

373행 밤의 어둠 속에 빛나는 투구 : 앞서 메사푸스를 죽이고 전리품으로 챙긴 투구가 승자의 죽음을 재촉한다.
388행 라티눗의 큰 축사 : 제7권 485행 이하 튀루스가 돌보는 〈왕가의 가축들〉과 연결하여 볼 수 있다(Conington).

읽어 나갔다. 침묵하는 덤불 속을 헤매 다녔다.
말 울음, 추적자들의 소란과 신호가 들렸다.
395 그리고 오랜 시간이 지나지 않아, 고함이 귀에
들렸다. 유랄룻을 보았다. 그는 사방 병사들에,
지리와 어둠의 기만에 속아, 갑작스런 혼란에
제압되어 사로잡혔다. 수많은 헛된 시도에도.
어찌하려는가? 어떤 무력, 어떤 무기로 청년을
400 구하려는가? 창검의 한가운데로 죽자 하고
달려 상처 속에 어여쁜 죽음을 재촉하려는가?
서둘러 창을 던지려 어깨를 잔뜩 뒤로 젖히고
높은 달을 바라보며 이런 말로 기원하였다.
「여신이여, 그대 오셔서 저희 고난에 도우소서!
405 별들의 자랑, 라토나의 따님, 숲의 수호자여.
부친 휠타쿳이 저를 위해 언젠가 그대 신전에
선물을 드렸다면, 제가 사냥하여 이를 늘리되
제물을 궁륭에 걸고 박공에 박아 드렸다면,
제가 이 무리를 휘젓게 바람의 창을 이끄소서!」

392~393행 다시 발자국을 찬찬히 살피며 읽어 나갔다 : 아이네아스가 아내 크레우사를 찾아 트로이아 성안으로 돌아갔던 제2권 753행 이하와 거의 같다(Williams).

405행 별들의 자랑 : 호라티우스는 「백년제 찬가」 1행 이하에서 〈숲을 다스리는 디아나여, 빛나는 하늘의 자랑〉이라고 노래하였다. 호라티우스는 『서정시』 III 22, 1행 이하에서 디아나 여신을 〈높은 산과 깊은 숲을 수호하는 처녀 신이여〉라고 불렀다.

409행 휘젓게 : 니수스는 적군을 혼란에 빠뜨리고 에우뤼알루스가 도망할 수 있는 틈을 만들려고 한다(Conington).

제9권 **29**

이렇게 말했고 온몸의 힘을 한데 모아 창을                                    410
던졌다. 창은 날아가며 밤의 어둠을 때렸고
돌아서 있던 술모의 등에 닿았다. 그때 창은
부러지고 부러진 창 자루는 심장을 관통했다.
뜨거운 피의 강을 토하며 그는 땅에 굴렀다.
식어 가며 오래 헐떡였다. 장골을 흔들었다.                                    415
그들은 흩어져 살폈고, 그는 더욱 맹렬하게,
보라, 다른 창을 귓가로 높이 들어 겨누었다.
소란 속에 창이 타긋의 관자놀이를 관통하며
크게 울었다. 뜨거운 창이 머리에 박혀 버렸다.
볼켄스는 격노하나, 어디에서 창을 던지는지,                                   420
어디로 돌격할지 속을 태워도 알 수 없었다.
「대신 네가 더운 피로 두 명 몫의 벌을 내게서
받으리라.」 말하는 동시에 그는 칼을 뽑아 들고
유랄룻에게 다가섰다. 그때 놀라서 정신없이
니슷은 고함지른다. 어둠 속에 더는 숨을 수                                    425
없었고, 크나큰 고통을 견뎌 낼 수도 없었다.
「나다, 나! 그리한 건 나란 말이다. 칼로 날 쳐라!
루툴리여! 모두가 나의 범죄다. 그는 할 용기도,
할 재주도 없다. 여기 하늘과 별이 증인이로다.
그는 불행한 친구를 너무도 사랑한 것뿐이다.」                                  430

428행 모두가 나의 범죄다 : 340행 이하에서 에우뤼알루스도 살육에 참여하였다. 친구의 목숨을 구하기 위해 친구의 명예에 상처가 될 말을 하고 있다(Conington).
430행 그는 불행한 친구를 너무도 사랑한 것뿐이다 : 마치 무엇 때문에 에우뤼

      이런 말을 하는데도, 있는 힘껏 내지른 칼은
      갈비뼈를 관통하여 눈부신 가슴을 갈랐다.
      유랄룻은 죽음 위에 굴렀다. 어여쁜 사지에
      피가 흘렀고 늘어진 목은 어깨 위에 걸렸다.
435  그건 마치 붉은 꽃이 쟁기에 잘려 나가 시들어
      죽어 갈 때나 혹은 양귀비가 목을 늘어뜨려
      비에 젖어 무거워진 머리를 떨굴 때와 같았다.
      그때 니숫은 한복판에 달려들어 모두 두고
      오직 볼켄스만을 겨누고, 볼켄스만을 노렸다.
440  그의 주변에 몰려든 적들은 그와 맞붙어 그를
      몰아내려 하였다. 그래도 버티며 번개의 칼을
      휘둘렀고, 끝내 고함치는 루툴리의 입에 칼을
      찔러 넣었다. 죽어 가며 적의 목숨을 가져갔다.
      그러곤 숨이 멎은 친구 위로 몸을 쓰러뜨렸다.
445  온 네 갈에 찔린 몸을. 게시 편히 죽이 짐들었다.
         복되다, 두 사람은! 내 노래가 뭔가 할 수 있다면,
448  에네앗 집안이 카피톨에 부동의 바위처럼
449  깃들고, 로마의 아버지가 통치하는 동안 내내,

알루스가 함께 있느냐고 질문이라도 받은 것처럼 니수스는 답한다(Conington).
  436행 양귀비 : 『일리아스』 제8권 306행 이하의 비유와 같다(Conington).
  449행 로마의 아버지 : 〈로마의 아버지〉를 어떻게 볼 것이냐에 따라 세 가지 의견이 갈리는데, 아이네아스나 로마 시민이나 유피테르로 해석한다. 〈에네앗 집안〉이 언급되고 앞서 아이네아스를 〈아버지〉라고 부른 것에 비추어 첫 번째 의견이 유력해 보인다(Conington). 하지만 건국된 로마, 다시 말해 카피톨리움 언덕에 건설된 유피테르 신전이 영원히 건재하는 동안을 가리키는 것으로 볼 수 있다.

하루도 너희를 영원한 기억 밖에 두지 않으리.　447

　승자 루툴리는 전리품과 노획물을 챙겨　450
애도하며 숨이 멎은 볼켄스를 군영에 옮겼다.
군영의 슬픔도 못지않았다. 람네스가 죽어
실려 오고, 한시의 살육으로 죽은 지도자들이,
세라눗과 누마가. 커단 군중이 시신들 주변에,
죽음에 다다른 사내들에게, 뜨거운 죽음이　455
생생한 장소로, 거품 가득한 피의 강 근처로.
서로에게 전리품을 확인시킨다. 메사풋의
빛나는 투구도, 많은 땀에 젖었던 목걸이도.
　그런 중에 새로운 아침을 대지에 흩뿌리는
새벽이 티토눗의 주황색 침대를 떠나왔다.　460
벌써 햇살이 퍼지고 빛으로 세상을 들춰내자
투르눗은 무장을 두르고 무장하라 사내들을,
청동의 전열을 독려한다. 각자는 전선으로
병사들을 재촉한다. 온갖 풍문에 치미는 분노.
심지어 치켜세운 창끝에 (처참한 광경이로다)　465
머리를 꽂아 드니 커단 함성이 뒤를 따른다.
유랄룻과 니숫의 머리를.

454행 누마 : 앞서 325행 이하에 기록된 루툴리 부족의 희생자들 가운데 누마는 언급되지 않았다(Williams).
457행 전리품 : 니수스와 에우뤼알루스에게 빼앗겼던 전리품을 되찾아 각자 누구의 것이었는지 주인을 서로 확인한다(Williams).
458행 목걸이 : 앞서 359행에 비추어 목걸이는 람네스의 것이다.
459~460행 : 제4권 584~585행과 같다.
467행 : 미완성의 시행이다.

에네앗의 굳센 병사들은 성채의 좌측 부분에
(우측은 강물이었다) 전열을 세워 마주했다.
470 해자를 큼직하게 파두고 높은 성채 위에서
숙연히 서 있었다. 효수된 머리에 흔들리고
슬퍼한 것. 익히 아는 얼굴엔 검은 피가 흘렀다.
 그새 떨고 있는 시내를 가로질러 날개 달린
전령이 달려갔고 소문은 유랄룻 모친의 귀에
475 닿았다. 돌연 온기가 가련한 이의 몸을 떠나고
베틀 북이 손에서 떨어졌고 실이 풀려 버렸다.
가련한 모친은 뛰쳐나갔다. 여인의 울부짖음,
산발한 머리채. 실성한 채 성벽과 전방으로
달려간다. 적병도 위험도 투창도 신경 쓰지
480 않는 여인. 하늘에 대고 탄식을 쏟아 놓는다.
「유랄룻아, 내 보는 이게 너더냐? 저게 내 노년의
늦은 위안이던 너더냐? 날 두고 떠날 수 있더냐,
잔인한 것아? 큰 위험 속으로 떠나면서 너는
불쌍한 어미에게 작별할 틈도 주지 않았더냐?
485 원통하다. 낯선 땅에 라티움 개들과 새들의
먹이가 되어 누웠구나. 네 어미는 네 시신을

478행 산발한 머리채 : 『일리아스』 제22권 448행 이하에서 헥토르의 부인 안드로마케는 베틀에 앉아 있다가 남편의 사망 소식을 듣고 놀라 손에서 북을 떨어뜨린다. 그리고 성벽으로 올라와 끌려가는 헥토르를 목격한 안드로마케는 정신을 잃고 머리에 쓴 이마 끈과 머릿수건과 면사포가 떨어진다. 정신없이 성채로 올라가는 에우뤼알루스의 모친도 머리에 쓴 것들을 미처 챙기지 못했다.

따르지도, 눈을 감기거나 상처를 씻겨 주지도,
옷을 덮어 주지도 못하는구나. 서둘러 밤낮
재촉해 짜며 노년의 근심을 달래던 옷이건만.
어디로 갈거나? 어느 땅에 잘린 네 사지 손발, 490
찢긴 몸이 있느냐? 넌 이걸 내게 가져왔느냐,
아들아? 육지와 바다를 따라온 보람이 이거냐?
나를 찔러라! 인정이란 게 있다면, 창을 모두
내게 던져라, 루툴리여! 나를 먼저 칼로 쳐라!
아니, 신들의 위대한 아버지여, 긍휼히 여기사 495
그대 창으로 모진 이 목숨을 저승에 보내소서!
잔인한 명줄을 끊는 수가 제겐 달리 없나이다.」
이 통곡에 마음이 흔들렸고 모두에게 서글픈
탄식이 일었다. 전투 의지는 산산이 부서졌다.
슬픔을 부추기는 여인을 이데웃과 악토르가 500
크게 눈물짓는 일요넷과 율루스의 지시로
부축하여 데리고 나와 숙소에 모셔 놓았다.

487행 따르지도 : 망자의 시신을 화장터로 옮기는 장례 행렬의 뒤에서 유족도 망자를 뒤따른다.

490행 어디로 갈거나 : 입히려고 만든 옷을 죽어서라도 입히려는 에우뤼알루스의 모친은 어디서 아들의 나머지 시신을 찾을 수 있을지 묻는다(Conington).

493행 인정이란 게 있다면 : 우리는 〈*pietas*〉를 〈충직〉이라고 번역했는데, 흔히 가족의 의무와 사랑을 의미한다. 여기서는 자식을 잃은 어미를 이해할 줄 아는 마음으로 해석해 〈인정〉이라고 번역했다. 앞서 제2권 536행에서 신들이 인간을 아끼는 마음이라는 뜻에서 〈자애〉라고 번역하기도 했다.

500행 이데웃과 악토르 : 트로이아 사람 악토르는 다른 곳에서 언급되지 않는다. 이데우스도 마찬가지다. 제6권 485행에 저승에 있는 인물로 언급된 〈이데웃〉(이데우스)은 동명이인이다(Conington).

노래하는 청동 나팔이 멀리 소리도 무섭게
울었다. 함성이 뒤따르며 하늘에 메아리쳤다.
505 볼스키도 빠르게 귀갑 대열로 같이 접근하여
해자를 메우고 방벽을 허물 채비를 하였다.
일부는 길을 찾아 성벽에 오를 사다리를 거니,
전열이 성기고 병사들이 많지 않아 방어선에
틈이 넓은 곳이었다. 이에 맞서 온갖 종류의
510 창을 던지는 테우켈은 모진 장대로 밀어 댄다.
오랜 전투로 익힌 성벽 방어전에 능숙했다.
불길한 무게의 바윗돌을 던지기도 했다. 혹여
귀갑 쓴 대열을 깨뜨릴까 해서였다. 하나 어떤
타격에도 아래 단단한 귀갑은 곧 잘 견뎌 내나,
515 오래 버티진 못했다. 커단 대열이 몰려든 곳에
테우켈이 굴려 와 내리꽂은 엄청난 바위가
루툴리를 사방으로 흩뿌리고 방패 지붕을
작살냈던 것. 그늘 속 전투를 유지하길 더는
애쓰지 않고 용맹한 루툴리는 방벽을 깨려고
520 투창을 다투어 던졌다.
　　한편 엣투랴 관솔불을 들어 놀라운 모습의

505행 볼스키도 같이 : 카밀라가 이끄는 부대로 앞으로 제11권 432행 이하에서 자세하게 언급된다.
511행 오랜 전투로 익힌 성벽 방어전 : 트로이아인들, 즉 테우케르 사람들은 트로이아 전쟁에서 무려 10년 동안 트로이아 성을 지켜 냈다.
518행 그늘 속 전투 : 귀갑 대열 아래 숨어 성벽을 공격하는 작전을 가리킨다.
520행 : 미완성의 시행이다.

메젠툿은 연기를 뿜어내는 화공을 펼친다.
그리고 말을 길들이는 메사풋, 넵툰의 후손은
방벽을 뜯어내 성벽에 닿을 사다리를 놓는다.
    칼리오페여, 제 노래에 숨을 불어넣으소서!   525
그때 투르눗이 칼로 저지른 파괴와 죽음을,
사내들 각자가 하계로 보낸 사람들을 노래할
저와 함께 커다란 전쟁의 한 자락을 펼치소서!
[여신들이여, 기억하시고 말씀하실 수 있으니]
    보기에 아찔한 탑이 있어 다리들도 높았다.   530
유리한 위치의 탑, 이를 안간힘을 다해 모든
이탈랴가 공격했고, 안간힘을 다해 전복을
꾀하였다. 트로야는 바윗돌을 던져 방어하며
성벽의 사혈마다 쉴 새 없이 바투 창을 던졌다.
제일 먼저 투르눗이 불타는 횃불을 던졌다.   535
불은 탑 측방에 붙어 바람에 크게 번지면서
널판들을 집어삼켰고 기둥을 파먹어 갔다.
탑 안쪽은 혼란에 빠져 떨었고 헛되이 불행의
회피를 모색하였다. 피해 몰려다니다 다시
재앙이 닿지 않은 쪽에 닿자, 탑이 무게에 겨워   540

---

523행 말을 길들이는 메사풋, 넵툰의 후손 : 제7권 691행과 제12권 128행과 같다.

529행 여신들이여, 기억하시고 말씀하실 수 있으니 : 제7권 645행에서 반복되는 시행으로 많은 사본에는 빠져 있다.

530행 다리들도 : 앞서 170행에서 설명된 것처럼 치성들을 연결하는 다리를 가리킨다.

순간 기울어졌고, 하늘은 온통 굉음에 울었다.
탑 몸체가 땅으로 쏟아져 거의 다 죽어 가는
사람들은 제 무기에 찔리고, 가슴팍엔 억센
나무가 박혀 버렸다. 간신히 헬레노 하나와
545 뤼쿳만이 이를 모면했다. 초년의 헬레노는,
메오냐 왕에게서 하녀 리큄냐가 몰래 낳아
기르다 무장을 입혀 트로야 전장으로 보내니,
빼든 칼과 흰 방패로 경무장한 무명의 병사다.
그는 투르눗의 수천 병사들 한가운데 떨어져
550 여기저기 라티움의 전열이 다가서는 걸 본다.
마치 촘촘한 포위망에 둘러싸인 들짐승들이
창칼에 맞서 날뛰다, 죽음을 전혀 생각지 않고
몸을 던져 사냥 창을 향해 펄쩍 뛰어들 때처럼,
꼭 그처럼 청년은 적들 한가운데로 죽기로,
555 그것도 가장 촘촘해 보이는 곳으로 달려든다.
한편 발이 아주 빠른 뤼쿳은 적진 사이로,
적군 사이로 피신하여 성벽을 향했다. 높은
피난처에 닿으려, 전우의 손을 잡으려 애썼다.
그를 투르눗이 달리고 동시에 던지며 쫓아와

---

545행 초년의 헬레노 : 『일리아스』 제2권 864행 이하를 보면 마이오니아, 다시 말해 뤼디아 사람들이 트로이아 전쟁에 참전한 것으로 기록되어 있다.
546행 몰래 : 아버지도 모르게 하녀가 낳아 기른 아들인지, 소년이 아버지 몰래 전쟁터에 온 건지 정확하지 않다.
548행 흰 방패 : 아직 어려서 전쟁의 경험이 없었음을 의미하는 방패다(Conington).

승자로서 질타하여, 「어리석은 자야, 우리의　560
손에서 벗어날까 보냐?」 말하며 매달린 그를
잡아채니 벽 일부가 그와 함께 크게 떨어졌다.
그건 마치 토끼나 순백의 몸을 가진 백조를
유피테르 시종 새가 굽은 발로 높이 채가거나
어미가 크게 울며 찾는 어린양을 우리에서　565
마르스 늑대가 채갈 때 같았다. 사방에 함성이
일었다. 돌격해 오며 해자를 흙으로 메우고
일부는 성채 꼭대기에 불붙은 횃불을 던졌다.
일요넷은 돌덩이, 산을 쪼갠 커다란 파편을
불을 들고 성문에 다가선 루케툿에게 던졌다.　570
리겔이 에마톤을, 아실랏이 코뤼넷을 치니,
하난 능한 창을, 하난 멀리서 은밀한 활을 썼다.
올튀굿은 케네웃이, 승자 케네웃은 투르눗이,
투르눗이 이튓과 클로눗, 디옥십과 프로몰을,
사가릿을, 높은 성탑 위에 선 이닷을 죽였다.　575
카퓌스가 프리벨을. 그를 먼저 테밀랏의 창이
가볍게 스치자, 기겁한 그는 방패를 놓고 손을
상처에 가져갔다. 그때 날개 치며 날아든 활이

561행 매달린 그를 : 뤼쿠스는 성벽을 올라 성벽 안으로 도망치려고 애쓰고 있다.
566행 마르스 늑대 : 로물루스와 레무스를 젖 먹인 늑대는 마르스에게 바쳐진 짐승이다(Conington).
569행 돌덩이, 산을 쪼갠 커다란 파편 : 제10권 698행에 다시 한번 반복된다.
572행 멀리서 은밀한 : 어디에서 날아오는지 알아차릴 수 없을 만큼 은밀하게 적을 기습하는 모습을 가리킨다.

왼편 가슴에 손을 꿰뚫어 몸 깊이 파고들어
580 영혼의 숨길을 치명적 상처로 찢어 놓았다.
알켄스의 아들은 훌륭한 무장을 하고 섰다.
갑옷은 수놓아져 히베랴 적색이 선명했다.
얼굴이 돋보이는 그를 보낸 부친 알켄스가
아들을 키운 건 마르스의 숲, 쉬메타강 가인데,
585 그곳엔 팔리쿳의 풍요와 평화의 신전이 있다.
창을 꽂아 놓고 울어 대는 돌팔매를 메젠툿이
직접 바짝 줄을 당겨 머리 위로 세 번 돌리다가
맞선 그의 이마 중앙을 녹아나는 납덩이로
박살 냈다. 땅바닥에 고꾸라져 길게 뻗었다.
590 그때 처음으로 전투에서 빠른 화살로 겨누어,
전에는 도망치는 짐승들을 겁주곤 하였다는
아스칸이 직접 용맹한 누마늣을 쓰러뜨렸다.
레물릇이라는 별칭을 가진 그는 투르늣의
여동생을 배우자로 얻어 최근에 혼인하였다.
595 그는 최전선에서 할 소리 못 할 소리를 지껄여
크게 고함치며 새로 왕족 됨의 부푼 가슴으로
걸음 걸으며 자신이 대단하다 유세를 떨었다.

580행 영혼의 숨길 : 제10권 601행 〈영혼의 은신처, 가슴〉에 비추어 허파를 가리키는 것으로 보인다.
584행 마르스의 숲, 쉬메타강 가 : 쉬메투스강 가에 있는 마르스의 숲은 알려진 바가 없어서 고대 주석가는 이를 〈어머니의 숲〉으로 수정하려고 시도하였다(Conington).
585행 팔리쿳 : 팔리쿠스는 시킬리아섬에서 모시는 신이다.

「또 농성하며 성벽에 갇히니 부끄럽지 않은가?
재차 봉쇄된 프뤼갸여! 죽음보다 성채인가?
전쟁으로 우리와 통혼을 요구한 자를 보라!　　　　　　　　　600
어느 신, 어인 광기가 너흴 이탈랴로 보냈는가?
우린 아트렛의 아들, 모사꾼 울릭셋이 아니다.
원래 강인한 우리는 자식이 나면 먼저 강물로
데려가 가혹한 냉수와 물결로 단련시킨다.
소년이 되면 밤새 사냥하며 숲을 뒤흔든다.　　　　　　　　605
말을 길들이고 활로 화살을 쏘는 게 놀이다.
하나 청년이 되면 노고를 참고 가난을 견딘다.
갈퀴로 땅을 갈거나, 싸워 도시들을 격파한다.
평생을 칼로 보내며, 창을 거꾸로 들어 소들의
등짝을 우리는 몰아세운다. 느려지는 노년도　　　　　　　610
영혼의 힘을 꺾지도, 기력을 빼앗지도 못한다.
우리는 백발에도 투구를 눌러쓰며 늘 새로운
전리품을 실어 와 약탈로 살아가길 즐긴다.
붓꽃과 빛나는 소라로 염색한 너희의 복장,
가슴 속 나태, 너흰 가무를 탐닉하길 즐긴다.　　　　　　　615

599행 재차 봉쇄된 프뤼갸 : 과거 트로이아 전쟁 당시와 지금 여기서, 이렇게 두 번이다(Williams).
609행 창을 거꾸로 들어 : 평생 무기를 들고 사는 루툴리 사람들은 일할 때도 창을 손에서 놓지 않으며, 창을 거꾸로 들어 소를 모는 작대기로 사용한다(Williams).
612행 백발에도 투구를 눌러쓰며 : 천병희의 번역을 그대로 따랐다.
613행 전리품을 실어 와 약탈로 살아가길 즐긴다 : 제7권 749행을 보라.

긴 소매를 늘어뜨린 너희 옷, 끈 달린 모자.
　　프뤼갸 사내 아닌 계집들아, 가거라, 저 높은
　　딘뒤마, 쌍피리가 우는 데로. 신들린 자들아.
　　너희를 부른다, 소고가, 이다산 대모신 피리가.
620　무기일랑 사내들에게 맡겨라! 칼을 넘겨라!」
　　　이렇게 말로 떠벌리며 독하게 떠드는 자를
　　아스칸은 두고 보지 않았다. 말 힘줄 시위에
　　화살을 걸어 양팔로 밀고 당기면서 겨누어
　　맞선다. 탄원자로 유피테르에게 서약했다.
625「전능하신 유피테르여, 대담한 일을 허하소서!
　　그대 신전에 매년 직접 제가 제물을 올리겠고
　　그대 제단에 황금 뿔의 황소를 바치겠습니다.
　　눈부신 황소를, 어미 소만큼 머리를 쳐들고
　　뿔로 들이받는, 발로 모래를 걷어차는 황소를.」
630　아버지가 듣고 고요한 하늘에서 왼편으로
　　천둥소리를 내자 죽음의 활도 함께 울었다.
　　당겨진 화살이 무서운 소리를 내며 떠났다.
　　레물룻의 머리를 뚫었고 속 빈 머리를 쇠로
　　때렸다. 「용기를 조롱하며 건방을 떨어 봐라!

---

616행 긴 소매를 늘어뜨린 : 평복에 소매를 다는 것 자체를 옛 로마인들은 유약함의 표시로 여겼다(Conington).
618행 딘뒤마 : 딘뒤마산은 이다산 근처에 있는 산인데, 이다산은 대모신 퀴벨레에게 바쳐진 산이다. 피리와 소고, 쌍피리 등은 퀴벨레 여신을 모시는 제사에서 사용된 악기들이다(Williams).
630행 왼편으로 : 로마 종교에서 왼쪽은 때로 길한 방향이다(Williams).

제9권　41

이게 두 번 포위된 프뤼갸가 보내는 답이다.」 635
아스칸이 이러자 테우켈의 함성이 이어졌다.
환호성이 울렸다. 사기가 하늘별에 닿았다.
　때마침 드높은 천공에서 긴 머리 아폴로가
오소냐 전열과 도시를 내려다보고 있었다.
구름에 앉아, 승자 율루스에게 이리 말했다. 640
「가히 가상한 무공이로다, 소년아! 별에 닿겠다,
신들의 아비 될 신들의 후손아! 모든 전쟁은
운명으로 장차 앗살쿳 후손에게 평정되리라.
너를 트로야가 가둘쏘냐!」 이리 말하고 높은
천공에서 뛰어내려 불어오는 바람을 갈랐다. 645
아스칸을 찾아갔다. 얼굴 겉모습을 바꾸니,
늙은 부텟이었다. 그는 예전 달다늣 앙키사의
시종, 문턱을 지키는 믿음직한 파수병이다.
부친이 아스칸의 호위를 맡겼다. 아폴로가
노인과 전부 똑같은 모습으로, 목소리, 안색, 650
백발, 굉음의 무구를 똑같이 하여 찾아왔다.
그리고 활활 타는 율루스에게 이리 말했다.
「에네앗의 아드님, 이제 그만 되었소. 누마늣을
그대 활로 무사히 쳤고, 위대한 아폴로가 그대

　642행 신들의 아비 될 신들의 후손아 : 고대 주석가는 아스카니우스가 베누스 여신의 손자이고 나중에 신격화되는 카이사르의 조상이라는 뜻으로 해석한다(Williams).
　643행 앗살쿳 후손에게 : 트로이아의 먼 조상 아사라쿠스의 후손은 트로이아에 머물지 않고 멀리 진출할 것이라는 예언이 있었다(Williams).

655 첫 전공을 허하여 같은 무구를 시기치 않으니.
그만 싸우소, 소년아!」 아폴로는 이리 시작해
말하다가 말고 인간의 시선을 떨쳐 버리고
눈에서 멀어져 맑은 대기 속으로 사라졌다.
장수들은 신을, 또 신의 무장을 알아보았다.
660 달다눗은 멀어지며 우는 전통 소리를 들었다.
싸울 욕심의 아스칸을 포이붓의 말과 뜻으로
뜯어말리고, 본인들은 다시 쟁탈이 벌어지는
곳으로 돌아가, 목숨을 위험 한복판에 맡겼다.
함성이 방벽 사방에서 방책들마다 일었다.
665 날카로운 활을 매기고, 투창 끈을 휘둘렀다.
대지는 온통 창으로 덮이고 방패와 속이 빈
투구들이 부딪혀 울어 댄다. 벌어진 험한 전투.
산양좌와 함께 서쪽에서 온 비 머금은 폭풍이
땅을 때리고 우박을 퍼붓는 구름이 바다에
670 쏟아질 때, 거친 유피테르가 남풍으로 축축한
추위를 던져 하늘에 빈 구름을 뿌릴 때 같았다.

655행 같은 무구 : 아폴로도 궁수다.
657~658행 말하다가 말고 인간의 시선을 떨쳐 버리고 눈에서 멀어져 맑은 대기 속으로 사라졌다 : 제4권 277~278행과 같다.
659행 장수들은 신을, 또 신의 무장을 : 제1권 402행 이하에서 베누스 여신처럼 아폴로는 떠나가면서 제 모습을 되찾는다(Conington).
665행 투창 끈 : 투창의 파괴력을 더욱 끌어올리기 위해 창의 끝에 잡을 수 있는 끈을 달아 놓는다(Williams).
668행 산양좌와 함께 : 산양좌와 함께 겨울 폭풍과 우박이 하늘에서 떨어지는 모습을 그리고 있다(Conington).

  판다룻과 비티앗은 이다산 알카놀이 낳고
숲의 요정 이에라가 유피테르 숲에서 키워,
고향 산의 전나무와 맞먹는 청년들로 자랐다.
그들은 장군 명으로 맡던 군영 문을 열었다.        675
무장을 믿고 군영 안쪽으로 적을 불러들였다.
그들은 성탑 아래 좌우로 안쪽에 버티고 섰다.
칼로 무장했고 깃털로 높은 머리가 번쩍였다.
마치 바람을 맞으며 빛나는 강물 주변에서,
파둣 강둑에서나 아테싯강 변에서 쾌적한        680
쌍둥이 참나무가 높이 솟아 하늘로 장발의
머리를 쳐들어 정수리를 끄떡일 때 같았다.
열린 걸 보았을 때 문을 돌파하는 루툴리.
곧장 퀘르켄이, 무장으로 빛나는 아퀴쿨이,
마음을 앞세운 트마룻이, 군신의 자 하이몬이        685
부대원 누구보다 앞장서서 달려들었거나,
혹은 바로 그 문턱에서 목숨을 내려놓았다.
그때 혼란스런 영혼 속에 분노가 더욱 커지며
트로야는 벌써 모여들어 같은 곳에 달려갔고
경합을 펼치며 문밖으로 밀고 나가려 하였다.        690
  장군 투르눗이 다른 쪽에서 맹위를 떨치며

---

672~690행 : 『일리아스』 제12권 127행 이하에 폴뤼포에테스와 레온테우스는 희랍 원정군의 군영 문 앞에 버티고 서서 적과 대치한다.
 680행 아테싯강 변 : 파두스강의 북쪽에 있는, 베로나를 지나는 강이다 (Williams).

사내들을 뒤집고 있을 때 기별이 와, 적군이
성문을 열고 나와 다시 살육을 벌인다 한다.
잔인한 분노에 격앙되어 그는 계획을 바꾸어
695 달다늣 성문 앞에 오만한 형제에게 달려갔다.
맨 먼저 안티팟, (맨 먼저 그가 덤벼들었기에)
테베 여인이 낳은, 높은 살페돈의 서자를
창을 던져 쓰러뜨렸다. 이탈랴의 창은 날아가
부드러운 대기를 뚫고 복부에 안쪽 깊숙이
700 박혀 버렸다. 검은 창상의 구멍에서 치솟는
피의 파도는 폐에 걸린 창날을 데우고 있었다.
이어 메롭스, 에뤼맛, 아피눗을 손으로 누였다.
이어 기염을 토하는, 불타는 눈의 비티앗을
투창이 아니라 (투창에 죽을 사람이 아니었다)
705 크게 우는 작살 창을 힘껏 던져 쓰러뜨렸다.
벼락처럼 날아기에 두 겹 횡소 가죽 방패도,
미더운 두 겹 황금 비늘의 흉갑도 못 버텨 낸
작살 창. 커단 몸집이 쓰러져 나가떨어졌다.
대지가 신음했고, 큰 방패가 그 위에 울었다.

697행 테베 여인 : 안티파테스의 모친은 아시아의 킬리키아 지방에 있는 도시 테바이 출신이다(Conington).

699행 부드러운 대기 : 루크레티우스『자연학』제2권 146행과 같다.

702행 손으로 : 문맥상 투르누스는 계속 창을 던져 적을 무찌르고 있었고, 705행에는 좀 더 육중한 창을 사용한다. 따라서 〈손으로〉는 투창을 의미한다(Conington).

705행 작살 창 : 작살 창Phalarica은 히스파니아의 사군툼 사람들이 쓰는 육중한 창으로, 기계를 사용해서 던졌다고 한다(Conington).

제9권 **45**

마치 에우보아 해안 바이에에 지난날 무너진  710
돌기둥처럼. 커단 석재로 해안을 메워 예전에
쌓아 올린 돌기둥은 쓰러지며 기둥 잔해를
당겨 파도를 때리고 물속 깊이 드러눕는다.
바닷물이 뒤섞이고 검은 펄이 솟아오른다.
그 소리에 높은 프로퀴타도 떤다. 잔인한 침상,  715
유피테르의 명으로 튀폰이 묻힌 이나림도.

    이때 전쟁에 능한 군신은 라티움에게 용기를
보태며 마음속에 쓰라린 채찍을 내려쳤다.
테우켈엔 도주와 검은 공포를 부추겼다.
전투 기회가 주어졌기에 사방에서 밀려든다.  720
그들 마음을 전쟁 신이 덮쳤다.
판다릇은 사지가 늘어진 동생을, 운명에 처한
상황을, 상황을 이끄는 몰락을 깨달았을 때,
있는 힘껏 돌쩌귀를 돌려 성문을 닫아걸었다.
넓은 어깨로 밀어붙여, 수많은 제 동포들을  725
성벽 밖 잔혹한 전투 속에 그대로 버려둔 채.
한데 달려오는 나머지는 안에 받아들이니,

710행 에우보아 해안 바이에 : 바이아이는 나폴리만에 위치한 고대 도시인데, 바이아이 근처에 있는 쿠마이는 흔히 에우보이아 사람들이 건설한 식민 도시로 알려져 있다(Williams).

715행 프로퀴타 : 이탈리아의 캄파니아 지방에 가까운 섬이다.

716행 이나림 : 이탈리아의 캄파니아 지방에 가까운 바위섬이다. 오늘날 나폴리만의 이스키아를 가리킨다. 거인족 튀포에우스가 그곳에 묻혔다는 전설이 전해진다(Williams).

721행 : 미완성의 시행이다.

정신 나간 그는 군중 속의 루툴리 왕을 못 보고
돌입하는 왕을 도시 안에 자진해서 들이니,
730 사나운 범을 힘없는 가축들 사이에 둔 셈이다.
이어 예사롭지 않은 안광을 번뜩이니 무기가
끔찍한 소리로 울었다. 정수리에 투구 깃이
붉게 나부끼고, 방패의 빛나는 불꽃을 쏜다.
밉상스런 얼굴과 큼직한 몸집을 알아보곤
735 에네앗 백성이 순간 허둥댄다. 커단 판다룻은
뛰쳐나와 동생 죽음에 분노하여 열을 내며
말했다. 「투르눗을 막아선 여긴 예물로 내준
아마타의 왕궁도, 알데아 고향 성벽도 아니다.
넌 적진을 보고 있다. 여길 벗어날 길은 없다.」
740 투르눗은 평온한 가슴으로 그를 비웃으며
「네 영혼에 용기가 있다면 시작하라! 덤벼라!
예서두 아킬렛을 봤다 프리안에게 고하리라!」
말했다. 거친 목피와 옹이들로 엉성한 창을
있는 힘을 모두 실어 휘두르며 던진 판다룻.
745 바람이 낚아챘다. 사툰의 따님 유노가 닥친
재앙을 빗나가게 튼 것. 성문에 박혀 버린 창.
「이 무기를, 내 손이 힘껏 휘두를 이 무기를 너는

738행 아마타의 왕궁도 : 왕비 아마타는 투르누스에게 왕궁을 딸의 지참금으로 내주기로 하였다(Conington).
745행 사툰의 따님 유노 : 『일리아스』 제20권 437행 이하에서 아테네 여신은 헥토르가 던진 창을 입김으로 불어 헥토르의 발 앞에 떨어지게 하였다(Williams).

제9권 **47**

못 피하리라. 무기와 재앙의 임자를 만났으니.」
이리 말하고 칼을 뽑아 들고 몸을 한껏 폈다
내리쳐 관자놀이 사이 이마 한가운데를 칼로  750
결딴낸다. 여린 뺨에 큼직한 상처를 입혔다.
큰 소리를 내며 커단 몸집이 대지를 흔들었다.
무너지는 사지와 머리 출혈로 젖은 무구를
죽어 가며 땅에 떨구었다. 둘로 쪼개진 그의
머리는 이쪽과 저쪽 양쪽 어깨에 매달렸다.  755

   트로야는 떨리는 공포에 흩어져 달아났다.
만약 승자가 정신을 놓지 않았다면, 그래서
손으로 빗장을 풀고 전우들을 불러들였다면
그날이 전쟁과 민족의 최후가 되었으리라.
하나 살육의 미친 욕망, 광기는 불타는 그를  760
도망치는 적들로 이끌었다.

처음에 팔레릿과 무릎이 잘려 나간 귀겟과
대결했고, 이들에게 빼앗은 창을 도주하는
등에 꽂았다. (유노 여신이 힘과 용기를 주었다)
저승길 동무로 할릿과 방패 뚫린 페게웃을,  765
이어 모른 채 성벽 위에 전투를 벌이던 이들을,

749행 몸을 한껏 폈다 : 제10권 797행과 제12권 728~729행에서 반복되는 구문이다(Williams).

759행 그날이 전쟁과 민족의 최후가 되었으리라 : 『일리아스』 제18권 454행을 모방한 것으로 보인다(Conington).

761행 : 미완성의 시행이다. 근대의 편집자는 756행에 비추어 〈도망치는 적들 aversos〉로 고치자고 제안하였다. 전승 사본은 〈눈앞의 적들 adversos〉이다.

766행 모른 채 : 성벽을 공격하는 적들을 맞아 싸우고 있던 이들은 투르누알칸더, 할리웃, 노에몬, 프뤼탄을 보태었다.
또 전우들을 부르며 맞서 덤비는 륑케웃을
그는 오른편에서 보루를 딛고 칼을 휘둘러
770 급습했다. 가까이서 일격을 얻어맞은 그의
머리는 투구를 쓴 채 멀리 날아갔다. 또 짐승을
잡던 아뮈쿳을 쳤다. 그 누구보다 능란하게
독을 칠하여 독창과 독화살을 마련하던 이를.
또 아욜의 클뤼툿, 무사들의 친구 크레툿을.
775 무사 여신들의 동반자 크레툿은 늘 노래와
키타라 현을 운율에 따라 뜯는 걸 좋아하여
언제나 군마, 무기와 사내, 전투를 노래했다.

　마침내 전우들의 죽음을 전해 듣고 테우켈의
장군들, 므네텟과 용감한 세레툿이 달려왔다.
780 흩어지는 전우들, 방벽 안에 든 적을 보았다.
므네텟은「어디로 다시, 어디로 도망히는가?
어디 다른 방벽을, 어디 다른 성벽이 있더냐?
시민들이여, 너희들 보루에 적 한 명이 사방
포위되어서도 도시를 활보하며 커단 살육을
785 저지르고 청년 수장들을 하계에 보내는가?
불행한 조국과 옛 신들과 위대한 에네앗이,
겁쟁이들아, 부끄럽지도 불쌍하지도 않더냐!」

스가 뒤에서 그들을 공격하리라고는 전혀 예상하지 못했다(Conington).
　774행 아욜 : 제12권 542행에 언급된 트로이아 사람이다.
　777행 무기와 사내 : 제1권 1행을 보라.

이런 말에 불타올라 굳건히 밀집 대형으로
도열한다. 투르눗은 조금씩 뒤로 후퇴하며
강 쪽, 물결이 휘둘러 가는 곳으로 뒷걸음질.   790
테우켈은 큰 함성으로 더욱 세차게 몰아가며
똘똘 뭉친다. 마치 난폭한 사자를 무리 지어
위험한 창으로 압박할 때처럼. 두려운 사자는
사납게 독한 눈빛. 뒷걸음질. 등을 보이는 건
분노와 용기가 허용치 않는다. 하나 맞붙지도   795
못한다. 하고 싶어도 사람들과 무기 때문에.
꼭 그처럼 투르눗은 머뭇거리며 뒤로 걸어,
다만 천천히 물러나나 마음은 분노로 끓는다.
그래도 심지어 두 번이나 적진을 공격했고,
군대는 두 번 성벽을 따라 어지럽게 흩어졌다.   800
전 군영이 서둘러 한 사람을 향해 몰려들자,
사툰의 따님도 감히 맞설 힘을 채워 주지는
못했다. 유피테르는 빠른 이리스를 하늘에서
내보내니, 누이에게 전해진 단호한 명령.
투르눗이 테우켈의 성에서 물러나지 않으면!   805
따라서 청년은 방어나 공격을 해도 좀 전만

792행 마치 난폭한 사자 : 『일리아스』 제11권 550행 이하와 같다.
794행 사납게 독한 눈빛 : 루크레티우스 『자연학』 제5권 33행에서는 사나운 뱀의 눈빛을 이렇게 표현하였다.
805행 투르눗이 테우켈의 성에서 물러나지 않으면 : 이리스가 전달한 유피테르의 명령은 〈물러나지 않으면〉으로 끝나고 말이 중단된다. 유피테르의 분노를 짐작할 수 있다.

못했다. 그렇게 사방에서 날아드는 창들에
　　제압되어, 빈 머리를 덮은 투구는 계속 쟁쟁
　　울렸고, 견고한 청동은 돌에 맞아 깨져 버렸다.
810　투구 장식은 정수리에서 떨어지고 방패도
　　타격에 남아나지 않았다. 창을 곱절로 던지는
　　트로야와 번개 같은 므네텟. 온몸에 흐르는
　　땀방울은 검은 강이 (숨 돌릴 겨를도 없었다)
　　되었다. 고통스런 숨은 지친 사지를 흔들었다.
815　마침내 무장 그대로 뛰어내려 곤두박질, 몸을
　　강에 던졌다. 강은 누런 물로 소용돌이치며
　　뛰어든 자를 받아 부드러운 물결로 실어 날라
　　전우들에게 기꺼이 피를 씻어 보내 주었다.


807~814행 : 『일리아스』 제16권 102행 이하에서 아이아스가 트로이아 병사들에게 몰려 곤경에 처한 상황과 같다.

808행 빈 머리를 덮은 투구 : 〈머리를 덮은 빈 투구〉라고 말해야 맞지만 〈빈 머리〉라고 말하고 있다.

# 제10권

그새 전능한 올륌푸스의 집을 활짝 열어젖혀
신들과 인간들의 왕은 신들의 회의를 별들의
거처에서 열었다. 그는 상상봉에서 모든 땅을,
달다늣의 성채, 라티움 인민들을 바라보며
5  앞뒷문 달린 집에 신들이 앉자, 말을 꺼냈다.
「천상의 주민들아, 그대들은 어이하여 결정을
다시 뒤집는가? 마음이 서로 어긋나 다투는가?
나는 이탈랴와 테우켈의 전쟁을 엄금하였다.
금했건만 이 어인 불화인가? 어인 두려움에
10  여기저기 무기와 칼을 좇으라 들쑤시는가?
전쟁의 정당한 때가 오리니, 재촉하지 말라.
사나운 칼타고가 로마의 성채에 훗날 커단
파멸을 안기려 알페스산을 열 때가 오리라.

5행 앞뒷문 달린 집에 : 문이 앞뒤 양방향으로 열린다는 뜻으로 볼 수도 있다. 고대 주석가들에 따르면 동서로 문이 두 개가 있는 신전 구조를 반영하는 단어로 보인다(Conington).

13행 알페스산을 열 때가 오리라 : 기원전 218년 한니발이 이끄는 카르타

그땐 증오를 서로 겨루어 약탈해도 좋으니,
지금은 참아라. 즐거이 평화의 맹약을 맺으라.」 15
　유피테르는 짧게 마쳤다. 황금의 베누스는
이에 길게 대꾸하였다.
「아버지, 인간과 세상의 영원한 권능이시여!
저희가 탄원할 분이 또 달리 누가 있겠어요?
보이세요? 루툴리가 어찌 설치며 투르누이 20
한복판에 말들을 몰아 승전으로 의기양양
달리는 걸? 닫혔어도 테우켈을 못 지킨 성벽.
더군다나 성문 안쪽과 성벽 축대 가까이에
뒤엉킨 전투로 해자에는 피가 넘쳐 납니다.
에네앗은 이를 모른 채 부재중인데. 포위가 25
풀릴 날은 요원한가요? 적들, 다시 살아나는
트로야의 성벽을 위협하려는 또 다른 군대.
테우켈을 치려 에톨랴의 아르피에서 일어난
튀데웃 자손들. 믿거니와 제가 또 상처 입고
인간의 무기가 아버지의 딸을 기다리겠지요. 30
아버지의 승낙 없이 뜻을 어기고 트로야가

고 군대가 알프스산맥을 넘어 이탈리아를 침공한다.
　17행 : 미완성의 시행이다.
　28행 에톨랴의 아르피 : 트로이아 전쟁에 참전한 아이톨랴의 왕 디오메데스는 전쟁이 끝난 후 이탈리아의 아르피에 정착했다. 제8권 9행 이하에서 디오메데스에게 투르누스는 도움을 요청한다. 제11권 225행 이하에서 디오메데스는 원군 요청을 거절한다(Williams).
　29행 또 상처 입고 : 『일리아스』 제5권 336행 이하에서 디오메데스의 공격을 받아 베누스 여신은 부상을 입는다.

이탈랴를 찾는 거면 죄를 벌하시고 저들을
구원치 마세요. 하나 응답을, 신들과 혼들의
수많은 응답을 따른 거라면, 어찌 누가 이제 와
아버지의 명을 뒤집고 운명을 바꿀 수 있나요?
에뤽스 해안에서 불탄 함대는 말해 뭣하리까?
바람의 왕은, 아욜의 땅에서 불어와 광란하던
폭풍은, 구름에서 내린 이리스는 말해 뭣할까?
이젠 망령마저 — 이는 여적지 참섭한 적 없던
영역이거늘 — 설쳐 대고, 갑자기 지상에 보내진
알렉토도 이탈랴 복판 도시들을 뒤흔들죠.
더는 제국도 싫사오니, 약속하신 걸 기대한 건
좋았던 시절이죠. 승자라 하신 이가 승자이길!
만약 가혹한 부인께서 테우켈에게 내주실
땅이 없다면, 아버지, 패한 트로야의 꺼져 버린
폐허에 걸고 탄원하오니, 전쟁에서 벗어나
무탈하게 제 손자 아스칸이 살게만 해주세요.
에네앗은 미지의 바다에 던져두시고, 그래요,
운명이 내준 길이 어디든 그 길을 가게 두세요.
이 아이는 지키고 모진 전쟁에서 구하렵니다.
아마튯이 있고 우뚝한 파풋과 퀴테라가, 제게
이달륨도 있지요. 그가 무기를 버리고 무명의

35
40
45
50

36행 에뤽스 해안에서 불탄 함대 : 제5권 606행 이하를 보라.
37행 바람의 왕 아욜 : 제1권 50행 이하를 보라.
38행 구름에서 내린 이리스 : 제9권 2행 이하를 보라.
42행 제국 : 제1권 279행 이하에서 유피테르가 베누스에게 약속했다.

삶을 여기서 살게 해주세요. 막강한 무력으로
칼타고가 오소냐를 짓밟으라지요. 튀리아의
도시를 막지 않을 테니. 전쟁의 재앙을 피함이, 55
수없이 바다와 황폐한 땅의 위험을 견뎌 냄이, 57
아르곳의 불을 벗어남이 뭐가 기쁨이겠어요? 56
테우켈은 라티움, 펠가마를 재건한다지만.
조국의 폐허 위에, 트로야의 대지에 머물러
있느니만 못하니. 차라리 크산툿과 시멧을 60
돌려주세요. 숫제 가련한 테우켈이 일리온의
파괴를 다시 겪게 하세요.」 이때 여왕 유노가
크게 화내며 「어찌 나에게 깊은 침묵을 깨라,
아문 상처를 말로써 들추라 강요하는 거냐?
신들과 인간들 중 누가 에네앗에게 억지로 65
라티눗 왕을 대적하여 전쟁하라 강제했더냐?
이탈랴를 찾은 건 운명에 이끌린 게고, 그래
미친 카산드라에 유인된 게다. 성을 떠나라,
목숨을 바람에 맡기라 한 게 우리란 말이냐?
소년에게 전쟁의 수장을, 성벽을 맡기라고, 70
튀레눔의 신의, 평화의 백성을 흔들라고 한 게?
어느 신이 그를 속였더냐? 내 가혹한 힘이 이를
강요했더냐? 이 유노나 전령 이리스가 어디에?

56행 뭐가 기쁨이겠어요 : 〈만약 여기서 아스카니우스가 적의 손에 죽게
된다면〉이라는 생각을 전제로 하고 베누스 여신은 말하고 있다.
60행 크산툿과 시멧 : 크산토스강과 시모이스강은 트로이아의 강이다.
68행 미친 카산드라 : 제2권 246행 이하를 보라.

이탈랴가 신생 트로야를 불로 포위하는 게,
75 투르눗이 조국 땅을 주장하는 게 부당하다.
그의 조상은 필룸눗이고, 어미는 베닐야인데.
그럼 트로야가 검은 불로 라티움을 제압하고
남의 땅을 굴복시켜 전리품을 챙긴 건 무어냐?
장인들을 고르고 정혼한 처자를 훔쳐 내고
80 평화를 청하며 전함에 무기를 꽂은 건 뭐냐?
너는 에네앗을 그래웃의 손아귀에서 빼내고
사내를 위해 텅 빈 안개 바람을 덮을 수 있고
너는 수많은 전함을 요정으로 바꿀 수 있고,
우리가 루툴리를 도운 건 잘못이란 말이냐?
85 에네앗은 모른 채 부재중이다. 그래도 되겠다.
파풋, 이달륨, 드높은 퀴테라가 네게 있으니.
근데 왜 전쟁을 품은 도시, 거친 심장을 건드냐?
우리가 너의 프뤼가, 그 허약한 걸 뒤집으려
한다는데, 그게 우리냐, 아님 가련한 트로야를
90 아카야에게 넘긴 자냐? 유로파와 아시아가

74행 신생 트로야 : 앞서 26행 이하에서 베누스가 언급한 〈다시 살아나는 트로야〉를 염두에 둔 발언이다.

76행 그의 조상은 필룸눗이고, 어미는 베닐야인데 : 투르누스의 조상들도 아이네아스와 마찬가지로 신들임을 유노 여신이 강조한다.

83행 수많은 전함을 요정으로 : 제9권 80행 이하에서 전함을 바다 요정으로 변신시킨 것은 베누스 여신이 아니라 퀴벨레 여신이었다. 베누스 여신이 뒤에 숨어 이를 조정했다고 유노가 믿는 것으로 보인다(Williams).

86행 파풋, 이달륨, 드높은 퀴테라가 네게 있으니 : 앞의 51~52행에서 베누스가 한 말을 받아서 유노가 말한다.

무기로 동맹을 깬 범죄의 원흉은 누구인가?
달다듯 간부가 스팔타를 약탈케 한 게 나인가?
무기를 쥐여 주고 애욕으로 전쟁을 부추긴 게?
그때 네 백성을 걱정했어야지. 이제 뒤늦은
불평은 부당하고 공연한 논쟁은 헛되구나.」 95
　유노는 이렇게 말했다. 하늘 주민들은 모두
의견이 갈려 웅성거렸다. 갓 일어난 바람이
산중에 붙잡혀 웅얼거리면서 모호한 소리로
떠돌아 선원들에게 폭풍을 알릴 때 같았다.
그때 전능하신 아버지, 세상의 최고 통치자가 100
말을 꺼냈다. 이에 신들의 높은 집은 침묵하고
대지의 밑동은 떨고 가파른 대기는 잠잠하니
서풍은 가라앉고 바다의 수면은 고요하다.
「너희는 나의 이 말을 들어라! 마음으로 받아라!
오소냐와 테우켈이 맹약으로 서로 결합함은 105
가망이 없고 너희 불화는 한도 끝도 없으니,
오늘 각자가 어떤 운명을, 어떤 희망을 좇든,
트로야든 루툴리든 나는 차별하지 않겠다.
성채를 포위한 게 이탈랴의 운명 때문이든
트로야의 그릇된 실수, 불길한 신탁 때문이든. 110
루툴리도 똑같다. 시작하매 저마다의 노고와
성공을 겪으리라. 유피테르는 늘 공정하다.

　92행 스팔타를 약탈케 한 게 : 유노 여신이 헬레네의 납치를 스파르타의 약탈이라고 과장되게 말한다(Conington).

운명은 제 길을 찾겠다.」 형의 스튁스에 걸고
역청이 검게 타고 소용돌이치는 강둑에 걸고
115 고개를 끄덕이매 올륌풋 전체가 크게 울었다.
이리 말을 마치고 유피테르가 황금 권좌에서
일어났고 하늘 주민들은 문까지 배웅했다.

　그새 루툴리는 모든 문을 막고 둘러섰다.
사내들을 죽여 눕히고 불로 성벽을 에워쌌다.
120 에네앗 군단은 성안에 갇혀 옴짝달싹 못 했고,
탈출 가망도 없었다. 가련히 높은 성 위에 섰다.
헛되이 성벽 위에 듬성듬성 둘러선 병사들.
임브랏의 아들 아시웃, 히케톤의 아들 튀모텟,
두 명의 앗살쿳, 카스톨과 나이 든 튐브릿이
125 최일선에, 이들과 어울려 살페돈의 두 아우,
뤼키아 고지 출신의 클라룻도 테몬도 서 있다.
온몸으로 힘써 버티며 커다란 바위, 산의
작지 않은 부분을 나르는 뤼네숫의 아크몬은
아버지 클뤼튓이나 형 메네텟에 못지않다.

　117행 문까지 배웅했다 : 베르길리우스는 여기서 로마의 원로원 관행을
염두에 둔 것으로 보이는데, 집정관이 회의를 마치고 자리를 떠날 때 원로원
의원들이 집정관을 배웅한다(Conington).
　123행 임브랏의 아들 아시웃 : 제12권 342행에 임부라수스의 아들로 글라
우코스와 라데스가 언급된다.
　127~128행 산의 작지 않은 부분 : 호메로스『오뒷세이아』제9권 481행에
서 폴뤼페모스가 큰 산의 봉우리를 뜯어내서 던진 장면을 모방한 것으로 보인
다(Conington).
　128행 뤼네숫 : 뤼르네소스는 트로이아 지방의 도시다.

한쪽은 창으로, 한쪽은 돌로 다투어 지켰고  130
앞다투어 불을 쏘아 대고 활을 시위에 걸었다.
그 한가운데 베누스가 누구보다 아끼는 자,
보라, 장한 머리를 드러낸 달다늦의 소년은
목이나 머리를 장식하는 황금 속에 박아 넣은
보석처럼 빛을 발한다. 혹은 마치 정교하게  135
회양목이나 오리쿰 상수리나무에 끼워 넣은
빛나는 상아처럼. 그의 우윳빛 목에 부드러운
황금 고리에 묶인 머리카락이 흘러내렸다.
그대를, 잇마룻아, 긍지 높은 종속이 보았다.
활에 독을 칠해 상처를 향해 쏘아 대는 그대를.  140
사람들이 옥토를 갈고 곽톨룻이 황금 강물을
적셔 주는 고향 메오냐에서 태어난 귀한 이여!
함께 한 므네텟, 투르늣을 몰아낸 조금 전의
영광이 방벽 축대 위의 그를 높이 들어 올렸다.
이름을 캄파냐 도시에 남긴 카퓌스도 있었다.  145

　이들이 서로 맞붙어 가혹한 전쟁의 경합을
이어 갈 때, 에네앗은 한밤의 물결을 갈랐다.
에반더를 떠나 엣투랴의 군영을 찾아가서

132행 누구보다 아끼는 자 : 제1권 678행 이하에서 보듯이 베누스 여신은 손자 아스카니우스를 끔찍하게 아낀다.

136행 오리쿰 : 오리쿰은 희랍 북부 에페이로스 지방의 마을이다.

141행 곽톨룻 : 뤼디아에 흐르는 강이며, 뤼디아는 흔히 마이오니아라고도 불린다.

147행 에네앗은 한밤의 물결을 갈랐다 : 제8권 606행 이후부터 아이네아스 행적은 언급이 없었다.

왕을 만나 왕에게 그의 이름과 종족을 알리며
150 그가 원하는 것, 그가 가져온 것, 메젠툿이 어떤
군대와 연합했는지, 투르눗의 격앙된 가슴을
말했다. 인간사에 아무것도 믿을 게 없음을
일깨워 소망을 내비쳤다. 지체 없이 타르코는
힘을 보태고 동맹을 맺었다. 운명에 복종하여
155 뤼디아 백성은 신들의 명으로 전함에 올랐다.
이방의 지도자에게 기대었다. 에네앗의 배,
뱃머리에 프뤼갸 사자 충각이 선두로 나섰다.
테우켈 난민에게 반가운 이다산이 드높다.
커단 에네앗은 게 앉아 전쟁의 온갖 사건을
160 홀로 곰곰 생각한다. 팔라스는 왼편 옆구리에
붙어 앉아 별자리를, 그늘진 밤의 길잡이를,
바다에서나 뭍에서 그가 겪은 일들을 물었다.
164  그새 어떤 군대가 엣두라 해인에서 따라와
165 에네앗의 병력이 되고 바다에 배를 띄웠는지

150행 메젠툿 : 제7권 648행 이하에서 언급된 것처럼 메젠티우스는 투르누스의 동맹자이며, 에트루리아의 배신자다.
154행 운명에 복종하여 : 제8권 503행 이하에 따르면 에트루리아 백성은 이방의 지도자를 따르도록 운명 지어졌다.
155행 뤼디아 백성 : 제8권 479행 이하에 따르면 타르코가 이끄는 에트루리아 사람들은 뤼디아에서 이주해 온 사람들이다.
158행 반가운 이다산 : 사자 모양 충각에 새겨진 이다산은 트로이아 유민들이 고향을 떠나 전함을 건조하던 곳을 가리킨다(Conington).
160행 팔라스 : 제8권 514행 이하에서 에우안데르의 아들 팔라스는 아버지를 떠나 아이네아스를 따라왔다.

여신들이여, 헬리콘산을 열어 노래하소서! 163
   선두의 마시쿳은 청동 맹호로 바다를 갈랐다.
그의 휘하 일천 젊은 병사들은 클루숨 성벽과
코사이시를 떠나왔다. 그들의 무기는 화살,
어깨에 멘 가벼운 전통, 죽음을 부르는 활이다.
험상궂은 아밧도 함께했다. 대단한 무기를 170
갖춘 그의 부대, 황금의 아폴로가 빛나는 전함,
모국 포풀로냐가 그에게 내준 육백의 병사는
전투에 능한 청년들. 삼백 청년을 내준 일바는
강철의 철광석이 고갈되지 않는 풍성한 섬.
세 번째는 신들과 인간들의 통역자 아실랏. 175
가축의 내장, 하늘의 별자리가 따르는 그는,
새의 혀와 예언의 번갯불이 복종하는 그는
창을 꼬나든 밀집 대형의 일천을 끌고 왔다.
이들에게 복종을 명한 알페웃강의 피사이는
엣투랴 땅의 도시. 다음은 최고 미남자 아스툴, 180
준마와 휘황찬란한 무기에 몸을 기댄 아스툴.
삼백이 따르니, 따르는 마음은 모두 하나였다.
이들은 카이레와 미니오강 가에서 왔거나

163행 여신들이여, 헬리콘산을 열어 노래하소서 : 제7권 641행과 같다.
167~168행 클루숨 성벽과 코사이시 : 클루시움은 에르투리아의 유명한 도시다. 코사이는 에트루리아의 해안 도시다.
172행 포풀로냐 : 포풀로니움은 일바섬(오늘날의 엘베섬)과 마주 보는 에트루리아의 해안 도시다.
179행 피사이 : 피사이는 펠로폰네소스의 엘리스 지방에 위치한 피사이 사람들이 세운 도시다. 엘리스의 피사이는 알페우스강 가에 자리한다.

태고의 퓌르기나 불결한 그라빗케에서 왔다.
나는 리구랴의 지도자, 전쟁에 용맹한 그대를,
쿠네룻, 빼놓지 않으리. 소수를 이끈 쿠파보여!
그의 정수리에 높게 솟아 있는 백조의 깃털,
— 사랑아, 너희 죄악 — 변모한 부친의 상징물.
사연인즉, 애인 파이톤을 애도하던 퀴크늣이
누이들의 백양목 나뭇잎 사이로 그늘 아래
노래하며 노래로 슬픈 사랑을 달래는 동안
노래하는 노년에 돋아난 부드러운 깃털로
대지를 떠나 목 놓아 울며 별을 향했다 한다.
그의 아들은 동갑내기 한 무리를 배에 싣고
노 저어 커단 켄토룻호를 몰고 간다. 켄토룻은
물에 맞선 커단 바위가 되어 파도를 위협한다.
가파른 배가 긴 용골로 깊은 바다를 가른다.
오그늣도 조상의 땅을 떠나 군대를 움직였다.

184행 불결한 그라빗케 : 고대 주석가는 그라비스카이라는 도시명이 공기가 〈무거운〉 곳이라는 의미에서 왔다고 보았는데, 열병과 관련된 것으로 보인다(Williams).

185행 리구랴 : 리구리아는 에트루리아 북쪽에 위치한 고장이다.

188행 사랑아, 너희 죄악, 변모한 부친의 상징물 : 오비디우스 『변신 이야기』 제2권 367행 이하에 따르면, 사랑하는 친구 파이톤이 태양의 마차를 몰다 사망하자 쿠파보의 부친 퀴크누스는 아래에 설명된 것처럼 슬픔의 노래를 부르다가 백조가 되었다고 전한다(Williams).

190행 누이들의 백양목 나뭇잎 사이로 : 오비디우스 『변신 이야기』 제2권 340행 이하에 따르면, 파이톤의 누이들은 슬피 울다가 백양나무로 바뀌었으며, 그들의 눈물은 호박이 되었다고 한다.

195행 켄토룻 : 뱃머리에 새겨진 그림을 묘사하는 시행이다.

예언자 만토와 엣투랴 하신의 아들인 그는
만투아여, 너에게 성벽과 모친 성명을 주었다. 200
조상이 많은 만투아여, 하나가 아닌 종족아,
세 갈래의 종족, 종족마다 다시 네 갈래 고을,
고을 모두의 통치자 만투아, 엣투랴 혈통의 힘.
여기에 또 메젠툿과 싸우려 무장한 오백을
베나쿳의 아들, 회청색 갈대관을 머리에 쓴 205
밍키웃이 공격선에 태워 바다를 지나간다.
올레텟도 힘차게 나아간다. 일백 노로 파도를
당당하게 때린다. 해면이 부서져 거품이 인다.
그를 실은 커단 트리톤호의 소라 나발이 검은
바다를 위협한다. 항해하는 배의 옆구리까지 210
털 많은 뱃머리는 사람의 모습, 꼬리는 상어다.
반인반수의 가슴 아래 거품 파도가 투덜댄다.
정예 용사들을 태우고 나아가는 삼십 척 배가
트로야를 도우러 청동으로 해면을 가른다.
  하늘에 벌써 날은 물러나고 세상을 키워 낸 215
포이베가 천상 마차로 중천을 달리고 있었다.

199행 만토 : 만토는 테바이의 예언자 테이레시아스가 낳은 딸의 이름이고, 여기 언급된 만토는 그 이름을 딴 여인으로 보인다(Williams).

200행 만투아 : 만투아는 시인 베르길리우스의 고향 도시다. 만투아는 에트루리아 계통의 12도시를 이끄는 수도다.

206행 밍키웃 : 밍키우스가 쓴 회청색 갈대관은 그가 강물의 신임을 나타낸다. 베나쿠스의 아들 밍키우스가 뱃머리에 그려진 것이 분명해 보인다(Conington).

211행 털 많은 뱃머리 : 뱃머리에 그려진 사람을 꾸며야 할 〈털 많은〉이 뱃머리를 꾸미고 있다.

에네앗은 (근심에 몸은 휴식을 얻지 못했다)
본인이 직접 앉아 키를 잡고 돛을 조정했다.
그때, 보라, 항해 도중 그는 길동무의 무리를
만났다. 요정들이다. 세상을 키워 낸 퀴베베가
전함들로 요정을 만들어 바다를 지키라 했던
요정들이 함께 달리며 파도를 가르고 있었다.
앞서 해안에 정박되었던 청동 함선 수만큼
멀리서 왕을 알아보고 주위를 돌며 춤춘다.
그 가운데 제일 말솜씨가 좋은 퀴모도케가
쫓아오며 한 손으로 선미를 잡아 허리를 바로
세우고 한 손으론 조용한 물밑에 노 저으며
당황한 그에게 말했다. 「일어나세요. 신의 자손
에네앗이여! 깨어나 돛을 동인 바를 늦추세요.
저희는 신성한 이다 산정에 살던 소나무였고
그대 함대였고, 지금은 바다 요정이죠. 배신의
루툴리가 칼과 불로 저희를 수장하려 몰았고
어쩔 수 없이 밧줄을 끊고 그대를 찾아 바다로
나오니, 이를 동정한 모친께서 이 모습을 주어

220행 퀴베베 : 대모신 퀴벨레의 또 다른 이름이다.
223행 청동 함선들 : 제9권 77행 이하에 트로이아의 전함들은 바다 요정이 되었다.
227행 노 저으며 : 손으로 바닷물을 밀어내는 바다 요정은 최근까지 전함이었음을 상기시킨다(Williams).
229행 돛을 동인 바를 늦추세요 : 돛에 바람을 한껏 받으면 배의 항해 속도가 빨라진다.
234행 모친 : 대모신 퀴벨레를 가리킨다.

바다 밑에서 신으로 살아가게 허락하셨죠.                      235
근데 소년 아스칸은 방벽과 해자를 지키며
창과 전투로 맹렬한 라티움과 대치 중이죠.
용감한 엣투랴와 함께 명 받은 위치를 지키는
알카다 기병. 이들에 맞서 중간에 군을 배치한
투르눗은 방벽에 닿지 못하게 할 생각이지요.                    240
일어나세요. 새벽이 오니 전우들을 깨워 먼저
무장하라 하시고 방패를 드세요. 불의 주인이
선사한 불굴의 방패를, 금테로 마감한 방패를.
제 말이 헛되다 여기지 않으시면 내일의 해는
높게 쌓인 루툴리의 주검들을 보게 될 테요.」                   245
말하고 떠나가며 손으로 높다란 전함을 힘껏
민다. 알맞은 힘을 알았다. 배는 바다를 가르며
바람에 맞먹는 창이나 살보다 빨리 나아갔다.
다른 배들도 길을 재촉한다. 뭔지 몰라 망연한
트로야 앙키사의 아들. 전조에 용기는 드높다.                   250
그때 하늘 궁륭을 바라보며 짧게 기도했다.


239행 알카다 기병 : 제8권 518행 이하에서 에우안데르가 보낸 기병은 아마도 육로를 통해 전투 현장에 도착한 것으로 보인다. 팔라스는 아이네아스를 따라 수로를 통해 이동하고 있다(Williams).

240행 방벽에 닿지 못하게 할 생각 : 투르누스는 아르카디아 기병이 트로이아인들의 진영에 합류하지 못하게 막고 있다.

243행 불굴의 방패 : 제8권 625행 이하에서 불카누스가 만든 방패를 가리킨다.

247행 알맞은 힘을 알았다: 요정 자신이 이전에 전함이었기 때문이다(Williams).

252행 어머니 : 〈이다〉, 〈딘뒤마〉, 〈성탑 높은 도시를 돌보는 분〉, 〈멍에 쓴

「세상을 키워 낸 어머니, 이다여, 딘뒤마여, 성탑
높은 도시를, 멍에 쓴 쌍사자를 돌보는 분이여!
저의 전투를 이끄시고, 옳게 예언을 이루시며
프뤼갸를 도우소서! 기꺼운 걸음의 여신이여!」
이리 말한다. 그새 다시 밝은 날이 다가오고
무르익은 빛은 벌써 어둔 밤을 몰아내었다.
먼저 그가 선포했다. 전우들은 신호를 따르라,
무기를 들어 마음을 다지고 전투를 준비하라.
    이제 그의 눈에 테우켈과 그의 성채가 보였다.
높은 선미에 선 그는 이어 왼손으로 불타는
방패를 들어 올렸다. 고함을 하늘까지 지르는
성벽 위 달다눗. 보태진 희망이 분노를 키웠다.
쥐었던 창을 던졌다. 그건 검은 구름 아래로
스트뤼몬 학들이 서로 신호를 보내 날아올라
기쁜 소리로 울음 울며 남풍을 피할 때 같았다.
그때 이를 이상하게 여긴 루툴리 왕과 오소냐
지도자들, 해안으로 방향을 바꾼 전함들의
대열이 온 바다에 미끄러지는 걸 돌아본다.
머리에 투구 깃이 불타며 슬픈 불이 꼭두에서
쏟아진다. 황금 방패가 토하는 섬뜩한 화염.
그건 마치 언젠가 청명한 밤에 핏빛 혜성이
비통하게 밝개질 때, 혹은 천랑성의 열기가

---

쌍사자를 돌보는 분〉 등 이상은 모두 대모신 퀴벨레를 꾸미는 말들이다.
  265행 스트뤼몬 학들:『일리아스』제3권 2행에서 가져온 비유다.

가뭄과 역병을 데리고서 병든 인간들 앞에
나타나 슬픈 빛으로 하늘이 어둑할 때 같았다.                           275
하지만 무모한 투르눗은 자신감을 잃지 않고
해안을 선점하여 상륙할 땅을 빼앗고자 했다.
[앞장서서 말로써 용기를 북돋고 다그쳤다]
「너희가 소망한 것이 앞에 있다. 칼을 들어 쳐라.
전쟁은 너희 손에 달렸다. 사내들아! 아내와                             280
너희 집을 생각하라! 위대한 업적을 되새겨라!
선조의 위업을. 우리가 먼저 바다로 달려가자!
상륙하는 저들의 불안한 첫걸음이 흔들린다.
운명은 과감한 자를 돕는다.」
이리 말하고 생각했다. 누구를 데리고 갈지                              285
누구에게 포위한 방벽을 맡길 수 있을지를.
  그새 에네앗은 전우들이 높은 배의 꼬리에
다리를 놓아 내리게 했다. 일부는 뒷걸음치는
힘 잃은 파도를 지켜보다 여울에 뛰어내렸다.
일부는 노를 붙잡고. 해안을 보던 타르코는                              290
바다가 울지도 격랑이 웅얼대지도 않는 곳에,
막힘없이 바다가 불어난 밀물에 밀려든 곳에

278행 앞장서서 말로써 용기를 북돋고 다그쳤다 : 제9권 127행과 같다. 따라서 후대 삽입으로 보인다.
284행 : 미완성의 시행이다.
289행 힘 잃은 파도를 지켜보다 : 사람들은 해안으로 밀려든 파도가 힘을 잃고 뒤로 물러날 때를 기다린다.
290행 일부는 노를 붙잡고 : 노를 타고 미끄러지며 상륙한 것인지, 아니면 장대처럼 노를 사용해서 뛰어내린 것인지 불분명하다.

뱃머리를 급히 돌리며 전우들에게 일렀다.
「이제, 정예들아, 강한 노에 힘을 주어 저어라!
전함을 몰아 땅에 올려놓아라! 충각으로 적의
땅을 갈라, 배 바닥이 밭고랑을 파게 하여라!
배는 그리 해안에 박혔다가 부서져도 좋겠다.
저 땅을 빼앗는다면.」 그렇게 타르코가 말을
토하고 나자, 전우들은 노 저어 분발하였고
거품 이는 함대를 라티움 들판에 밀어붙였다.
마침내 충각이 마른 땅에 닿아 배 바닥이 모두
상처 없이 올라앉았다. 타르코, 그대 배만 빼고.
그의 배는 좌초된 것. 울퉁불퉁한 암초에 걸려
앞뒤로 한참 흔들리며 파도를 괴롭히다가
부서졌고 바다 한가운데 사내들을 쏟아 냈다.
노의 파편, 떠다니는 가로 들보들이 그들을
막아섰고 쓸려 가는 파도가 걸음을 붙잡았다.

　투르눗은 굼뜬 지체가 없었다. 사납게 달려
테우켈 앞에 전군을 펼쳐 해안에 맞세웠다.
신호가 울었다. 농민군을 제일 먼저 공격하는
에네앗. 전쟁의 전조. 라티움인들이 쓰러진다.
테론이 죽었다. 가장 장대한 그가 먼저 사내
에네앗에게 덤볐다. 칼로 청동 갑옷이 뚫려,

305행 부서졌고 : 세찬 파도에 부딪혀 결국 파선되었다(Conington).
310행 농민군 : 제7권 681행에서 라티움 병사들을 〈농민군〉이라고 부른다.
311행 전쟁의 전조 : 아이네아스가 첫 공격에서 승리한 것은 이후 전쟁의
승패를 예언하는 전조가 되었다(Williams).

금 붙인 웃옷이 뚫려 옆구리가 벌어졌다.
이어 리캇을 쳤다. 사망한 모친에게서 꺼내, 315
포이붓이여, 그대에게 바친 그를. 칼의 위험을
태아가 피한 것도 허사인가? 근처 억센 키세웃,
거인 귀앗, 군대를 몽둥이로 눕히던 그들을
저승에 보냈다. 이들을 전혀 헤르쿨의 무기도,
강력한 손도 돕지를 못하더니, 부친 멜람풋, 320
대지가 고된 노고를 내던 때 헤르쿨의 동료도
그러지 못했다. 보라! 안일하게 떠들며 파룻의
재잘거리던 입에 던져진 창이 내리꽂혔다.
그대도, 턱 밑에 솜털이 노랗게 나스르르한
새 애인 클뤼툿을 따라가다가, 불행한 퀴돈아, 325
달다눗 손에 쓰러져 청년들의 사랑도 잊고
누웠을 텐데. 이를 누리던 그대 가긍할 이여!
만약 형제 부대가 둘러서서 막고, 포르큿의
자손들인 일곱 명의 형제가 일곱 개의 창을
던지지 않았다면. 일부는 투구와 방패에 도로 330

316행 칼의 위험 : 고대 주석가에 따르면 산모가 사망한 경우에 태아를 제왕절개술로 꺼내곤 했는데, 태아가 살아나면 의술의 신 아폴로에게 바쳤다고 한다(Williams).
319행 헤르쿨의 무기 : 앞의 〈몽둥이〉를 가리킨다. 헤라클레스는 몽둥이로 상대를 제압하는 것으로 유명하다.
321행 대지가 고된 노고를 내던 때 : 대지의 여신이 헤라클레스에게 12과업을 내주었다고 말하기도 한다.
322행 안일하게 떠들며 : 고대 주석가에 따르면 싸워야 할 곳에서 싸우지 않고 말만 지껄이는 것은 안일한 모습이다(Williams).

튀어나왔고, 몸을 상하게 할 일부를 막아선
모친 베누스. 에네앗은 믿는 아카텟에게 말해,
「내게 창을 다오. 내 손은 결코 헛되지 않게 창을
루툴리에게 던질 테니. 일리온 벌판 그래웃의
335 몸에 꽂았던 창을.」 그는 커단 창을 거머쥐었다
던졌다. 날아가던 창은 청동 방패를 뚫고서
마이온의 가슴받이를 뚫어 가슴을 쪼갰다.
그의 동생 알카놀은 다가가 쓰러지는 형을
부축하였다. 그때 날아든 창은 어깨를 관통해
340 피를 머금고 기세를 유지한 채 멀리 달아났다.
팔은 어깨 힘줄에 붙어 죽어 가며 대롱거렸다.
그때 누미톨은 형의 몸에서 창을 뽑아 들고
에네앗을 공격했다. 하지만 그를 맞힐 수는
없었다. 커단 아카텟의 허벅지를 스쳐 갔다.
345 이때 쿠레스의 클로숫이 젊디젊은 몸을 믿고
앞에 나와 멀리서 던진 완강한 창이 드뤼옵의
턱을 강하게 때렸다. 말하려는 그의 목소리와
동시에 영혼을 목을 뚫어 빼앗았다. 그때 그는
이마로 땅을 때리고 굳은 핏덩이를 토했다.
350 또 북풍의 높은 집안 출신인 세 명의 트라캬,
아버지 이닷과 고향 잇마룻이 보낸 세 명을

342행 형의 몸 : 형 마이온을 가리키는 것으로 보인다. 알카노르를 맞힌 창은 어깨를 관통하여 멀리 날아갔다.
345행 쿠레스 : 이탈리아 사비눔 지방의 옛 도시다.
351행 잇마룻 : 이스마로스는 트라키아에 위치한 산이다. 트라키아인들은

여러 가지 종말로 쓰러뜨렸다. 달려온 할레숫,
오룽키의 부대, 가까이 다가온 넵툰의 자손,
준마로 이름난 메사풋. 몰아내려 각축하는
이쪽과 저쪽. 그들이 서로 다투는 오소냐의                355
문턱. 광활한 창공에서 둘로 갈라진 폭풍들이
힘과 기세에서 대등하게 싸움 싸울 때 같았다.
폭풍도 구름도 바다도 서로 물러서지 않고
오락가락 지루한 전투. 만유가 갈려 대치한다.
이와 다름없이 트로야 전열과 라티움 전열이            360
맞붙었다. 발과 발, 사내와 사내가 엉켜 싸웠다.

   그때 반대편에, 여기저기 구르는 바위들이
급류에 밀려온 곳, 뿌리 뽑힌 나무들의 강둑에,
익숙하지 않은 보병 대열을 구축한 알카다가
라티움에 등을 돌려 쫓기고 있는 걸 본 팔라스.       365
(험난한 지형이 그들에게 말에서 내리라고
설득한 것인데) 곤란 지경에 기댈 건 오직 하나,
때로 탄원도 하고 꾸짖으며 용기를 북돋는 것.
「어디로 도망하느냐? 전우여! 그대들, 그 용맹,
통치자 에반더의 명성, 승리한 전쟁에 걸고           370
부친 위업에 맞먹는 걸 하리란 내 희망에 걸고

호메로스 서사시에서 트로이아의 동맹국이었다(Williams).
   364행 익숙하지 않은 보병 대열 : 앞서 239행에 언급된 아르카디아 기병은 지형 조건이 기병 전투에 알맞지 않아 말에서 내려 보병으로 싸운다.
   371행 부친 위업에 맞먹는 걸 하리란 내 희망에 걸고 : 팔라스는 아버지 에우안데르를 대신해 처음으로 군대를 이끌고 전투에 참여했다(Conington).

부디 발을 돌려라! 적진을 뚫고 칼로 활로를
열어야 한다. 가장 강한 적을 부수고 돌아오라!
이는 조국이 맡긴 그대들과 팔라스의 대사명.
375 신들이 아니오. 쫓는 적이나 쫓기는 우리나
인간들이오. 목숨도 손도 우리와 다르지 않소.
보라, 바다가 커단 빗장으로 우리를 가두었고
피할 땅도 없소. 물로 가리까? 혹은 트로야로?」
이리 말하고 밀집한 적의 중앙을 돌파하였다.

380 그와 처음 조우한 건 불운한 운명에 이끌린
라굿이었다. 육중한 바위를 던지려던 그를
창을 휘둘러 찔렀다. 갈비뼈들을 양분하는
척추의 한가운데를. 척추에 박혀 버린 창을
뽑으려 했다. 히스보도 그를 제압하지 못하니
385 그도 그것을 바랐건만. 팔라스가 덤비는 그를,
전우의 잔인한 죽음에 광분해 정신없는 그를
먼저 잡아 부푼 허파에 칼을 찔러 넣었던 것.
이어 스테늣을 쫓고 로이툿의 오랜 가문 출신
앙케몰, 계모의 침상을 더럽힌 자를 쫓았다.

378행 트로야로 : 문맥상 트로이아군이 쌓은 방벽을 가리킨다. 바다로 도착한 팔라스는 육로로 도착한 아르카디아 기병대와 합류하여 바다를 뒤로하고 라티움 사람들과 대치 중이다(Williams).

384행 뽑으려 했다 : 라구스를 찌른 창을 뽑으려고 애쓰고 있는 동안 히스보가 팔라스를 공격했지만, 무위로 끝났다(Conington).

389행 앙케몰 : 로이투스는 마르시 사람들의 왕이다. 앙케몰은 새어머니를 유혹하였고, 아버지의 분노를 피해 투르누스의 부친 다우누스에게 피신하였다(Williams).

또 쌍둥이여, 너희도 루툴리 들판에 쓰러졌다. 390
도키웃의 자손 라리뎃과 튐베르여, 아주 닮아
분간치 못해 부모의 기꺼운 착각이던 이들아,
근데 이제 팔라스가 너희를 분간되게 하였다.
튐베르, 너의 머리를 에반더의 칼로 베었다.
라리뎃, 너의 잘린 손가락이 너를 찾고 있다. 395
살아 있는 손가락은 움찔하며 칼을 쥐려 한다.
질책에 뜨거운 알카다는 눈부신 그의 행동을
지켜보매, 고통과 수치로 적에게 진군한다.

  팔라스는 쌍두마차로 도주하는 로테웃을
맞혔다. 일루스는 그만큼 시간과 틈을 얻었다. 400
애초 일루스를 겨누어 멀리서 던진 장한 창이
중간에서 로테웃을 맞힌 것. 최정예 튜트랏아!
너와 네 동생 튀렛을 피하다 마차에서 떨어져
죽어 가며 루툴리 땅을 발로 가르는 로테웃.
마치 바라던 대로 여름날 바람이 불어오면 405
목동이 드문드문 숲에 불을 놓을 때 같았다.
(순간 빈틈 하나 없이 크게 번지며 하나가 된
무서운 불칸의 전열은 넓은 들판을 뒤덮는다.

---

394행 에반더의 칼 : 팔라스는 아버지 에우안데르에게 받은 칼을 쓰고 있다(Williams).

396행 살아 있는 손가락 : 칼을 쥔 채로 잘린 손이 아직 반쯤 살아 움직였고 마치 칼을 잡으려는 듯 보였다.

402행 로테웃 : 테우트라스와 튀레스를 피하다가 팔라스의 창에 맞아 마차에서 떨어졌고 이어 마차에 매달린 채 그의 발이 땅에 끌린다.

목동은 불길의 난무를 앉아 바라보는 정복자)
410　꼭 이처럼 전우들의 용기가 모두 하나 됨은
　　　팔라스, 너의 기쁨. 그때 싸움에 독종 할레숫은
　　　적을 향해 전진한다. 온몸에 무장을 걸치고
　　　그는 이때 라돈과 페렛, 데모도쿳을 죽인다.
　　　번개 같은 칼로 스트뤼몬의 손을 끊어 버린다.
415　목을 향하던 손을. 돌로 토앗의 얼굴을 친다.
　　　두개골을 박살 내고 골을 피범벅으로 만든다.
　　　할레숫을 숲에 숨겼건만 운명을 노래하는
　　　늙은 아비의 희끄무레한 눈이 죽음에 풀리자,
　　　운명이 손 뻗어 에반더 무기의 희생물로 그를
420　바쳤다. 팔라스는 그를 잡기 전에 기도하였다.
　　　「아버지 튀브릿이여, 제가 겨눈 창으로 행운의
　　　길을 단단한 할레숫의 가슴에 열게 하소서!
　　　그대 참나무에 사내의 무기를 바치겠습니다.」
　　　이를 들어준 신. 이마온을 숨겨 주던 할레숫은
425　불행히 노출된 가슴을 알카다 창에 내주었다.
　　　　사내의 커다란 죽음에 겁먹지 않게 라우숫,
　　　전쟁의 기둥은 군대를 다잡았다. 먼저 아밧과

418행 희끄무레한 눈 : 고대로부터 망자의 백안을 가리키는 것인지, 〈예언하는 눈〉으로 해석해야 할지 논쟁이 있었다(Conington).
425행 노출된 가슴 : 할라이수스는 이마온을 그의 방패로 가려 주다가 정작 자신은 팔라스의 창에 무방비 상태의 가슴을 맞아 숨졌다.
426행 라우숫 : 라우수스는 〈신들을 조롱한〉 메젠티우스의 아들로 제7권 649행 이하에서 언급되었다.
427행 아밧 : 앞서 170행에서 에트루리아에서 팔라스와 함께 바닷길로 전

맞붙어 전쟁의 매듭이자 장애를 처치했다.
알카다의 자손이 쓰러졌다. 엣투랴의 자손도,
또한 그래웃에 죽지 않은 몸, 너희 테우켈도. 430
대등한 지휘관, 대등한 힘의 군대가 부딪힌다.
후미가 전열을 계속 채우고 혼란에 움직임이
불가능한 손과 무기. 여기 팔라스가 독려하고
여기 라우슷이 막아 낸다. 나이도 엇비슷하고
외모도 대단한 이들. 이들에게 운명은 귀향을 435
빼앗았다. 그렇지만 이들이 서로 맞붙도록
위대한 올륌풋 통치자는 내버려두지 않았다.
운명은 곧 이들을 더 강한 적에게 넘겨준다.

   그새 세상을 키워 낸 누이가 라우슷을 도우라
투르눗에게 하자, 빠른 전차로 전열을 갈랐다. 440
전우를 보았을 때, 「이제 싸움을 접을 시간이다.
나 홀로 팔라스에게 가리니 팔라스는 오직 내
책무다. 그의 부친이 지켜보면 좋을 텐데.」

장에 도착하였다.

  429~430행 알카다의 자손, 엣투랴의 자손, 테우켈 : 아르카디아인들은 팔라스의 부대를, 에트루리아인들은 타르코의 부대를 가리킨다. 이들은 트로이아 전쟁에서 살아남아 아이네아스를 따라온 테우켈인들의 동맹들이다.

  438행 더 강한 적에게 : 442행 이하에서 팔라스는 투르누스에 의해, 809행 이하에서 라우수스는 아이네아스에 의해 사망한다.

  439행 세상을 키워 낸 누이 : 투르누스의 누이를 가리키는데, 제12권 146행에 〈유투나〉(유투르나)라고 이름이 언급된다.

  443행 그의 부친이 지켜보면 좋을 텐데 : 제2권 535행 이하에서 퓌루스는 트로이아의 왕 프리아모스가 지켜보는 가운데 프리아모스의 아들을 살해했다. 투르누스의 태도는 그 잔혹함을 연상시킨다(Williams).

이리 말하자 전우들이 명 받은 들판을 떠났다.
445 루툴리가 물러나자 청년은 오만한 명령에
놀라 투르눗을 쳐다보며 커단 몸뚱이를 훑어
멀리 험한 눈빛으로 눈을 굴려 모든 걸 살폈다.
왕의 말에 이런 말로 대꾸하며 맞받아쳤다.
「나는 풍성한 전리품이든 빛나는 죽음이든
450 칭송을 얻을 테고, 내 부친은 둘 다 상관없으니
공갈일랑 치워라.」 말하고 들판 복판에 나섰다.
알카다의 가슴속에 멈춰 차갑게 얼어붙은 피.
쌍두마차에서 뛰어내려 투르눗은 접전을
채비한다. 그건 마치 사자가 높은 망대에서
455 멀리 들판에서 싸움을 연습하는 황소를 보고
뛸 때 같다. 그렇게 다가서는 투르눗의 모습.
던진 창이 닿을 만큼 가까워졌으리라 생각한
팔라스가 먼저 딘진다. 완력은 모사라시만
과감하면 행운이 도우리, 커단 하늘에 빌었다.
460 「빈객으로 그대가 앉은 식탁과 부친의 환대에
걸고 비노니, 헤르쿨이여, 제 포부를 도우소서!
죽어 가며 피 묻은 무장을 벗기는 저를 보게

454행 그건 마치 사자가 : 『일리아스』 제16권 823행 이하에서 파트로클로스와 대적하는 헥토르를 사자에 비유하였다. 나중에 파르토클로스를 죽인 헥토르가 아킬레우스에게 죽듯이, 팔라스를 죽인 투르누스도 아이네아스에게 죽는다(Williams).
456행 그렇게 다가서는 : 투르누스는 454행의 〈높은 망대〉만큼 높다란 전차에 올라 있다(Willimas).

제10권  77

투르눗의 죽어 가는 눈이 승자를 알게 하소서!」
헤르쿨은 청년의 기도를 듣고 가슴속 깊이
커단 신음을 억누르며 헛된 눈물을 흘렸다. 465
그때 부친은 아들에게 위로의 말을 건넸다.
「모두에게 날은 온다. 돌이킬 수 없는 촌음을
모두는 살다 간다. 위업으로 명성을 잇는 건
덕이 일군 결과이니. 트로야의 높은 성벽 아래
신들의 자식들이 숱하게 쓰러졌고, 심지어 470
내 아들 살페돈도 쓰러졌다. 투르눗도 그의
운명이 그를 부르리니. 삶의 끝에 이르리라.」
이리 말하고 루툴리의 땅에서 눈을 돌렸다.
그때 팔라스는 커단 힘으로 창을 던지고 나서
번개 치는 칼을 텅 빈 칼집에서 뽑아 들었다. 475
날아간 창은 어깨 쪽 흉갑 끝이 솟아 있는 곳을
때렸다. 방패 가장자리를 뚫고 길을 내더니
마침내 투르눗의 커다란 몸에도 스쳐 갔다.
이제 투르눗은 날카로운 창날이 달린 창을
팔라스에게 한참 겨누다 이리 말하고 던졌다.
「우리 창이 더 잘 뚫는 걸 그대는 지켜보아라.」 480
말했다. 여러 겹 철판, 여러 겹 청동판의 방패,

465행 헛된 눈물을 흘렸다 : 헤라클레스는 팔라스의 운명을 알고 있었다 (Williams).
466행 부친은 아들에게 : 유피테르는 헤라클레스의 부친이다.
471행 내 아들 살페돈 : 『일리아스』 제16권 483행 이하에서 유피테르와 에우로파의 아들 사르페돈은 파트로클로스에 의해 살해된다(Conington).

여러 겹 황소 가죽으로 주위를 씌운 방패의
한복판을 창이 관통하였다. 뒤흔드는 충격.
485 흉갑의 저지를 뚫고 커다란 가슴을 관통한 구멍.
상처의 뜨거운 창을 뽑으려는 그의 헛된 시도.
피와 영혼이 그 길을 따라 함께 쏟아져 나왔다.
상처를 안고 고꾸라졌다. 무장이 크게 운다.
피를 토하며 적의 대지에 쓰러져 죽어 간다.
490 투르누스는 다가가 내려다본다.
말했다. 「알카다는 내 말을 기억했다 전하라.
에반데르에게 합당한 모습의 팔라스를 보낸다.
무덤이 명예이고 매장이 위로가 과연 된다면,
허락한다. 분명 커다란 대가를 치르리. 에네앗을
495 환대한 자.」이리 말하며 왼발로 죽은 이를
밟고 서서 **빼앗는다**. 엄청난 무게의 견대와
거기 새겨진 범행을. 혼인 첫닐빔 한순간에
처참하게 살해된 청년들, 피가 낭자한 신방은

490행 : 미완성의 시행이다.
492행 에반데르에게 합당한 모습 : 에우안데르는 아이네아스와 동맹을 맺음으로써 아들의 죽음을 지켜볼 수밖에 없는 처지가 되었다(Conington).
494행 분명 커다란 대가를 치르리 : 제4권의 디도와 마찬가지로 아이네아스를 환대한 에우안데르도 불행을 겪는다(Williams).
496행 밟고 서서 빼앗는다 : 호메로스의 작품들에서 맞대결한 승자가 패자에게, 예를 들어 창을 회수하기 위해서 하는 일반적인 행동이다(Conington).
498행 처참하게 살해된 청년들, 피가 낭자한 신방 : 다나오스의 딸들이 아이귑토스의 아들들과 혼인하였는데, 첫날밤 아내들이 남편들을 살해한다. 다만 휘페르므네스트라는 남편 륑케우스를 해치지 않았다.

유뤼툿의 클로늣이 새긴 값진 황금 문양.
그런 전리품을 얻어 투르눗은 기뻐 환호한다.  500
운명과 다가올 앞일을 모르는 인간의 마음은
복된 일을 만났을 때 절도를 지킬 줄 모르는가!
커단 투르눗에게 때가 오리니, 대가를 받고서
팔라스를 살려 둘 걸 그랬다, 전리품과 그날을
저주할 때가. 한편 전우들이 슬피 눈물지으며  505
몰려와 팔라스를 방패에 얹어 데리고 떠났다.
부친에게 고통과 커다란 자랑이 될 사람아!
널 처음 전장에 데려온 이날이 널 앗아 갔지만
너는 높게 쌓인 루툴리의 주검들을 남겼구나.

 이 커단 불행을 소문이 아니라 확실한 전령이  510
에네앗에게 날아와 전우들이 절명의 위기에
처했고 밀리는 테우켈을 도울 때라 알렸다.
근처 적을 차례로 베고 그는 전열을 뚫고 넓은
길을 뜨겁게 열며, 투르눗아, 조금 전 승리로
오만해진 너를 찾는다. 팔라스, 에반더, 모든 게  515
그의 눈앞에 어른거린다. 이방인을 환대하던
그때의 첫 식탁, 환대하던 손이. 술모가 낳은
열넷 청년들과, 우펜스가 기른 열넷을 이때
생포하였다. 이들을 제물로 망령들께 바치고

514행 조금 전 승리 : 453행 이하에서 팔라스를 상대로 했던 전투를 가리킨다.

517행 술모 : 제9권 412행에서 술모가 언급되었다.

518행 우펜스 : 제7권 745행에 이탈리아 동맹국 목록에 언급되었다.

520　　화장목 화염 속에 포로의 피를 뿌리려는 것.
　　　이어 멀리 마굿에게 분노한 창을 던졌다.
　　　그는 교묘히 숙였고 창이 전율하며 지나가자
　　　무릎을 부여잡고 탄원자로 이렇게 말했다.
　　　「그대 선친, 앞날이 기대되는 율루스에 걸고
525　　비오. 내 자식과 부친을 위해 목숨을 살려 주오.
　　　내 높은 집에는 깊숙이 숨겨 둔 여러 탈렌툼의
　　　세공된 은붙이, 세공한 금덩이가 여럿이고
　　　세공 않은 금덩이도 있소. 테우켈의 승리를
　　　이것이, 혹은 이 한 목숨이 정할 것도 아니니.」
530　　말했다. 에네앗은 이에 이렇게 대꾸하였다.
　　　「그대가 말하는 금은 여러 탈렌툼일랑 다만
　　　자손을 위해 아껴 두시오. 투르눗이 전쟁의
　　　교환을 진작 먼저 팔라스를 죽여 폐하였소.
　　　이게 선친 앙키사의 뜻, 율루스의 생각이오.」
535　　이리 말하고 왼손에 투구를 잡고 뒤로 젖혀진
　　　탄원자의 목에 칼을 칼자루까지 밀어 넣었다.
　　　근처 하이몬 아들, 포이붓과 삼위 여신의 사제,
　　　신성한 머리띠를 이마에 동여맨 자가 있었다.
　　　온통 돋보이는 흰 무장과 군복으로 눈부셨다.
540　　그를 만나 들판을 달려 쓰러뜨려 제압하고
　　　죽여 커단 그림자로 덮는다. 세레툿은 무기를

541행 커단 그림자로 덮는다 : 아이네아스의 커다란 몸집이나 방패가 제압된 희생자에게 그림자를 드리우고 있는 모습을 의미한다(Williams).

챙겨 짊어진다. 마르스여, 그대의 기념물로.
　전투를 이어 간다. 불칸의 혈통에서 태어난
케쿨룻과, 마르시 산악에서 출전한 움브로가.
달다늣의 광기가 달려가 칼로 앙수르의 팔과　　　　　　　　545
둥근 방패 모두를 땅바닥에 내동댕이쳤다.
큰소리치던 자를, 큰소리가 힘을 보태 주리라
믿던 자를, 아마도 용기가 하늘에 이른 자를,
자신의 장수와 백발을 보리라 기대하던 자를.
빛나는 무기를 갖추고 뛰쳐나온 타퀴툿은　　　　　　　　　550
요정 드뤼오페에게 숲의 파우눗이 얻은 자로
불타는 자에게 맞서니, 불타는 자는 창을 뒤로
뺐다가 흉갑과 엄청난 무게의 방패를 찔렀다.
헛되이 탄원하여 길게 말하려고 준비하던
머리를 땅바닥에 내쳤고, 온기가 남은 몸통을　　　　　　555
밟고 서서 증오 가득한 가슴으로 이리 말했다.
「두려운 이여, 거기 누웠거라! 네 선한 모친이
매장도, 집안 묘소에 네 몸을 안치도 못 하리라.
들판의 새들에게 남겨지거나 와류에 잠기고
물에 떠가면 주린 물고기가 네 상처를 핥으리.」　　　　　560
이어 안테웃과 루캇, 투르눗의 선봉 부대를

544행 케쿨룻, 움브로 : 케쿨룻은 제7권 678~681행에서 언급되었다. 움브로는 제7권 750~760행에서 아이네아스에 의해 전사한다고 언급되었다.
552행 불타는 자 : 아이네아스를 가리킨다.
557행 두려운 이여 : 조롱조의 반어법이다(Conington).

쫓았다. 용감한 누마와 노랑머리 카멜스를.
그의 부친, 긍지 높은 볼켄스는 땅으로 제일 큰
오소냐의 거부로 침묵의 아뮈클을 다스렸다.
565 전하는바 에게온이 백 개의 팔뚝을 가지고
백 개의 손으로 쉰 개의 입과 가슴에서 불을
뿜어내며 유피테르의 천둥 번개에 맞서려
쉰 개 칼을 휘둘러 쉰 개 방패를 두드릴 때처럼,
에네앗은 들판 전체에 포효하는 정복자였다.
570 그의 검은 뜨거웠다. 보라! 심지어 니페웃의
사두마차 말들을 향해 몸을 돌려 달려들었다.
그때 말들은 끔찍한 고함이 멀리 다가오는 걸
보았을 때, 겁먹고 뒷걸음치다가 몸을 돌려
마부를 던져 놓고 해안으로 마차를 끌고 갔다.
575 그새 백마의 쌍두마차로 루카굿은 전투의
북편에 동생 리겔과 나있다. 고삐 깁은 동생은
말들을 몰고 거친 루카굿은 칼을 빼 들었다.
에네앗은 그들 미친 열기를 묵과하지 않았다.
달려 나갔다. 그들 앞에 창을 겨누고 선 거인.

562행 노랑머리 카멜스 : 제12권 224행 이하에 언급된다.
563행 그의 부친 긍지 높은 볼켄스 : 제9권 370행 이하에서 라티움 부대를 이끈 장수로 등장한다.
564행 침묵의 아뮈클 : 아뮈클라이는 남부 라티움의 항구도시다. 고대 주석가에 따르면 적의 침입을 알리는 수많은 거짓 경보 때문에 경보를 울리는 것 자체를 금지했다고 한다(Conington).
565행 에게온 : 제6권 287행에서는 〈브리아렛〉(브리아레우스)이라는 이름으로 불린 괴물이다.

그에게 리겔은                                              580
「네가 보는 건 디오멧의 말도 아킬렛의 마차도
프뤼갸 들판도 아니다. 이제 네 전쟁과 목숨을
이 땅에서 끝내리라.」 이 말이 멀리 정신 나간
리겔에서 튀어나왔다. 하나 트로야의 영웅은
준비한 대답이 아니라 창을 적에게 던졌다.                         585
루카굿은 몸을 앞으로 숙여 칼을 채찍 삼아
쌍두마차를 재촉했다. 왼발을 앞으로 내딛고
결투 자세를 취하자, 창에 뚫린 빛나는 방패의
가장 안쪽 하부. 관통상을 입은 왼쪽 하복부.
마차에서 튕겨 나가 땅에 구르다 죽어 간다.                        590
충직한 에네앗은 그에게 쓰라린 말을 뱉는다.
「루카굿아, 말들이 무기력한 도주로 네 마차를
버리거나 헛된 망령 때문에 도망간 게 아니다.
뛰어내려 마차를 버린 건 너로다.」 이리 말하고
쌍두마차를 붙잡았다. 불행한 동생은 무력한                        595
손을 내밀며 동시에 마차에서 뛰어내렸다.

580행 : 미완성의 시행이다.
581행 디오멧, 아킬렛 : 『일리아스』 제5권 311행 이하에서 아프로디테와
아폴로는 디오메데스에게서 아이네아스를 구출한다. 또 제20권 290행 이하
에서 포세이돈은 아킬레우스에게서 아이네아스를 구출한다.
586행 칼을 채찍 삼아 : 루카구스는 칼을 옆으로 뉘여 칼의 넓은 면을 채찍
처럼 사용한다(Williams).
591행 충직한 에네앗 : 아이네아스가 팔라스의 복수를 그의 의무라고 생
각하기 때문이다(Williams).
595행 무력한 : 다른 전승 사본에서는 〈비무장의 *inermis*〉가 보인다.

「그대와 그대 같은 이를 낳은 부모님께 비오니,
트로야 사내여, 목숨의 탄원을 굽어살피소서.」
여러 번의 애걸에 에네앗은 「조금 전 네 말은
그게 아니었다. 죽어라. 아우가 형을 버릴쏘냐.」
이어 영혼의 은신처, 가슴을 칼로 열어젖혔다.
이런 죽음을 벌판 가득히 펼쳐 놓은 달다늣의
지도자. 쏟아지는 홍수처럼, 검은 폭풍처럼
미쳐 날뛴다. 마침내 군영을 떠나 치고 나오는
소년 아스칸. 포위 공격에 굴하지 않던 청년들.
　그때 유피테르가 먼저 유노에게 말을 걸었다.
「나의 누이여, 또한 더없이 소중한 나의 아내여,
그대 생각대로요. 그대가 맞았소. 베누스였소.
트로야의 힘을 북돋운 건 전투에서 살아 있는
사내의 손도, 위험을 견디는 투지도 아니었소.」
그에 유노는 낮게「더없이 어여쁜 이니! 어찌
그대 독한 말로 저를 괴롭게 두렵게 하십니까?
만일 제게, 한때 그러했고 그러했어야 할 그런
사랑이 남았다면, 제게 거절치 않으실 것을.

601행 영혼의 은신처, 가슴 : 제9권 580행의 주석을 보라. 가슴을 영혼의 자리로 생각한 것은 에피쿠로스의 영향이다(Conington).
604행 마침내 군영을 떠나 치고 나오는 : 아이네아스가 군영으로 돌아올 때까지 트로이아인들은 방벽 안에 갇혀 있었다.
608행 그대 생각대로요 : 앞서 81행 이하에서 유노가 베누스를 지탄하던 말을 가리킨다(Williams).
612행 그대 독한 말로 저를 괴롭게 두렵게 하십니까 : 방금 유피테르가 한 말은 유노 여신의 마음을 아프게 했다.

전능한 이여! 투르눗을 전장에서 데리고 나와                    615
아비 다우눗에 무사히 데려다줄 수 있다면!
죽여 충직한 피로 테우켈의 벌을 받게 하세요.
하나 그는 우리 혈통에서 이름을 얻은 자로
고조부는 필룸눗이죠. 그대의 문턱에 후한
손으로 여러 번 풍성한 제물을 쌓아 올렸죠.」                    620
그에게 창공 올륌풋의 왕은 짤막하게 말했다.
「당장의 죽음을 미루고 죽어 갈 청년의 시간을
벌어 주려 한다면, 내 뜻은 이러함을 다만 알고
투르눗을 빼내어 운명의 직면은 면케 하시오.
참는 건 여기까지요. 만일 그대 간청에 더 깊은                    625
호의가 숨겨져 있고 전세 전체를 움직이려,
바꾸려 한다면, 헛된 희망을 품었다 하겠소.」
유노는 눈물지으며,「그대 말로는 거절하시나
마음이 승낙해 투르눗이 계속 살아간다면.
무죄한 그에게 가혹한 최후. 아님 제가 진실을                    630
놓친 건지도. 거짓된 두려움으로 저를 놀리다
계획을, 할 수 있으시니, 바꾸시면 좋을 텐데.」
  이리 말하고 하늘 끝에서 몸을 기울여 아래로

616행 아비 다우눗 : 제8권 146행 이하를 보라.
617행 충직한 피 : 유노는 투르누스가 마치 아버지 다우누스를 위해 전투에 참여한 것처럼 말하고 있다. 고대 주석가는 〈충직한 아이네아스〉와 대비하려는 의도라고 설명한다(Williams).
619행 고조부는 필룸눗 : 앞서 74행 이하에서 필룸누스는 투르누스의 조상이라고 하였는데, 여기서는 〈고조부 *quartus pater*〉라고 말한다.

왔다. 폭풍을 끌고 구름을 쓰고 창공을 지나,
635 일리온의 전열과 로렌툼의 군영을 찾아갔다.
여신은 텅 빈 구름으로 무기력한 허깨비에
에네앗의 얼굴을 달고 (보기에 실로 놀랍도다)
달다늣의 창으로 꾸미며, 방패, 신과 같은 머리에
갈기 투구를 덧붙였다. 뜻 없는 말소리도 주고
640 뜻 모를 목소리도 주고, 걸음걸이도 꾸며 냈다.
전하는바 죽게 되면 날아간다는 그런 혼백,
혹은 잠든 감각을 기만하는 그런 꿈이었다.
그렇게 허상은 기꺼이 전열 맨 앞에서 날뛰며
창으로 사내를 위협하고 말로 도발하였다.
645 그에게 맞서 투르눗은 울음 우는 창을 멀리
던졌다. 허상은 등을 돌려 발걸음을 물렸다.
그때 투르눗은 에네앗이 등 돌려 달아난다
믿었고, 격앙된 마음속 헛된 기대들 써 올렸다.
「에네앗, 어디로 도주하느냐? 약혼을 깨지 마라!
650 이 손으로 바다 건너 찾은 땅에 묻어 줄 테다.」
이렇게 소리 지르며 뒤쫓는다. 뽑아 든 칼을
휘두른다. 바람이 실어 온 설렘인 줄 모른다.
 높다란 전함이 갯바위 선착장에 매어 때마침
탑승교와 계단이 준비되어 정박해 있었다.

640행 뜻 모를 목소리 : 허깨비는 말을 토하지만, 말뜻을 알지는 못한다.
644행 사내 : 아이네아스의 허상이 투르누스를 도발한다.
650행 바다 건너 찾은 땅에 묻어 줄 테다 : 살 자리를 찾아온 아이네아스에게 묫자리를 약속한다.

클루숨 땅에서 오시눗 왕이 타고 온 배였다. 655
여기로 분주히 도망쳐 온 에네앗의 환영은
은신처 삼아 몸을 숨겼다. 투르눗도 급히 쫓아
장애를 극복하여 높은 탑승교를 뛰어넘었다.
그가 뱃머리에 닿자, 사툰의 따님은 줄을 끊어
물러나는 파도를 따라 끊어 낸 배를 끌고 갔다. 660
그때 환영은 더는 은신처를 찾지 않고 가볍게 663
하늘 높이 날아 검은 구름 속에 숨어들었다. 664
한편 에네앗은 없어진 자를 전장에서 찾았다. 661
닥치는 대로 사내들의 몸을 무수히 죽여 댔다. 662
그새 먼바다로 폭풍은 투르눗을 싣고 갔다. 665
영문도 모르고, 무사함에 고마운 줄도 모르고
두 손을 하늘의 별을 향해 들어 이리 말했다.
「전능하신 아버지, 제게 이런 불명예가 가하다
여기시고, 이런 죗값을 받길 바라셨습니까?
어딜 떠나 어디로? 어찌 어떻게 벗어날까요? 670
로렌툼 성벽과 군영을 제가 다시 보게 될까요?
저와 제 전쟁을 따라온 사내들은 어찌합니까?
그들 모두 참혹한 죽음에 (끔찍하다) 버려두니,
그들이 흩어지는 걸 보고, 쓰러져 신음하는 걸

655행 클루숨 땅에서 오시눗 왕 : 앞서 166행 이하에서 클루시움 땅에서 온 사람은 마시쿠스였다.
658행 장애 : 탑승교를 가리킨다(Conington).
661~664행 : 주석가 브룅크Brunck는 663~664행을 661~662행보다 앞에 두어야 한다고 보고 있다. 사건의 진행도 이렇게 바꾸면 자연스럽게 된다.

675 듣게 되나요? 어찌할까요? 크게 입을 벌려 어떤
땅이 날 삼킬까요? 아니, 폭풍아, 날 가엽다 해라.
투르눗의 간곡한 청이니, 절벽으로, 갯바위로
배를 몰고 가 모래톱 잔인한 여울에 처박아라!
루툴리도, 증언할 소문도 따라오지 못할 곳에.」
680 이리 뇌이는 마음은 이리로 저리로 일렁인다.
커단 치욕에 정신을 잃고 칼 위에 몸을 던져
잔인한 칼날을 갈비뼈 사이로 밀어 넣을까,
혹은 파도 속에 뛰어들어 헤엄쳐 굽은 해안을
찾아가 다시 테우켈과 전쟁을 벌일까 싶었다.
685 이리저리 세 번의 시도. 세 번을 지고한 유노는
마음에 가여운 청년을 막아서고 저지했다.
바다를 가르며 흐르는 물결을 따라 미끄러져
부친 다우늣의 유구한 도시로 떠내려갔다.

　　그새 유피테르의 권고에 불타오른 메젠툿은
690 전투를 이어받아 승리에 취한 테우켈을 친다.
튀레눔 전열은 합류하여 총력을 그 한 명,

675~676행 크게 입을 벌려 어떤 땅이 날 삼킬까요 : 제12권 883~884행을 보라.
688행 부친 다우늣의 유구한 도시 : 로마의 남쪽에 위치한 라티움 지방의 아르데아를 가리킨다.
689행 유피테르의 권고 : 유피테르는 앞서 104행 이하의 발언에 반하는 행동을 한 것이다(Williams).
691행 튀레눔 전열 : 제8권 481행 이하에서 메젠티우스는 튀레눔의 독재자였다가 추방당한 인물이다. 에트루리아 병사들이 예전의 독재자를 맞아 싸운다(Williams).

한 명의 사내에게 모든 증오와 칼날을 겨눈다.
그는 광활한 바다에 맞서는 암벽과도 같이
폭풍의 광란에 부딪히며 파도에 노출되어
하늘과 대양의 온갖 위력과 위협을 이겨 내며　　　　　　　　　695
끄떡없이 버틴다. 돌로키온의 아들 헤브룻을,
라타굿과 도망치는 팔뭇을 땅에 쓰러뜨린다.
라타굿은 돌덩이, 산을 쪼갠 커다란 파편으로
입과 얼굴을 급습했고, 팔뭇은 다리를 잘라
잘린 채 뒹굴게 두었다. 라우슷에게 무기는　　　　　　　　　　700
어깨에 걸치고 깃털은 머리에 꽂으라 주었다.
또 프뤼갸의 유안텟을, 파릿의 동년배 동료
미맛을 죽였다. 미맛을 테아노가 아비가 된
아뮈쿳에게 낳아 주던 날, 불꽃에 잉태한 왕비
헤쿠바는 파릿을 낳았다. 파릿은 조국에　　　　　　　　　　　705
묻혔고, 미맛은 미지의 로렌툼 땅에 묻혔다.
마치 멧돼지가 개들의 이빨에 몰려 산에서
쫓기다 — 오랜 세월 베술룻 소나무가 멧돼지를

698행 산을 쪼갠 커다란 파편 : 제9권 569행과 같다.
700행 라우슷 : 메젠티우스의 아들이다.
704행 불꽃에 잉태한 : 제7권 320~321행과 동일한 전승에 따른 것으로 헤쿠바는 불타는 횃불에 의해 파리스를 잉태하였다고 전한다.
705행 헤쿠바 : 헤쿠바는 에우리피데스와 로마 작가들에 따르면 키세우스의 딸이다. 호메로스는 헤쿠바를 뒤마스의 딸이라고 하였다.
705행 파릿 : 전승 사본의 ⟨creat⟩를 주석가 벤틀리Bentley가 ⟨Paris⟩로 수정하였고 대부분의 편집자들이 이 추정을 그대로 받아들인다(Williams).
708행 베술룻 : 베술루스는 이탈리아 북부 리구리아의 산이며 파두스강이

지켜 주고, 오랜 세월 로렌툼의 늪이 갈대의
710 숲으로 먹이더니 — 마침내 사냥 그물에 걸려
멈춰 서서 무섭게 소리쳐 등을 곤두세우면,
누구도 가까이 다가서 분을 풀 엄두도 못 내고
713 멀리서 안전하게 창과 고함을 지를 뿐이고,
717 멧돼지는 사방으로 대담하게 덤빌 듯 말 듯
718 이빨을 빠득대고 어깨의 창을 털어 낼 때처럼,
714 꼭 그렇게 정당한 분노를 가진 메젠툿에게
715 칼을 뽑아 달려들 용기는 아무에게도 없고,
716 그저 멀리서 창과 커단 고함만 지를 뿐이다.

　유서 깊은 코뤼툿 땅에서 와 있던 아크론은
720 그래웃 혈통, 혼인식을 올리지 못한 망명자다.
전열을 뒤흔들고 있는 그를 멀리서 보았을 때,
약혼녀가 내준 홍의와 깃털로 붉은 그에게 —
때로 **주린** 사자가 숨은 기처를 찿아다니다
미칠 듯한 허기에 시달려, 도망치는 염소를
725 혹은 뿔을 들고 일어서는 사슴을 보았을 때
기뻐하며 커단 입을 벌려 갈기를 세워 덮치고

여기서 발원한다(Williams).
　709행 로렌툼의 늪: 라티움의 남부 해안 아르데아와 티베리스강 하구 사이에 있는 늪지대다(Conington).
　717~718: 주석가 스칼리제르Scaliger는 여기로 옮겨 놓았다.
　719행 코뤼툿 땅: 희랍 사람인 아크론이 어떻게 에트루리아의 코뤼투스에 살게 되었는지는 알 수 없다.
　723행 숨은 거처: 제6권 179행의 주석을 보라.
　724행 미칠 듯한 허기에 시달려: 제9권 340행과 같다.

제10권　**91**

올라타 내장에 매달린다. 흉한 아가리를 적신
검붉은 핏덩이 —
그처럼 메젠툿은 재빨리 적진으로 달려든다.
불행한 아크론은 쓰러졌다. 뒤꿈치로 검은                    730
흙을 치고 죽어 가니, 부러진 창은 피에 젖었다.
또 메젠툿은 도망치는 오로뎃을 옳지 않게
쓰러뜨리길, 창을 던져 등 뒤를 치길 원치 않아
따라가 몸을 돌려 마주 선다. 사내가 사내에게
맞선다. 간계가 아닌 용맹함이 더 좋은 사내가.              735
제압된 자의 몸에 창과 발을 올려놓고 서서
「사내들아, 전쟁의 기둥 오로뎃이 크게 누웠다.」
전우들은 반갑게 승전가를 따라 소리쳤다.
죽어 가던 자는 「그대 누구든 복수가 있으리니,
승자여, 기쁨은 오래가지 않고 그대도 똑같은          740
운명을 맞아 이제 곧 똑같이 흙 속에 묻히리라.」
분노 섞인 조롱으로 웃으며 메젠툿은 그에게
「그만 죽어라! 난 신들과 인간의 왕 아버지의
소관이니.」 이렇게 말하고 몸에서 창을 뽑았다.
그의 두 눈을 덮치는 가혹한 휴식과 강철의
잠. 영원한 밤을 응시하던 눈빛이 꺼져 간다.
  케디큿은 알카툿을 뱄다. 사크랏은 휘다펫을,
                                                   745

728행 : 미완성의 시행이다.
745~746행 : 제12권 309~310행과 같다. 『일리아스』 제11권 241행 〈청동의 잠〉이라는 구절도 있다.

라포는 팔테눗과 힘이 대단히 억센 오르셋을,
　　메사풋은 클로눗과 뤼카온의 에리케텟을.
750　고삐 풀린 말에서 떨어져 땅에 나자빠진 자와
　　땅을 딛고 선 자를. 보병으로 온 뤼키아의 아깃,
　　그를 조상 대대로의 용기를 갖춘 발레룻이
　　꺾었다. 트로눗을 살리웃이, 살리웃을 네알켓,
　　창과 멀리서 몰래 닥치는 활에 이름 높은 자가.
755　　마르스는 무거운 애도와 죽음의 양편 균형을
　　맞춘다. 주거니 받거니 똑같이 죽고 죽이는
　　승자와 패자. 이쪽도 저쪽도 피할 줄을 모른다.
　　유피테르의 집에서 신들이 탄식하는 양편의
　　공허한 광기와 죽어 갈 인간들의 커단 노고.
760　지켜보는 여긴 베누스, 여긴 사툰의 따님 유노.
　　수천 전사 속에 창백한 티시폰이 광분한다.
　　　그때 마침 메젠툿은 커단 창을 휘둘러 대며
　　소란스럽게 전장으로 나온다. 마치 오리온이
　　네레웃 한가운데 더없이 깊은 심연을 가르며
765　길을 내면 어깨가 파도 위로 드러나거나 혹은
　　산꼭대기에서 나이 먹은 마가목을 짊어지고

　753행 네알켓 : 네알케스는 트로이아 사람이다. 이 문단에서 나머지는 이
탈리아인이 트로이아인을 물리친 사례다.
　761행 티시폰 : 제6권 555행 이하에 언급된 것처럼 저승을 지키는 복수의
여신들 가운데 한 명이다. 나머지 신들이 개입하지 않고 멀리서 전투를 지켜
보는 가운데, 복수의 여신 티시포네만이 전장의 한가운데에 있다(Williams).
　764행 네레웃 : 네레우스는 바다 노인으로 바다와 동의어로 쓰인다.

땅을 딛으면 머리가 구름 속에 걸릴 때처럼,
꼭 그처럼 거대한 무기의 메젠툿은 나아갔다.
맞은편 에네앗은 그를 긴 전선에서 발견하고
마주 설 채비를 한다. 전혀 겁먹지 않는 메젠툿,　　　　770
긍지 높은 적을 기다리는 거구는 꿈쩍도 없다.
눈대중으로 창이 충분히 닿을지 거리를 잰다.
「손과 창, 나의 신이여, 내가 겨누는 무기여,
도우시라! 맹세하노니, 도적의 몸에서 빼앗은
전리품을, 라우슷, 네게 입히겠다. 에네앗을　　　　775
제압한 전리품을.」 말하고 우는 창을 멀리서
던졌다. 창은 날아가 방패에 맞고 튕겨 멀리
빼어난 안토렛의 옆구리와 배 사이에 꽂혔다.
헤르쿨의 전우 안토렛은 아르곳에서 왔다가
에반더에게 머물고 이탈랴 도시에 정착했다.　　　　780
불행히도 남이 입었을 상처에 쓰러져 하늘을
쳐다보며 달콤한 아르곳을 회상하며 숨진다.

767행 땅을 딛으면 머리가 구름 속에 걸릴 때처럼 : 제4권 177행과 같다.

768행 거대한 무기의 : 원문 〈vastis armis〉는 765행의 〈어깨〉에 비추어 〈커다란 어깨〉라고 해석할 수도 있고, 762행의 〈커단 창〉에 비추어 〈거대한 무기〉라고 해석할 수도 있다.

779행 헤르쿨의 전우 : 앞의 320행에서 베르길리우스는 헤라클레스의 또 다른 전우로 〈멜람풋〉(멜람푸스)을 언급하였다.

780행 에반더에게 머물고 이탈랴 도시에 정착했다 : 아르고스 사람 안토레스는 에우안데르가 이탈리아로 떠나기 전에 아르카디아에 왔고, 에우안데르가 아르카디아를 떠나 이탈리아의 팔란테움으로 이주할 때 같이 왔다.

783행 충직한 에네앗 : 메젠티우스와 아이네아스의 맞대결 장면에서, 아비 앞에서 자식을 죽이는 사건은 전혀 의도된 바가 아님을 강조하려는 것으로

|     | 그때 충직한 에네앗도 창을 던졌다. 창은 삼중 |
|     | 청동 볼록한 방패를 뚫고 아마포 싸개와 삼중 |
| 785 | 소가죽으로 엮은 물건을 뚫고 아랫배 깊숙이 |
|     | 박혔으니, 힘은 거기까지였다. 재빨리 칼을 |
|     | 에네앗은 퇴레눔의 출혈을 보고 기뻐하며 |
|     | 다리에서 빼 들고, 떨고 있는 적을 세게 친다. |
|     | 사랑하는 부친을 걱정하여 크게 신음하며 |
| 790 | 라우숫은 이를 보았고 눈물이 뺨에 흘렀다. |
| 792 | 그 높은 덕행을 옛일이라 누가 믿겠냐마는 |
| 791 | 그날의 끔찍한 죽음, 그대의 위대한 행적을, |
| 793 | 그대를, 기억해야 할 청년아, 내 노래하노라. |
|     | 못 쓰게 된 메젠튯은 발 끌며 옴짝달싹 못 하고 |
| 795 | 방패에 매달린 적의 창을 끌며 뒤로 물러난다. |
|     | 청년이 뛰어든다. 무장들 사이로 끼어든다. |
|     | 몸을 한껏 폈다 손을 들어 타격을 준비하는 |
|     | 에네앗을 막아 내고 그의 단검을 저지하며 |
|     | 버텨 낸다. 전우들의 커단 함성이 이어진다. |
| 800 | 부친은 아들의 방패에 몸을 숨기고 후퇴한다. |
|     | 던져진 창들, 멀리서 날아든 투창에 어지러운 |

보인다. 아래의 826행과 비교하라.

789행 사랑하는 부친 : 비록 에트루리아 사람들에게는 미움을 받는 존재였지만, 아들에게는 그렇지 않았다.

796행 청년이 뛰어든다 : 베르길리우스는 스키피오가 티키누스 전투에서 아버지를 방어하기 위해서 뛰어드는 리비우스의 『로마사』(21, 46 이하)의 장면을 독자에게 상기시킨다(Conington).

797행 몸을 한껏 폈다 : 제9권 749행, 제12권 729행에서 반복되는 구문이다.

적장 에네앗은 몸을 숨기고 분통을 터뜨린다.
지난날 천지사방 퍼붓는 우박 속에 먹구름이
곤두박질치면 들판의 모든 밭 가는 농부는
모두 흩어지고 나그네도 안전한 곳에 피신해   805
강가 절벽에, 커단 바위 동굴에 몸을 숨긴다.
대지에 비가 그치고 개인 날이 돌아와 하루를
마칠 수 있을 때까지. 그처럼 빗발치는 창 속에
에네앗은 전쟁의 폭우가 모두 멈출 때까지
견디며 라우숫을 꾸짖고 라우숫을 위협한다.   810
「죽겠느냐? 어딜 덤비느냐? 강자를 감당할까?
네 충직이 무모한 널 죽이리라.」 청년은 그래도
미친 듯 날뛴다. 하여 잔인한 분노가 더 크게
달다늣의 지도자에게 인다. 라우숫의 마지막
실을 감는 운명의 여신들. 강력한 칼을 휘둘러   815
에네앗은 청년의 몸 깊숙이 전부 찔러 넣는다.
칼이 방패를 뚫는다. 위협에나 쓸 약한 무장과
모친이 가는 황금실로 짜준 속옷을 뚫는다.
피가 가슴을 가득 채운다. 그때 서러운 목숨이

809행 전쟁의 폭우 : 『일리아스』 제17권 243행의 〈전쟁의 먹구름〉을 모방한 것으로 보인다(Williams).

812행 충직 : 자식이 부모를 위해 목숨을 건 행동을 하였는데, 이를 충직한 아이네아스가 질책하는 모습은 역설적이다(Williams).

813행 미친 듯 날뛴다. 잔인한 분노 : 광기에 사로잡힌 라우수스와 아이네아스는 서로 치열하게 충돌한다. 이들은 모두 충직한 사람들이다.

817행 방패 : 원문 〈*parma*〉는 로마의 경무장 보병이 들고 다니는 작고 둥근 방패를 가리킨다(Conington). 그래서 〈약한 무장〉이다.

820 허공을 날아 몸을 남겨 두고 하계로 떠나갔다.
    하나 그때 죽어 가는 이의 표정과 얼굴을 보는
앙키사의 아들, 기묘하게 창백해지는 얼굴,
깊은 탄식을 토하며 가여워 손을 내밀었다.
부친을 섬기는 충직함이 마음에 떠올랐다.
825 「가여운 소년아, 네게 뭘, 네 커단 덕행에 맞는,
네 어짊을 기릴 뭘 충직한 에네앗이 줄까나?
무장, 네게 기쁨인 네 무장을 갖고 너는 조상의
유해와 영령에게로 원한다면 가게 되리라.
불행한 그대 가련한 죽음의 위안 될 것이니,
830 위대한 에네앗의 손에 가는 건.」 먼저 꾸짖어
주저하는 전우들을 나무라며 안아 올렸다.
격식대로 정돈된 머리가 피로 젖어 있었다.
    그새 부친은 티베릿 강물 옆에서 맑은 물로
상처를 닦아 내고 있었다. 육신을 편하게 힐
835 나무 밑에 기대어 있었다. 청동 투구는 멀리
가지에 걸렸고, 무거운 무구는 풀밭에 굴렀다.
주변에 둘러선 청년 정예들. 그의 힘겨운 호흡.
턱수염은 가슴에 묻고 목은 편하게 떨구었다.
수차 고개 들어 라우숫을 묻고 수차 명했다.

---

825행 가여운 소년아 : 앞서 491행에서 팔라스를 죽인 투르누스의 태도와 대조되는 부분이다. 투르누스는 팔라스의 무장을 전리품으로 빼앗았다.
826행 충직한 에네앗 : 783행의 〈충직한 에네앗〉과 비교하라.
831행 주저하는 전우들 : 841행에 언급된 라우수스의 전우들을 가리킨다.

근심하는 아비의 당부를 전하고 데려오라고. 840
그때 라우숫을 방패에 얹어 실어 온 전우들,
울며 옮긴다, 커단 상처로 죽어 가는 거인을.
불행을 예감한 마음은 울음소리를 알아챘다.
흙을 집어 수차 백발에 끼얹는다. 양손을 들어
하늘을 향해 뻗는다. 실려 온 시신에 매달린다. 845
「살겠단 욕망이 이다지 컸더란 말이냐? 아들아!
내가 낳은 내 아들을 적의 손아귀에 나 대신에
밀어 넣을 만큼? 네가 이리 다쳐 아비를 구하고
네가 죽어 내가 살다니? 가련한 난 이로써 이제
처참하게 생을 마치누나. 상처는 깊고 깊어라! 850
게다가, 아들아! 네 이름을 더럽힌 아비였으니,
민심을 잃어 선조의 왕좌와 왕홀을 잃었구나.
조국과 백성의 증오에 내가 벌을 받아야 했다.
죄 많은 목숨을 어찌 죽든 내주었어야 했다.
아직 연명하며 인간과 광명을 못 버리는가. 855
버리리라!」이리 말함과 동시에 몸을 일으켜
아픈 다리에 상처는 깊어 힘은 모자랐지만
굽히지 않고 말을 대령하라 했다. 그의 자랑,
위안이던 말, 모든 전장에서 승자로 돌아오던

850행 생을 마치누나 : 전승 사본에 〈*exilium*〉(망명)도 보인다. 이 경우, 메젠티우스가 아들과 함께 고향을 떠난 것이 그에게 깊은 상처가 되었음을 말하는 것으로 이해할 수도 있다(Williams).

858행 굽히지 않고 : 고대 주석가는 육체적으로는 거의 불가능한 상황이지만, 의지를 굽히지 않았다고 보았다(Williams).

860 말. 풀이 죽은 말에 말을 걸어 이리 말했다.
「레붓아, 필멸자에게도 오래란 게 있다면, 우린
오래 살았다. 넌 오늘 승자로 피 묻은 전리품과
에네앗의 머리를 싣고 와서 라우숫의 고통을
함께 갚아 주거나, 어떤 힘도 길을 못 연다면
865 함께 죽자꾸나. 용감무쌍한 넌, 믿거니와 결코
테우켈을 섬기거나 남의 명을 받지 않을 테니.」
말하고 말 등에 앉아 평소대로 편하게 자세를
가다듬고 양손에 예리한 창들을 움켜쥐었다.
머리에 청동이 빛나고 투구 깃털이 곤두섰다.
870 그리 서둘러 전장으로 달렸다. 마음속 엄청난
수치심, 슬픔이 섞인 광기가 함께 타올랐다.
[잃게 된 사랑과 분노가, 용맹한 전사의 긍지가]
이때 에네앗을 세 번 큰 소리로 외쳐 불렀다.
에네앗도 그를 알아보고 기뻐하며 기원한다.
875 「신들의 아버지여, 지고한 아폴로여, 이루소서!
그대 한번 덤벼 보라.」
이리 말하고 창을 꼬나들고 그에게 나아갔다.

860행 풀이 죽은 말에 말을 걸어 : 말이 주인의 슬픔을 함께 공감한다. 『일리아스』 제8권 184행 이하에서 헥토르가 그의 말에게 말을 하고, 제19권 400행 이하에서 아킬레우스가 그의 말에게 말을 한다(Williams).

870~871행 마음속 엄청난 수치심, 슬픔이 섞인 광기가 함께 타올랐다 : 제12권 666~667행과 같다.

872행 : 872행은 제12권 668행과 같다. 많은 전승 사본에는 빠져 있는 시행이다(Williams).

876행 : 미완성의 시행이다.

이에 그가 「잔인한 이여! 자식을 잃은 내가 뭔들
두려울까? 그게 날 쓰르뜨릴 유일한 길이었다.
죽음도 안 두렵다. 어떤 신도 난 상관치 않겠다.　　　　　880
치워라! 나는 죽으러 왔다. 죽기 전에 네게 줄
선물도 가져왔다.」 말하고 적에게 창을 던졌다.
연달아 또 하나, 또 또 하나를 던지며 큰 원을
그리며 돌았다. 하나 황금 방패가 견뎌 주었다.
맞선 적의 주변을 세 번 좌로 원을 그려 달리며　　　　　885
창을 던졌으나, 세 번 트로야 영웅은 몸을 돌려
거대한 창의 밀림을 청동 방패로 막아 냈다.
하여 싸움을 지체케 하는 창을 뽑아내기도
괴롭고, 불공평한 맞대결에 자꾸 내몰리자
많은 궁리를 하던 끝에 마침내 뛰쳐나갔다.　　　　　890
군마의 움푹한 미간을 향해 창을 힘껏 던졌다.
네발짐승은 몸을 높이 들어 앞발로 허공을
차더니 떨어진 기수 위로 따라 자기도 떨어져
덮친다. 앞발이 꺾이며 고꾸라져 길게 누웠다.
트로야와 라티움의 함성이 하늘에 타올랐다.　　　　　895
에네앗은 다가들어 칼집에서 칼을 뽑아 들고
이렇게 「사납게 덤비던 메젠툿은 어디 갔는가?
기세등등하던 투지는?」 튀레눔은 이에 허공을

889행 불공평한 맞대결 : 메젠티우스는 말을 타고 있었고 아이네아스는
보병으로 그의 공격을 막고 있었다(Conington).
891행 군마의 움푹한 미간 : 『일리아스』 제8권 83행 이하에서 군마의 정
수리가 치명적인 약점이라고 언급된다.

응시하며 하늘을 들이켠다. 정신을 차렸다.
900 「쓰디쓴 이여! 너절하게 웬 죽음의 공갈이냐?
죽인들 죄더냐. 전장에 나와 어찌 구차할쏘냐.
날 구한 나의 라우숫도 간청은 하지 않았다.
패자가 아량을 청할까마는 하나만 청하니
묻히게 해다오. 내 백성들의 사나운 민심을
905 내 알고 있나니, 청컨대 이들의 격정을 막아
내 아들의 무덤에 내가 함께 묻힐 수 있게만.」
이리 말하고 사양치 않고 목에 칼을 받았다.
무구에 흘러넘치는 피로 목숨을 쏟아 냈다.




899행 하늘을 들이켠다 : 잠시 기절했다가 깨어나면서 숨을 들이켜는 장면이다.
901행 구차할쏘냐 : 메젠티우스는 패하였지만 적에게 목숨을 구걸하는 모습을 보이지 않겠다고 말한다.
904행 묻히게 해다오 : 아이네아스가 메젠티우스의 시신을 돌려보내 아들과 함께 묻힐 수 있게 허락하였는지는 알 수 없다.

# 제11권

그새 솟아오르던 새벽이 대양을 떠나 나왔다.
에네앗은 전우들을 묻어 줄 시간을 마련하려
근심이 쏟아지고 장례로 마음은 무거웠지만,
동방이 밝자 승자는 신께 한 서약을 이행했다.
5  사방 여기저기 가지를 쳐낸 커단 참나무를
흙무덤에 꽂고 거기 빛나는 무구를 입혔다.
적장 메젠툿의 갑옷을. 위대한 그대 전쟁 신의
승전비를. 핏방울이 떨어지는 투구를 씌운다.
전사의 부러진 창, 열두 군데나 맞아 구멍 뚫린
10  흉갑을 입히고 흉갑 왼편엔 청동의 방패를
잡아맨다. 목에는 상아 칼집의 칼을 매단다.

1행 그새 솟아오르던 새벽이 대양을 떠나 나왔다 : 제4권 129행과 같다.

8행 승전비 : 메젠티우스를 물리치고 아이네아스는 승전비를 세우는데, 메젠티우스에게서 빼앗아 온 무장들을 나무를 세워 거기에 건다. 사람의 몸통이 된 나무 기둥의 머리 부분에는 투구를, 가슴 부분에 흉갑을 입히고, 흉갑 왼편에는 방패를 세운다. 칼도 칼집에 넣어 멜빵으로 어깨에 건다.

9행 전사의 부러진 창 : 앞서 제10권 882행 이하에서 메젠티우스가 아이네아스를 향해 던졌던 창들을 가리킨다(Conington).

그때 전우들, 주변을 에워싸며 그를 덮은 모든
장수들, 기뻐하는 이들에게 이리 말을 꺼냈다.
「사내들아, 가장 큰 일을 마쳤으니 장차의 일은
두려워 마라. 여기 오만했던 왕의 전리품을,　　　　　　　　　　15
전쟁의 첫 수확, 내 손이 만든 메젠툿을 보라.
이제 우리는 라티움 성벽과 왕에게로 간다.
마음에 무기를 마련하고 전쟁을 각오하라.
당황하여 지체치 마라, 기치를 높이 세워라,
신들이 허락할 때 군영의 장정들을 인솔하라,　　　　　　　　　　20
두려움으로 움츠린 마음에 붙잡히지 마라.
그새 전우들의 묻을 수 없었던 시신을 대지에
묻어 주자. 저승 아케론엔 그게 유일한 명예다.」
말한다. 「어서 가자. 위대한 영령들, 그들의 피로
우리의 조국을 세운 이들에게 마지막 선물을　　　　　　　　　　25
올려라. 에반더의 슬퍼하는 도시로 제일 먼저
팔라스를 보내라. 용기가 부족하지 않던 그를,
검은 날이 끌고 가 가혹한 죽음에 빠뜨린 그를.」
　이리 눈물로 말하고 문턱으로 발길을 돌렸다.

19행 기치를 높이 세워라 : 전쟁은 군기를 높이 세우고 앞으로 전진하는 것으로 시작한다(Williams).
23행 저승 아케론엔 그게 유일한 명예다 : 〈아케론〉은 저승을 흐르는 강이다. 『일리아스』 제16권 457행에는 〈사자의 당연한 권리〉라고 표현되어 있다(Conington).
28행 검은 날이 끌고 가 가혹한 죽음에 빠뜨린 그를 : 제6권 429행과 같다.
29행 문턱으로 : 38행에 비추어 아이네아스의 막사 입구로 보인다. 『일리아스』 제19권 212행에도 망자의 시신이 막사 입구에 안치되어 있다(Conington).

30 숨진 팔라스의 안치된 시신을 아코텟 노인이
  지키고 있었다. 그는 지난날 파라샤 에반더의
  시종이었으나, 지금은 예전과 달리 불행한
  조점의 전우로 아끼는 양자를 따라와 있었다.
  주변엔 모든 하인 무리와 트로야의 일행과
35 관례대로 애도의 머리를 푼 일리온의 여인들.
  높은 문으로 에네앗이 막사에 들어섰을 때
  그들은 가슴을 치며 하늘 높이 커다란 통곡을
  높였다. 왕의 막사엔 슬픈 애도가 울려 퍼졌다.
  창백한 팔라스의 고여 놓은 머리와 얼굴을,
40 매끈한 가슴에 오소냐 창이 찢어 놓은 상처를
  보았을 때, 쏟아지는 눈물을 머금고 말했다.
  「너를, 가련한 소년아, 행복하게 내게 찾아온
  행운이 질투한 게냐? 네가 우리 왕국의 건립을
  못 보게, 승지로 부친의 기치에 기지 못하게?
45 이건 너의 부친 에반더에게 너를 맡아 떠나며
  약속했던 게 아니다. 그는 떠나는 나를 안으며
48 사람들이 사납다, 적들과 힘겨운 싸움이겠다,
47 근심 어린 충고로 큰 제국을 얻으라 했건만.

31행 파라샤 : 파라시아는 에우안데르의 고향 아르카디아에 속한 마을이다(Williams).

35행 일리온의 여인들 : 제9권 217~218행에 따르면 이탈리아에 도착한 다른 여인은 없어야 한다. 아마도 시킬리아에 남은 여인들은 과부였고, 나머지는 남편을 쫓아 이탈리아에 도착한 것으로 해석할 수 있다(Conington).

40행 매끈한 가슴 : 아직 소년이라 가슴에 털이 없었다(Conington).

아마도 서약하며 제단에 제물을 올리고 있을  50
그는 지금 헛된 희망에 크게 속은 줄도 모르고,  49
우리가 죽은 청년을, 이제 너는 천상의 신들께
빚이 없는 자를 무익한 명예로 슬퍼하는 줄도.
불행한 그대, 아들의 잔인한 주검을 보겠구나.
이게 고대하던 전승이고 우리의 귀향인가?
이게 내 큰 약속이던가? 하나 에반더여, 부끄런  55
상처를 입지 않은 아들을 보리니, 목숨을 구한
아들 탓에 창피해 죽을 아비는 아니니. 슬프다,
오소냐여! 너는 큰 보루를 잃었구나, 율루스여!」
 이렇게 울며 말하고 가련한 시신을 운구하라
명하고, 전군에서 가려 뽑은 일천의 사내들을  60
보낸다. 마지막 명예를 고인에게 드리도록,
아비의 눈물에 함께 하도록. 커다란 슬픔의
작은 위안이나, 슬픈 아비에게 드려야 할 일.
한편에선 부지런히 여린 상여를 채반처럼
월귤나무 가지와 참나무 잔가지로 엮었다.  65
잘 짜인 침상은 푸른 잎 깔개로 덮여 있었다.
여기 투박한 요 위에 받들어 청년을 누인다.
마치 처녀들의 손으로 꺾어 온 꽃과 같았다.

57행 창피해 죽을 아비 : 아들을 잃었지만, 비겁하고 못난 아들 때문에 죽고 싶을 만큼 창피한 일을 당하는 것보다는 나은 일이다(Williams).
58행 큰 보루 : 팔라스가 살았다면 아스카니우스를 위해서나, 새로 건국된 나라를 위해서나 큰 도움이 되었을 것이다(Conington).
68행 꽃과 같았다 : 제9권 435행 이하에서 에우뤼알루스가 죽었을 때도

연약한 제비꽃이나 고개 숙인 백합화라 할까,
힘을 북돋아 키우던 어머니 대지를 떠나서도
아직 빛을 잃지 않았고 그 자태는 여전하다.
그러자 금실이 짱짱한 자주색 웃옷 두 벌을
에네앗은 내놓았다. 고된 줄도 모르고 기쁘게
시돈의 디도가 지난날 그를 위해 제 손으로
지으며 겉감을 가는 금실로 구별한 옷이었다.
애도하며 그중 하나를 청년의 마지막 명예로
입혔다. 화장될 머리카락을 덮어 가려 주었다.
그 밖에 로렌툼 전투에서 얻은 많은 전리품을
긴 행렬로 옮기라 명하여 제물로 쌓아 올렸다.
적에게서 빼앗은 무구들과 말들을 보태었다.
등 뒤로 손이 묶인 자들, 망자의 넋을 달래려는
제물, 죽여 그 피를 장례의 불 위에 뿌리려 했다.
명하여 나무 기둥에 적들의 무장을 옷 입히고

71
70




75




80

이를 꽃에 비유하였다(Williams).

72행 자주색 웃옷 두 벌 : 제6권 221행에서 미세누스를 장사 지낼 때 자주색 옷으로 시신을 덮어 주었다(Williams). 아이네아스는 두 벌의 옷을 준비하여 하나는 입혀 주었고, 하나는 덮어 주었다.

74행 시돈의 디도 : 제4권 264행 이하에 디도 여왕은 아이네아스를 위해 옷을 지어 선물로 주었다.

78행 로렌툼 전투 : 라우렌툼 들판은 현재 전투가 벌어지고 있는 티베리스 강 남쪽을 가리킨다. 제10권 끝에서 메젠티우스를 제압함으로써 하루의 전투가 끝났고 그날 노획한 전리품을 팔라스를 위해 제물로 바친다.

82행 제물 : 인신 공양은 앞서 제10권 519행 이하에서 언급되었다.

83행 나무 기둥에 적들의 무장을 옷 입히고 : 앞서 아이네아스가 메젠티우스를 제압하고 그의 무구들로 아이네아스의 승전비를 세운 것과 마찬가지로 적들의 이름을 새겨 넣었고, 장수들이 옮겼다.
세월에 녹은 아코텟은 부축받는다. 슬프게                85
주먹으로 가슴을 치고 손톱으로 얼굴을 뜯고
온몸으로 흙먼지 속에 뒹굴고 드러눕는다.
루툴리의 피로 홍건한 전차들을 끌어낸다.
뒤이어 전마 아이톤이 말 장식들을 내려놓고
울면서 뒤따랐고 굵은 눈물로 뺨을 적셨다.               90
몇몇은 창과 투구를 옮기니, 나머지는 승자인
투르눗이 가져갔다. 애도의 방진을 짠 테우켈,
모든 튀레눔과 알카다는 창을 거꾸로 들었다.
전우들의 장례 행렬이 뒤로 길게 이어졌을 때
에네앗은 멈추어 깊은 탄식에 이리 보태었다.             95
「남들의 눈물 속 이리로 우리도 전쟁의 거친
운명이 부르리라. 영면하소. 위대한 팔라스여!
영면하소.」 더는 말이 없었다. 높다란 성벽을
향해 군영으로 재촉하여 발길을 내디뎠다.

팔라스가 제압한 적들에게서 빼앗은 무구들로 팔라스의 승전비를 마련하여 들고 간다.

85행 부축받는다 : 아코에테스가 너무 고령이라 걸음을 혼자 뗄 수 없는 상태라기보다 팔라스를 잃은 슬픔으로 몸을 제대로 가눌 수 없는 상태로 보인다(Williams).

90행 울면서 뒤따랐고 굵은 눈물로 뺨을 적셨다 : 『일리아스』 제17권 426행에서 파트로클로스의 말들도 주인을 잃고 눈물을 흘렸다.

92~93행 테우켈, 튀레눔, 알카다 : 아이네아스의 트로이아 군대, 타르코의 에트루리아 군대, 에우안데르의 아르카디아 군대가 방진을 이루어 행군한다.

99행 군영으로 재촉하여 : 아이네아스는 장례 행렬을 따라 얼마간 걸어가다가 다시 전장으로 귀환한다.

100     그럴 때 라티움의 수도로부터 사절이 와서
       감람나무 가지를 몸에 두르고 간청하는데,
       시신들, 들판 곳곳 칼을 맞아 누운 시신들을
       돌려 달라, 대지에 무덤을 짓게 허락해 달라,
       패하여 이승을 비운 자들과 싸울 일은 없으니,
105    한때의 빈객과 처족에게 호의를 베풀라 했다.
       선량한 에네앗은 거절해서는 안 될 요청에
       호의를 보였고 이리 몇 마디 말을 보태었다.
       「라티움아! 너희는 어떤 부당한 운명으로 커단
       전란에 휘말려, 우리와의 동맹을 피하는가?
110    전사하여 목숨을 잃은 이들과 화친하라 너흰
       간청하는가? 난 산 자들과도 화합하길 원한다.
       운명이 터전을 주지 않았다면 난 여기 올 일도,
       너희 백성과 싸울 일도 없었다. 너희 왕은 우리
       화친을 팽개치고 투르눗의 무기에 기내었나.
115    차라리 투르눗이 이 죽음과 마주함이 옳았다.
       무력으로 전쟁을 끝내고 테우켈을 몰아낼
       작정이면 이 무기로 그가 내게 맞서야 맞았다.
       신으로든 힘으로든 살 자가 살아남을 텐데.
       이제 돌아가 불행한 시민들을 화장하여라!」
120    에네앗은 말했고, 이들은 침묵 속에 얼어붙어

100행 라티움의 수도 : 라티누스 왕이 머무는 곳을 가리킨다(Williams).
105행 한때의 빈객과 처족에게 : 제7권 263행 이하에 라티누스는 아이네아스를 환영하며 딸 라비니아와 혼인할 것을 제안하였다.
117행 이 무기로 : 아이네아스는 자신의 손에 쥔 무기를 잡으며 말하고 있다.

서로 눈빛을 주고받으며 서로를 쳐다보았다.
　그때 연장자 드랑켓, 증오와 비난으로 항상
투르눗에 맞서던 이가 대꾸하여 입에서 나온
말을 전했다. 「큰 명성, 더 큰 무공을 이룬 분이여!
트로야 사내여! 높은 위업을 어찌 높이리까?　　　　　　125
그대 의로움을 먼저 높이리까? 아님 무공을?
우리는 기꺼이 고향 도시에 그대 말을 전하고
운명이 길을 허락해 준다면 그대를 라티눗
왕과 중재하리다. 투르눗도 화친을 구하리라.
나아가 운명의 성벽을 드높이 들어 올리고,　　　　　　　　130
트로야 석재를 기꺼이 짊어져 나르게 되리라.」
이리 말하자 모두가 한입으로 똑같이 말했다.
열이틀 휴전이 결정되고 평화의 중재에 따라
테우켈과 라티움은 서로 섞여 자유롭게 숲을,
산등성을 돌아다녔다. 양날 도끼에 높다란　　　　　　　　135
물푸레가 울고, 하늘 닿은 소나무가 쓰러졌다.
참나무와 향기로운 삼나무를 쐐기로 쪼개고
신음하는 수레로 마가목을 쉼 없이 옮겼다.
　벌써 날개 달린 소문이 먼저 큰 슬픔의 소식을

　126행 의로움 : 망자의 시신을 양편이 각자 매장할 시간을 갖자는 제안에 기꺼이 동의한 아이네아스의 태도를 가리킨다.
　130행 운명의 : 드랑케스는 앞서 112행에서 아이네아스가 언급한 운명을 다시 언급한다(Williams). 장차 적대적인 관계를 청산하고 서로 협력하여 새로 도시를 건설할 것을 희망을 담아 언급한다.
　135행 이하 : 제6권 179행 이하의 미세누스를 위한 장례식 준비와 비교하라.

140　에반더와 에반더의 집안과 성벽에 전했다.
　　팔라스가 라티움의 승자라 전한 게 얼마인데.
　　알카다가 성문에 달려온다. 오랜 관습에 따라
　　장례의 횃불을 들었다. 길을 따라 불 밝힌 긴
　　횃불의 행렬. 넓게 들판을 둘로 갈라놓았다.
145　다가오던 프뤼갸 운구 행렬이 애도의 물결과
　　만났다. 어머니들은 이들이 성에 들어오는 걸
　　보았다. 슬픈 도시는 통곡 소리로 타올랐다.
　　에반더를 말릴 수 있는 건 아무것도 없었다.
　　행렬 속에 뛰어들어 안치된 상여 위 팔라스를
150　부여안았다. 엎드려 눈물지으며 신음하며.
　　슬픔에 메이던 목은 겨우겨우 말길을 풀었다.
　　「팔라스야, 아비와의 약속은 이게 아니었다.
　　사나운 마르스에 신중히 몸을 맡긴다 하더니.
　　내 모르지 않는다. 선생의 넝쿨이, 첫 참선이
155　얼마나 신기하고 달콤한 자랑일 수 있는지.
　　청춘의 가련한 결실, 그 시작에 맞은 전쟁의

144행 둘로 갈라놓았다 : 들판에 길게 늘어선 횃불 때문에 들판이 양분되었다.

145행 프뤼갸 운구 행렬 : 앞서 60행 이하에서 아이네아스가 보낸 트로이아 병사들을 가리킨다(Williams).

155행 신기하고 달콤한 자랑 : 그래서 팔라스는 신중하지 못하고 무리한 모습을 보였다.

156행 그 시작에 맞은 전쟁 : 원문 〈*belli propinqui*〉를 제8권 569행에 비추어 〈집에서 가까운 곳에서 벌어진 전쟁〉으로 본다(Williams). 혹은 〈최근에 일어난 전쟁〉으로 보기도 한다(Conington). 하지만 〈성년에 들어서자마자 맞

제11권　111

가혹한 출발이어! 신들 누구도 들어주지 않은
나의 소망, 나의 기도여! 그대 정숙했던 아내여,
그대 죽어 이 고통을 보지 않았으니 행복하다.
하나 나는 내 수명보다 오래 살아 자식보다                    160
오래 산 아비가 되었구나. 트로야의 동맹으로
내가 참전해 루툴리 창에 죽어 내 영혼을 바쳐,
팔라스가 아닌 내가 이 행렬로 귀향했다면.
테우켈아, 내 너흴 탓할까. 동맹을, 호혜로 잡은
두 손을 원망할까. 이런 운명이 우리 노년에                  165
주어진 걸 어쩌랴. 때 이른 죽음이 내 자식을
기다리고 있었지만, 수천의 볼스키를 죽이고
테우켈을 라티움에 이끌다가 죽으니 기쁘다.
충직한 에네앗, 위대한 프뤼갸, 튀레눔 장군들,              170
튀레눔의 전군이 네게 마련해 준 장례 말고                   171
팔라스야, 더 나은 장례는 마련치 못하리.                     169
네 손으로 죽인 자들이 큰 승전비로 실려 온다.              172
너 같은 나이, 같은 세월의 힘이 내게 있었다면              174
넌 무장을 걸친 커단 등걸로 서 있었을 게다,                 173
투르눗! 불행하다 어찌 테우켈을 붙잡을까?                   175

은 전쟁)으로 볼 수도 있다.
　167행 수천의 볼스키 : 제9권 505행 이하에서 볼스키는 투르누스의 동맹
으로 참전하였다.
　168행 테우켈을 라티움에 이끌다가 : 팔라스는 아르카디아 군대를 이끌었
지만, 결과적으로 동맹인 트로이아 사람들이 라티움에 정착하도록 도운 셈이
다(Williams).

어서 가시오! 이 말을 그대들 왕에게 전하시오!
팔라스를 잃고 끔찍한 목숨을 내 부지하는 건,
그대 손 때문이니, 아비와 아들에게 투르눗을
빚진 걸 그대 아시오. 그대가 정당히 이룰 일은
180 오직 이 뿐이니. 난 삶의 기쁨을 찾는 게 아니며 —
불경이니 — 망자에게 이를 전하려는 것뿐이오.」

    그새 새벽이 비참한 인간들에게 세상을 키운
햇살을 가져오니, 노고와 노동을 또 가져온다.
아버지 에네앗과 타르코는 굽은 해안에서
185 화장목을 쌓았다. 여기로 각자 시신을 저마다
예법에 맞게 옮겼다. 검은 불이 붙붙어 오르고
하늘 높은 곳까지 어둠에 덮어 버린 검은 연기.
빛나는 무구를 걸치고 세 바퀴 불타는 장작
주변을 돌았다. 세 바퀴 장례의 서러운 화염을
190 말을 타고 돌면서 입으론 통곡 소리를 토했다.

181행 망자에게 이를 전하려는 것뿐이오 : 에우안데르는 그의 유일한 기쁨은 투르누스에게 복수하여 그를 죽이는 것과 이를 죽은 아들의 무덤에 고하는 것뿐이라고 말한다.

182행 비참한 인간들 : 루크레티우스『자연학』제5권 944행에 등장한다(Conington).

184행 타르코 : 제8권 603행 이하에서 아이네아스를 돕기 위해 에트루리아 사람들을 이끌고 참전한 사람이다(Williams).

185~186행 저마다 예법에 맞게 : 트로이아 사람들은 트로이아식으로, 에트루리아 사람들은 에트루리아식으로 장례를 지낸다(Conington).

188행 세 바퀴 : 『일리아스』제23권 13행 이하의 파트로클로스 장례식에서 희랍 병사들이 말을 타고 화장목 주변을 세 바퀴 돌았다(Williams).

191행 대지가 눈물에 젖었다. 눈물에 무구도 젖었다 :『일리아스』제23권

대지가 눈물에 젖었다. 눈물에 무구도 젖었다.
사람들의 함성, 나팔의 고함이 하늘에 닿았다.
일부는 라티움을 베고 빼앗아 온 전리품을
불 속에 던진다. 투구며 문양 새긴 단검이며
고삐며 뜨거웠던 바퀴를. 일부는 익숙한 선물,            195
망자들이 쓰던 방패며 불운했던 창을 던진다.
수많은 황소의 몸을 죽여 죽음에게 바친다.
억센 털의 돼지들과 온통 들판에서 잡아온
양들의 목을 따서 화염에 던진다. 해안 전체에
태워지는 전우들을 바라보며 불타는 장작을              200
지켰다. 자리를 떠난 건 이슬 젖은 밤이, 하늘에
박힌 밝게 빛나는 별들이 돌아오고 나서였다.
　못지않게 슬퍼하는 라티움은 반대편에서
수많은 화장목을 쌓았고 수많은 시신들을
일부는 땅속에 묻어 주었고 일부는 실어 날라            205
인근 마을들로 옮겨 갔고 도시로 돌려보냈다.
나머지 시신들, 뒤섞인 죽음의 커단 산더미는
세지도 않고 장례도 없이 화장되었다. 사방

15행을 그대로 모방하였다.
　193~194행 전리품을 불 속에 던진다 : 전리품을 화장하면서 같이 태우는 풍습은 로마적인 것이다(Williams).
　195행 뜨거웠던 바퀴 : 전장을 누비며 달리던 전차 바퀴를 두고 흔히 〈뜨겁다〉라고 한다(Williams). 호라티우스 『서정시』 I 1, 4행의 〈불붙은 바퀴〉를 보라.
　208행 세지도 않고 장례도 없이 : 망자의 신원을 확인하지도 못하고 장례 의식을 제대로 갖추지 못한 채 장례를 끝내는 참혹한 장면이다(Williams).

　　　　넓은 들판에 빼곡한 불길이 앞다투어 올랐다.
210　　세 번째 날이 하늘의 서늘한 어둠을 몰아냈다.
　　　　애도하며 높이 쌓인 재 속에 뒤섞인 유골에
　　　　불탄 자리를 뒤져 따뜻한 흙을 덮어 주었다.
　　　　하지만 부유한 라티눗의 도시에서 가가호호
　　　　멈출 줄 모르는 통곡, 길게 계속되는 애도.
215　　모친들, 가련한 며느리들, 소중한 누이들의
　　　　사무치는 가슴, 아비를 잃고 고아 된 소년들은
　　　　끔찍한 전쟁과 투르눗의 축혼가를 저주한다.
219　　이탈랴 왕국과 최고 명예를 얻으려는 자가
218　　직접 무장하고, 직접 칼로 결판내라 외친다.
220　　사나운 드랑켓은 이에 힘을 보태어 그 혼자,
　　　　싸워야 했던 건 투르눗 그 혼자였다 증언했다.
　　　　동시에 여러 주장의 반대 의견들도 일어나
　　　　투르눗을 지지했고, 왕비의 큰 명성도 감싸고
　　　　전공과 승리로 높은 평판도 사내를 지지했다.
225　　　옥신각신하며 불타오르는 소란 한가운데

212행 따뜻한 흙 : 화장목의 불이 다 꺼졌을 때 화장목 아래의 흙을 뒤집어 유골을 매장하였다. 따라서 아직 흙은 따뜻하다.
217행 투르눗의 축혼가 : 앞서 제7권 398행을 보라.
220행 사나운 드랑켓 : 앞서 122행에 아이네아스에게 사절로 갔던 드랑케스는 115행 이하에서 아이네아스가 했던 말을 받아 투르누스를 비난한다(Williams).
223행 왕비의 큰 명성 : 앞서 제7권 344행 이하에서 아마타는 투르누스를 사위로 삼아야 한다고 주장하였다.
226행 디오멧의 큰 도시 : 239행의 아이톨리아를 가리키는데, 디오메데스

보라, 디오멧의 큰 도시에서 답변을 듣고 슬픈
사절들이 돌아온다. 아무런 성과도 없었던
엄청난 수고의 노력들. 선물도 황금도 무엇도
무용했다. 커단 간청도. 라티움은 다른 동맹을
찾거나 아니면 트로야 왕과 화해해야 했다. 230
라티눗 왕 자신도 커단 슬픔에 힘을 잃었다.
분명한 신의 뜻이 운명의 에네앗을 인도함을
신들의 분노, 눈앞 갓 세운 무덤이 말해 준다.
그리하여 커단 회합, 백성의 수장들을 불러
왕권으로 높다란 문턱 안에서 모아들였다. 235
그들은 모였다. 왕궁에 이르는 여러 갈래 길로
쏟아져 들었다. 한가운데 최고 연장자이며
왕권이 제일 높은 라티눗이 슬프게 앉는다.
이때 에톨랴의 도시에서 돌아온 사신들에게
가져온 걸 말하라 명한다. 듣고 온 답변을 모두 240
차례대로 요구한다. 혀마다 침묵이 채워지고
베눌룻은 명령에 복종하여 이리 말을 꺼낸다.

「모든 난관을 극복하고 여정을 완수하고 우린, 244
시민들이여, 디오멧과 아르곳 성채를 보았소. 243
일리온의 대지를 무너뜨린 그의 손을 잡았소. 245

는 243행에 언급된 아르고스 왕이 되기 전에 아이톨리아에 살았다. 트로이아
전쟁이 끝나자 그는 아르고스에서 이탈리아로 이주하였다(Williams).
　233행 신들의 분노 : 여기서 신들의 분노는 전투에서 패하여 수없이 죽어
간 죽음과 무덤을 가리킨다(Williams).

그는 고향의 이름을 따서 아르귀파란 도시를,
야픠스 들판의 갈가늣을 정복해 건설했소.
그의 앞에 나아가 말하도록 허락받은 우린
선물을 진상하고, 이름과 조국을 말하였소.
250  누가 침범하였는지, 아르피를 찾은 이유도.
그는 들은 말에 차분한 얼굴로 이리 답하였소.
〈참으로 복된 민족이여, 사툰의 왕국들이여!
유구한 오소냐여, 평온한 너희를 어떤 운명이
괴롭혀 모르던 전쟁을 감행하라 설득하는가?
255  일리온 강토를 칼로 침범했던 우리 모두는,
높다란 성벽 아래 숨겨 간 이들은, 시멧강에
묻힌 이들은 내 빼놓고라도, 세상 곳곳에서
차마 말하지 못할 처벌, 범죄의 대가를 치렀다.
프리암도 가련하다 할 형벌을. 미넬바의 슬픈
260  별, 에우보아 암초, 복수자 카페룻도 보았다.

246행 아르귀파라는 도시 : 아르고스의 왕 디오메데스는 다우누스와 동맹을 맺었고, 메사피아를 상대로 하는 다우누스의 전쟁을 도왔다. 전쟁이 끝났을 때 디오메데스는 이탈리아 아풀리아에 가르가누스산 근처의 땅을 일부 받아 정착하였다(Williams).

247행 야픠스 들판 : 이탈리아 아풀리아를 가리킨다.

250행 아르피 : 디오메데스의 도시는 246행에서는 〈아르귀파〉로, 250행에서는 〈아르피〉로 불린다.

252행 사툰의 왕국들 : 제8권 319행에서 언급된 것처럼 한때 사투르누스가 다스리던 땅이라는 뜻이다.

253행 오소냐 : 흔히 이탈리아와 동의어로 쓰인다. 오뒷세우스와 칼륍소의 아들 아우손이 찾아온 땅이라는 뜻이다(Williams).

260행 별, 에우보아 암초, 복수자 카페룻 : 트로이아 전쟁이 끝나고 고향으

그 원정 이후 여기저기 해안으로 밀려간 이들,
아트렛의 아들 메넬랏은 프로텟의 기둥까지
떠돌고, 울릭셋은 에트나의 퀴클롭을 보았다.
네옵톨의 왕국을 말할까? 엎어져 버린 신주의
이도멘은? 리뷔아 해안에 살고 있는 로크리는?                    265
커단 아카야를 이끌던 지도자 뮈케네의 왕도
고향 문턱을 넘자마자 저주받을 아내의 손에
죽었다. 간부가 아시아의 정복자를 노렸던 것.
신들은 질투했다. 내가 선조들 무덤에 돌아와
그리던 아내와 아름다운 칼뤼돈을 보는 걸.                      270
아직도 끔찍한 모습의 환영들이 쫓아오고
쓰러져 간 전우들이 날갯짓하며 하늘로 날아
새가 되어 강물 위를 떠돌며 (이는 나의 무서운
형벌) 눈물 젖은 비탄으로 바위섬을 메운다.
지금껏 그날 이후 난 이 환영들에 쫓겨야 했다.                    275

로 돌아가던 희랍인들은 에우보이아의 곶 카페레우스에서 폭풍을 만나 난파하였는데, 이때 폭풍을 일으킨 것은 미네르바 여신이었다고 한다(Williams).

262행 프로텟의 기둥 : 프로테우스는 이집트의 왕인데 메넬라오스는 귀향 도중에 이집트까지 떠밀려 내려갔다.

264행 네옵톨의 왕국 : 아킬레우스의 아들 네오프톨레모스는 고향으로 돌아가 얼마 후에 죽었다(Williams).

270행 칼뤼돈 : 아이톨리아의 도시로 디오메데스의 고향이다(Williams).

274행 바위섬 : 아풀리아의 해안가에 〈디오메데스의 섬〉이라고 불리는 섬이 있으며, 거기에 사는 새들을 〈디오메데스의 새〉라고 부른다. 오디비우스 『변신 이야기』 14권 497행 이하를 보면 베누스 여신을 모독한 죄로 디오메데스의 부하들이 새로 바뀌었다고 한다(Williams).

276행 하늘의 옥체 : 디오메데스가 베누스 여신을 상처 입힌 이야기는 『일

광분한 내가 칼을 빼어 들고 하늘의 옥체를
　　　범하여 베누스의 손을 상처 입힌 날, 그날 이후.
　　　아니, 참으로 날 그런 전쟁터로 부르지 마라.
　　　나에게 펠가마의 파괴 이후 다시 테우켈과
280　전쟁은 없으니, 옛 악몽을 회상함이 기쁨인가.
　　　너희 조국 땅에서 내게로 가져온 선물일랑
　　　에네앗에게 가져가라. 우리는 그 지독한 창과
　　　손에 맞섰다. 믿어라. 난 안다. 그가 얼마나 높이
　　　방패와 도약하고 얼마나 세게 창을 던지는지.
285　한데 만일 이다산 자락에 그런 사내가 둘이
　　　있었다면, 달다늣이 먼저 이나쿳의 도시들을
　　　공격해 운명이 바뀌고 그래웃이 통곡했을 것.
　　　굳건한 트로야 성벽 아래 얼마를 머물렀든,
　　　헥토르와 에네앗의 무력이 그래웃의 승리를
290　좌우하여 십 년이나 전쟁은 질질 끌려갔다.
　　　둘 모두 용기와 탁월한 무공에서 특별했으나
　　　충직함은 이 이가 나았다. 화친의 손을 잡아라.
　　　그럴 수 있을 때. 무력에 무력으로 맞서지 마라.〉

리아스』 제5권 334행 이하에 등장한다.
　285행 이다산 자락 : 트로이아에 있는 이다산을 가리킨다.
　286행 이나쿳의 도시들 : 희랍의 도시들을 가리킨다. 이나쿠스는 아르고스의 왕이었다.
　292행 이 이가 : 아이네아스를 가리킨다. 하지만 디오메데스가 말하는 아이네아스의 충직함이 무엇을 의미하는지, 가족에 대한 충직함인지 신들에 대한 충직함인지는 분명하지 않다(Conington).
　293행 그럴 수 있을 때 : 몇몇 번역자들은 〈아이네아스와 평화 협정을 맺

이렇게, 위대한 왕이여, 그 왕의 답변이 무언지
커단 전쟁의 견해는 어떠한지 들으셨습니다.」 295
　사절들이 말을 마치자 여기저기 탄식 소리가
오소냐의 소란스런 입에 일었다. 마치 바위에
급류가 부딪혀 막혀 버린 와류로 크게 울고
부서지는 강에 근처 강둑이 신음할 때 같았다.
마음들이 진정되고 들끓던 입들이 가라앉자 300
왕은 신을 부르고 높은 권좌에서 말을 꺼냈다.
　「라티움아, 난 중대사를 사전에 결정했어야
했었소. 그게 나았겠소. 회의를 이 급한 순간,
적들이 성벽을 포위한 때 소집하는 것보단.
시민들아, 우리는 섬뜩한 전쟁을, 신들의 종족 305
불굴의 사내들과 하고 있소. 그들은 전쟁에
질리지 않으니, 패한대도 굴복하지 않으리라.
에톨랴의 무력, 밖에서 힘을 얻겠단 희망일랑
버려라. 믿을 건 우리뿐이나, 보라, 이도 힘들다.
눈앞에 여러분의 손이 닿는 곳 어디에서나 311
다른 모든 게 산산이 부서져 폐허가 되었소. 310
누굴 탓할까마는 용기로 최대한 할 수 있는 건

는 것이 가능할 때)로 해석하였지만(Williams), 고대 주석가는 〈여하한 방법
으로든〉이라는 해석을 제시하였다(Conington).
　305행 신들의 종족 : 아이네아스는 베누스 여신의 아들이다.
　306행 불굴의 사내들 : 307행에서 부연된 것처럼 트로이아인들은 지난 전
쟁에 패하였지만 결코 포기하지 않는다.
　310행 다른 모든 게 : 디오메데스가 도움을 거절한 것 이외에, 라티누스 왕
이 동원할 수 있는 것은 하나도 남지 않았다.

하였소. 왕국의 온몸을 던져 다투어 보았소.
이제 이렇게 두려운 마음에 생긴 내 생각을
315 꺼내 놓고 간단히 말하겠소. 주목해 주시오.
엣투랴 땅 바로 옆 오랜 영토를 난 가지고 있소.
시카냐 땅을 지나 서쪽으로 길게 뻗은 땅이오.
오롱키와 루툴리가 일구고 쟁기로 가꾸는
험한 언덕들, 초지로 쓰는 제일 거친 땅이오.
320 높은 산의 소나무 지대까지 이 지역 모두를
테우켈에게 주고 화친하여, 동등한 맹약을
맺어 동맹으로 우리 왕국에 받아들입시다.
정착하게, 원한다면 성벽을 쌓게 해줍시다.
하나 다른 영토와 다른 민족을 얻고자 하는
325 마음이 있고 우리 땅을 떠나갈 수 있겠다면,
이탈랴 참나무로 스무 척 배를 지어 줍시다.
혹 태울 수 있다면 더 많이. 물기엔 충분한 모든
목재가 있으니. 그들이 배의 수효와 크기를
말하면 우린 청동, 일손, 선재를 제공합시다.
330 덧붙여 의사를 전하고 동맹을 맺기 위하여

317행 시카냐 땅 : 제7권 795행 이하에서 이탈리아 부족의 하나로 언급되었다.

325행 떠나갈 수 있겠다면 : 다른 땅을 찾는 일은 의지만이 아닌 운명이 허락되어야만 할 수 있는 일임을 라티누스 왕은 잘 알고 있다.

326행 스무 척 배 : 아이네아스 일행이 트로이아를 떠날 때 함대의 숫자와 일치하는 숫자다. 시킬리아에서 몇 척의 배를 화재로 잃었기에 이탈리아에 도착한 숫자는 20척이 안 된다. 라티누스 왕이 애초의 숫자를 어떻게 알았는지는 알 수 없다(Conington).

일백의 라티움 사절을 제일가는 집안에서
뽑아 평화의 가지를 들려 보내도록 합시다.
선물을 가져가되, 수 탈렌툼의 황금과 상아를,
우리 왕국의 상징, 옥좌와 붉은 외투도 함께.
여러분의 뜻을 모아 기운 국운을 일으킵시다.」 335
　그때 드랑켓이, 투르눗의 영광을 증오하던,
비뚤어진 질투와 쓰디쓴 고통에 시달리던,
나눔은 후하고 말은 민첩하지만 싸움에는
느리고 지혜는 야무지단 말을 듣는 조언자,
쟁론에 능한 자가 (외가는 그에게 자랑스런 340
명문거족이었으나, 부친은 확실치 않았다)
일어났다. 이리 말을 쌓아 공분을 돋구었다.
「저희 모두에게 분명하고 말이 필요 없는바,
성군이여, 옳은 말씀입니다. 모두 알면서도
운명이 어찌 될까, 백성은 말을 주저합니다만, 345
그는 말할 자유를 허하고 숨통을 죄지 말기를.
그의 불길한 권세와 악의 가득한 성격 때문에
(무기와 죽음의 위협에도 저는 말하겠습니다)
수많은 등불이 꺼지고 보다시피 도시 전체는
슬픔에 빠졌으니, 후퇴하고 말 거면서 트로야 350
군영을 범하고 하늘을 도발한 그의 탓입니다.

346행 그는 : 투르누스를 가리킨다.
349행 등불 : 조국을 밝히는 등불인 국가 지도자들을 가리킨다.
　350행 후퇴하고 말 거면서 : 제10권 659행 이하에 언급된바 아이네아스의 환영을 쫓아서 전장을 벗어난 사건을 염두에 두고 말하는 것처럼 보인다.

앞선 선물에 하나만, 수많은 선물을 보내고
달다눗에게 전하라신 것에 하나만, 성군이여,
더 보태소서. 누구의 광기도 막지 못할 것인바
355 딸에게 훌륭한 사위, 걸맞은 혼처를 찾으려는
아비로 이리 영원한 동맹의 평화를 맺으소서.
다만 커단 공포가 저희 마음과 가슴에 가득 차,
본인에게 간청하여 본인에게 양해를 구하오.
물러나소! 조국과 왕에게 권리를 반납하소!
360 어찌 매번 가련한 시민을 뻔히 위험한 곳에
내모는가? 라티움에 고난의 원인과 머리여!
전쟁은 살길이 아니오. 모두가 원하오, 평화를,
평화를 보장해 줄 유일한 담보를. 투르눗아!
내가 먼저, 그대가 정적이라 여기는 (개의치
365 않겠소) 내가 이리 탄원하오. 동포를 생각하소.
오기를 접고 패전자는 떠나소. 패히어 충분히
우린 죽음을 보았고 커단 강토는 버려졌소.

353행 달다눗에게 전하라신 것 : 앞의 335행까지 언급된 선물, 그러니까 토지, 전함, 황금과 옷 등을 가리킨다.
354행 광기 : 376행에서도 투르누스를 염두에 두고 〈광기〉라는 단어가 사용된다. 제12권 9행과 45행에서도 광기는 투르누스와 함께 쓰인다.
359행 권리를 반납하소 : 라비니아를 혼인시킬 권리를 아버지인 라티누스 왕에게 돌려줄 것을 의미한다.
361행 머리 : 흔히 강물이 시작되는 지점을 〈머리〉로 표현한다(Williams).
363행 평화를 보장해 줄 유일한 담보 : 355~356행에서 언급된 라비니아 와의 혼인을 가리킨다(Conington).
367행 커단 강토는 버려졌소 : 전쟁으로 많은 전사자가 나왔고 이제 농지 를 돌볼 사람이 그만큼 사라졌다는 뜻이다(Williams).

하나 명성이 당기고 의지가 가슴에 그렇게
넘치고, 아직도 왕국을 지참금으로 원한다면,
자신을 믿고 과감히 적과 붙어 맞대결을 하소. 370
투르눗이 왕가의 배우자를 얻도록 마땅히
우리가 장례도 없이 묻히지 못한 무리가 되어
들판에 누워야 하겠소? 그대가 의지가 있다면,
전사를 조상으로 두었다면 적과 대면하소.
적이 그대를 부르니.」 375

　이런 말에 투르눗의 광기가 크게 타올랐다.
신음하며 가슴 깊이 쌓인 목소리를 토한다.
「드랑켓아, 그댄 언제든 말이 쓸데없이 많다.
전쟁은 싸울 손을 찾는데, 그댄 원로원 소집엔
일착이구나. 의사당을 말로 채울 일이 아니다. 380
안전한 곳에서 말만 해대는 그대. 적을 막는 건
성벽의 보루며, 피로 넘치지 않을 해자인데.
그래, 하던 대로 큰소리치고 나를 겁쟁이라
비난해라, 드랑켓아. 실로 산더미 같은 주검을
테우켈에게 그대 손이 안기고 도처에 승리의 385
표식을 남겼으렷다. 살아 있는 용기가 무엇을
할 수 있는가 보자. 분명코 우린 적을 멀리서

369행 왕국을 지참금 : 제9권 737행을 보라.
372행 묻히지 못한 무리 : 제6권 325행과 비교하라.
375행 : 미완성의 시행이다.
376행 광기 : 앞서 354행에서도 투르누스를 염두에 두고 〈광기〉라는 단어
를 사용했다. 제12권 9행과 45행에서도 광기는 투르누스와 함께 쓰인다.

찾을 필요도 없다. 사방 성벽 우릴 포위했으니.
적들에게 가자. 왜 망설이는가? 그대 전쟁은
390 그대 바람 같은 혀와 뒷걸음 잘 치는 발만이
언제든 치르는가?
　　내가 패했다? 더없이 미운 이여! 누가 온당히
내가 패했다 하는가? 튀브릿강에 넘쳐흐르는
일리온의 피, 뿌리째 뽑혀 통째로 쓰러져 버린
395 에반더 집안, 알카다에게 빼앗은 무기를 보라!
비티앗도, 거인 판다룻도 날 쓸모없다 못 하리.
398 적의 성벽에 갇히고 방벽에 포위당해서도
397 내가 무찔러 한 날에 저승에 보낸 수천 명도.
전쟁은 살길이 아니다? 그 노래는 달다늣의
400 수장과 식솔에게 불러 줘라. 그리 큰 두려움에
모든 걸 계속 망쳐라! 두 번이나 패한 이들의

391행 : 미완성의 시행이다.
392행 내가 패했다 : 투르누스는 반박을 위해 앞서 드랑케스가 366행에서 한 말을 다시 언급한다.
395행 에반더 집안 : 투르누스는 에우안데르의 아들 팔라스를 죽여 집안의 대를 끊었다.
396행 비티앗, 거인 판다룻 : 앞서 제9권 703행 이하에서, 그리고 722행 이하에서 투르누스가 죽인 트로이아인들이다.
398행 적의 성벽에 갇히고 방벽에 포위당해서도 : 앞서 제9권 815행 이하에서 투르누스는 트로이아의 방벽 안으로 들어가 트로이아인들과 싸우다가 방벽 위에서 티베리스강으로 뛰어내렸다.
399행 전쟁은 살길이 아니다 : 앞서 드랑케스가 362행에서 했던 말을 투르누스가 반박을 위해 다시 언급한다.
401행 두 번이나 패한 이들 : 트로이아인들은 헤라클레스와 희랍인들에 의해 두 차례 함락되었다(Williams).

기운을 살려라! 라티눗의 전의를 뭉개 놓아라!
그래 뮐미돈 전사들도 프뤼갸 군대 앞에 떨고
[뒤데웃의 아들도 라리사의 아킬렛도 떨고]
오피둣강도 하드랴 파도를 피해 역류하겠고. 405
내 지적하노니, 짐짓 꾸민 겁먹은 그의 표정,
모리배의 범죄, 죄악과 범행을 숨기려는 술책.
떨지 마라. 이 손으로 그런 그대 목숨은 결코
아니 거두니. 그대 목숨은 고이 가슴에 두라.
성군이여! 이제 전하와 전하의 고견을 보노니, 410
만약 저희 무구에 더는 희망이 없으시다면
저희를 버리시고 단 한 번 군대가 패한 걸로
저희를 완전히 내치시고 운이 다했다시면,
화친을 구하고 무용한 손을 내밀겠습니다.
지난날의 용기가 조금이나마 남아 있었다면! 415
고통을 겪었을망정 누구보다 행복하도다,
긍지를 지켜 낸 이여! 지금 이 꼴을 보지 않고
흙먼지를 입에 물고 진작에 죽어 쓰러진 이여!
만약 우리에게 힘과 아직도 멀쩡한 청년들이,
이탈랴 도시들과 백성들의 조력이 남았다면, 420

404행 : 제2권 197행을 보라. 후대 삽입으로 여겨진다.
405행 오피둣강도 하드랴 파도를 피해 역류하겠고 : 아우피두스강은 이탈리아 남부의 아풀리아 지방에 흐르는 강이며 하드리아해로 흘러간다.
407행 모리배의 범죄 : 앞서 제2권 124행에서는 오뒷세우스의 행동을 가리키는 말로 사용되었다.
411행 만약 저희 무구에 더는 희망이 없으시다면 : 제2권 676행과 비교하라.

트로야인들도 승리의 영광으로 엄청난 피를
흘렸나니, 그들도 죽음은 있었고 모두에게
폭풍은 똑같았을 터. 왜 추하게 문턱 앞에서
포기하며 왜 나팔도 울기 전에 움츠리나요?
425 흐르는 시간과 세월의 노고는 많은 걸 다시
호전시키고, 변덕스러운 운명은 사람들을
우롱하다 다시 단단한 땅에 서게도 합니다.
에톨랴와 아르피는 저흴 돕지 않을 겁니다.
하나 메사풋과 행운아 톨룸, 수많은 백성이
430 보내 준 장군들은 도우리니, 적잖은 영광이
라티움과 로렌툼의 정예들을 따를 겁니다.
433 기병 부대, 청동으로 만발한 군대를 이끄는,
432 볼스키의 명문가가 낳은 카밀라도 옵니다.
하나 테우켈이 저와의 맞대결을 요구한다면,
435 그게 선량한 이들이 제게 내린 결정이리면,
승리가 이제껏 이 손을 저버리지 않았는바
저는 큰 희망을 걸고 뭐든 도전하겠습니다.
용기로 붙겠습니다. 커단 아킬렛을 능가하고
불칸이 손수 만들어 준 똑같은 무장을 걸친

428행 에톨랴와 아르피는 저흴 돕지 않을 겁니다 : 226행 이하에 언급된 것처럼 디오메데스가 도움을 제공하지 않겠다고 거절하였다.

430행 장군들은 도우리니 : 앞서 제7권 647행 이하에 언급된 참전자 목록을 보라.

433행 기병 부대, 청동으로 만발한 군대를 이끄는 : 제7권 804행과 같다.

440행 장인어른 : 아직 실제로 라티누스는 투르누스의 장인은 아니지만, 장차 미래의 장인이 될 것을 기대하는 발언이다(Williams).

이라도. 여러분과 장인 라티눗을 위해 목숨을,  440
용기로 옛사람 뉘게도 지지 않을 저 투르눗은
내놓았습니다. 에네앗이 부른다? 부르라지요.
신의 분노라도 이는 드랑켓이 죽어 갚을 일이,
용기의 영광이라도 그가 가질 일이 아닙니다.」

　이들은 이렇게 서로 간에 옥신각신 논쟁하며  445
다투었다. 에네앗은 군영과 전열을 움직였다.
이 소식은 왕궁 여기저기 커단 소동을 피우며
뛰어다녔고, 도시를 커단 공포로 가득 채웠다.
티베릿강에 전열을 구축한 테우켈과 튀레눔
군대가 들판을 가득히 채워 내려온다고 했다.  450
즉각 요동치는 영혼들, 충격을 받은 군중의
가슴, 만만치 않은 자극에 깎아지르는 적의.
무기를 찾는 떨리는 손, 무기를 외치는 젊은이.
울음 삼키는 아비의 슬픈 신음. 사방 아우성이
크게 뒤엉켜 소란스레 하늘로 퍼져 나갔다.  455
그것은 영락없이 깊은 숲에서 둥지를 찾아
내려앉은 새 떼, 물고기가 넘치는 파두사강의
수다스런 물가에 쉰 목으로 우는 백조 같았다.
투르눗은 기회를 잡아 말했다. 「시민들아, 그럼

442행 에네앗이 부른다 : 앞서 드랑케스가 375행에서 언급한 말을 투르누스가 다시 언급한다.
449행 튀레눔 : 앞서 184행에서 언급된 것처럼 아이네아스의 동맹으로 참전한 타르코가 이끄는 에트루리아 부대다.
457행 파두사강 : 파두스강의 하구에 있는 강이다.

460 회합이나 여시고 앉아서 평화를 칭송하시오!
저들은 왕국을 침범하는데.」 짧게 말을 마치고
몸을 일으켜 지붕 높은 왕궁을 급히 떠났다.
「너, 볼루숫아, 볼스키에게 무장하라 일러라!
루툴리도 데려와라!」 말했다. 「메사풋은 기병을
465 무장시키고 코랏은 형과 들판에 전개하라!
일부는 성문을 보강하고 성탑으로 달려가라!
나머지 부대는 나를 따라 전투를 준비한다.」
　순식간에 도시가 온통 성벽으로 달려갔다.
아버지 라티눗도 회합과 커단 계획은 파하여
470 뒤로 미루었다. 수심 가득한 때 뒤숭숭했다.
심하게 자책한다. 먼저 앞장서서 달다눗의
에네앗을 맞아 도시의 사위로 삼지 않은 걸.
사람들은 성문 앞을 파내거나 돌과 말뚝을
실어 왔다. 전쟁의 피 묻은 신호를 보내는 목선
475 나팔. 그때 성벽을 여러 겹으로 둥글게 에워싼
부인들, 소년들. 최후의 결전이 모두를 불렀다.

464행 메사풋 : 429행에 언급된 라티움의 장군이다.
465행 코랏은 형과 : 제7권 672행에 언급된 카틸루스와 코라스는 쌍둥이 형제다.
469행 회합과 커단 계획 : 원로 회의를 통해 아이네아스와의 동맹을 결의하고 투르누스의 동의를 얻어 아이네아스를 사위로 맞이하려던 계획으로 보인다.
472행 도시의 사위로 삼지 않은 걸 : 제7권 255행 이하에서 라티누스는 아이네아스를 사위로 삼기로 결정했으나, 제7권 591행 이하에서 왕비 아마타의 압력 때문에 애초의 결정을 번복했다(Williams).

어찌 아니 신전, 정상에 놓인 팔라스의 성채로
부인들의 커단 무리를 이끌고 왕비가 갈까나.
봉헌물을 들고. 함께한 처녀 라비냐도 따르니
모든 시련의 원인이 되어 선한 눈을 떨구었다. 480
어미들도 뒤따라 올라가 신전에 향을 올렸다.
높은 문지방 아래 울음 섞인 목을 쏟아 낸다.
「처녀신 트리톤, 전쟁에 능한 전쟁의 주재자여!
프뤼갸 도적의 창을 붙잡아 분지르시며 그를
땅에 누이시고 높은 성문 아래 내던지소서!」 485
광분한 투르눗도 전투를 다투듯 채비한다.
붉은 흉갑은 벌써 걸쳐 입었고 청동 비늘이
섬뜩하다. 정강이를 황금으로 동여맨다.
아직 투구 없는 머리, 칼을 졸라 묶은 옆구리.
황금으로 빛나는 그는 높은 성채에서 뛰어 490
내려온다. 도약하는 용기. 적을 치겠단 의지.
그건 마치 줄을 끊고 구유를 내팽개친 말이
마침내 자유를 얻어 트인 들판에 활개 치며
풀밭으로 암말들의 무리를 향해 달려가거나
익숙한 강가에서 습관대로 물을 끼얹으며 495
뛰어올라 머리를 높이 곧추세우고 울면서

477행 팔라스의 성채로 : 『일리아스』 제6권 297행 이하에서 트로이아의
왕비와 여인들이 아테네의 신전을 찾아가 기도한다(Conington).
482행 높은 문지방 아래 : 탄원하는 여인들은 문지방을 넘어 신전으로 들
어가지 않고 관례에 따라 문앞에서 탄원한다(Conington).
492행 구유를 내팽개친 말 : 『일리아스』 제6권 506행 이하의 비유와 같다.

날뛰면 목과 어깨 위로 갈기가 날릴 때 같았다.
 볼스키의 전열을 대동하고 카밀라가 그를
맞이한다. 성문 바로 아래서 여왕이 말에서
뛰어내린다. 여왕을 따라 부대 전체가 말에서
내려 땅 위로 미끄러진다. 이렇게 그는 말한다.
「투르눗이여, 용자의 자긍심이 정당하다면
나는 에네앗의 기병에 감히 먼저 대적하며
홀로 나아가 튀레눔 기병에 맞서 싸우겠소.
내가 전쟁의 마수걸이를 맡도록 허하시오.
그대는 보병으로 성 아래 성벽을 지키시오.」
이에 투르눗은 겁 없는 처녀에게 눈을 못 떼며
「이탈랴의 자랑인 처녀여, 어떤 인사를 말하고
어찌 보답하리오? 이루 다 갚을 수 없는 그대
마음일지니, 나와 더불어 노고를 나눕시다.
에네앗은 소문을 믿고 보냈던 척후병들이
보고한바, 흉악한 자는 경무장의 기병대를
앞세워 들판을 휘저어 놓고 본인은 가파르고
험한 산등성을 넘어서 도시로 접근한다오.
나는 숲의 깊은 계곡 협로에 매복할 것이고

---

498행 카밀라 : 앞서 432행에서 처음 언급되었으며 여기에 처음 등장한다(Williams).
511행 소문을 믿고 보냈던 척후병들 : 앞서 447행 이하에서 아이네아스가 도시를 향해 진군하고 있다는 소식을 듣고, 투르누스가 정찰병들을 보냈던 것으로 보인다.
512행 흉악한 자 : 아이네아스를 가리킨다.

양쪽 입구를 무장 병력으로 틀어막을 게요.
그대는 출전하여 튀레눔 기병대를 맞이하되,
사나운 메사풋과 라티움 기병을 데려가오.
티불툿 병력도. 그대가 지휘권을 가지시오.」
이리 말하고 같은 말로 전투를 메사풋에게,   520
동료 장수들에게 독려하고 적에게 나아갔다.

  굽이굽이 계곡이 있었다. 위장하기 알맞고
매복하기 좋았다. 계곡을 짙은 녹음으로 검게
양측 사면이 덮었다. 들어가는 입구는 좁았고
출구도 협착한 데다 돌파하기 옹색하였다.   525
계곡 위로 꼭대기 산마루는 망루를 둘 만한
평탄면이 숨겨져 있는 안전한 은신처였다.
좌측에서든 우측에서든 응전하고자 한다면
산등성에서 공격하여 돌을 굴릴 수도 있었다.
여기로 청년은 잘 알고 있는 길로 이동하여   530
진지를 확보하고 위험한 숲에 매복하였다.

  그새 천상의 거처에서 몸이 날랜 동무,

---

517행 튀레눔 기병대 : 아이네아스의 동맹으로 참전한 타르코와 그의 에트루리아 기병을 가리킨다.

519행 티불툿 병력 : 465행에 언급된 코라스와 카틸루스가 이끄는 병사를 가리킨다. 제7권 671행에 언급된 것처럼 이들의 형인 티부르투스는 티부르의 왕이었다.

527행 숨겨져 있는 : 평탄면은 계곡 아래에서는 보이지 않는다(Conington).

532행 천상의 거처에서 몸이 날랜 : 사냥꾼을 꾸미는 별칭으로 사용되며, 사냥의 여신 디아나나 디아나 여신의 시종들, 사냥하는 카밀라 등에 붙어 다닌다(Williams). 디아나 여신의 시종 오피스가 숲이 아니라, 여신과 함께 하

여신의 병사들 가운데 한 명인 오핏에게
말을 걸어 라토나의 따님이 서글픈 목소리로
535 입을 열었다. 「잔인한 전쟁으로 걷는 카밀라,
소녀야! 우리의 무장을 걸쳤으되 허사로구나.
누구보다 아끼는 소녀야! 디아나의 이 사랑은
새로운 것도, 마음의 갑작스런 충동도 아니니.
사람들의 미움과 오만한 권력 때문에 내쫓겨
540 메타붓은 옛 도시 프리벨룸을 떠나게 되어
전쟁과 전투의 한가운데 도망치며, 갓 태어난
딸을 망명길에 대동했다. 어미의 이름을 따서
카스밀라를 조금 바꾸어 카밀라라 불렀다.
본인의 품속에 품고 긴 산등성이를 올랐다.
545 무인지경의 숲길. 사방 조여 오는 잔인한 창,
여기저기 흩어져 볼스키 병사들이 달려든다.
보라! 도주 도중에 물이 불어난 아마센강이
강둑에 거품을 토한다. 구름을 거느린 큰비가
내렸던 것. 헤엄쳐 건널 것이나 갓난 것 때문에
550 주저했다. 소중한 짐을 걱정했다. 온갖 고심에

늪에 있는 장면은 매우 특이하다(Conington).
534행 라토나의 딸 : 디아나 여신을 가리킨다.
536행 우리의 무장 : 디아나 여신이 가지고 다니는 무기인 활과 전통(箭筒)을 가리킨다(Williams).
540행 메타붓은 옛 도시 프리벨룸 : 프리베르눔은 로마의 동남쪽에 위치한 라티움의 도시다. 메타부스와 그의 딸 카밀라의 이야기는 베르길리우스가 창작한 것으로 보인다(Williams).
550행 소중한 짐 : 제2권 723행에서 아이네아스는 부친을 어깨에 짐처럼 몰두하던 끝에 돌연 이런 생각이 떠올랐다.
때마침 강력한 손에 들고 다니던 거대한 창에,
여러 마디 난난히 구운 참나무 창에 진사는
숲에서 구한 나무껍질 두루마리로 싼 딸을
자루 중간에 알맞게 매달아 단단히 동여맨다.                555
커단 손으로 무게를 가늠하여 천공에 말한다.
〈라토나의 따님, 숲을 키운 양육자여, 이 아이를
아비가 시종으로 바칩니다. 그대 창을 처음
붙잡고 적을 피해 날아갈 탄원자를. 거두소서,
여신이여! 위태로운 바람에 맡긴 그대 시종을.〉   560
말했다. 어깨를 뒤로 젖혔다 휘둘러 힘껏 창을
보낸다. 강물의 아우성. 거센 급류를 건너서
가여운 카밀라는 도피한다. 창이 크게 울었다.
메타붓은 큰 무리가 점점 가까이 압박해 오자
물결에 몸을 던졌다. 승자는 처녀가 묶인 창을,   565
삼위 여신의 봉헌물을 푸른 풀밭에서 거둔다.
그를 어떤 집도 지붕 아래, 어떤 도시도 성안에
받지 않으매, 그도 공손히 손을 내밀진 않았다.

짊어지고 옮긴다.
 555행 알맞게 매달아 : 창을 던졌을 때 무게 중심을 잃지 않고 잘 날아가도록 딸을 창에 붙잡아 맨다(Conington).
 562행 강물의 아우성. 거센 급류를 건너서 : 위태롭고 가여운 카밀라의 모습을 더욱 강조하기 위한 장치로 보인다. 어린 카밀라를 집어삼킬 듯이 강물이 흘러가고 있었다.
 565행 승자 : 위기의 상황을 잘 이겨 낸 카밀라의 아버지를 가리킨다(Conington).
 566행 삼위 여신 : 디아나 여신의 별칭이다.

인적 없는 산속에서 목동의 세월을 보냈다.
570 이때에 덤불 속의 거친 잠자리에서 딸에게,
새끼를 낳은 암말의 젖과 산짐승의 유즙을
어린 것의 입술에 짜 넣어 먹여 가며 키웠다.
갓난것이 어린 발을 딛고 처음으로 걸음을
옮기자마자 작은 손에 예리한 창을 쥐어 주고
575 여린 딸의 어깨에 활과 화살을 걸어 주었다.
황금의 비녀가 아닌, 몸을 덮은 장옷이 아닌,
호랑이 가죽을 머리에서 등까지 걸쳐 입혔다.
그때 벌써 소녀의 가냘픈 손은 창을 던졌고
길들인 가죽의 줄팔매를 머리 위에 휘둘러
580 스트뤼몬에서 찾아온 학이나 백조를 떨군다.
튀레눔 곳곳의 많은 어미가 그를 며느리로
바랐으나 허사였다. 오로지 디아나만 섬기고
오로지 창과 정결만을 향한 사랑을 영원도록
순결하게 가꾸었다. 내 바라건대 그 전쟁에
585 휩쓸려 테우켈을 도발치 않으면 좋았을 텐데.
그랬다면 나의 소중한 시종으로 남았을 텐데.
자, 이제 가혹한 운명에 그가 쫓기고 있는 고로

580행 스트뤼몬 : 스트뤼몬은 트라키아의 강이며, 백조로 유명한 강이다 (Williams).

581행 튀레눔 곳곳의 많은 어미 : 볼스키 땅에 이르기까지 남쪽으로 에트루리아의 영향력이 미친 것으로 보인다(Williams).

585행 휩쓸려 : 베르길리우스는 카밀라가 마치 파도에 휩쓸려 가듯 전쟁에 휩쓸리게 되었다고 말하는 듯하다. 혹은 전쟁에 대한 사랑에 〈사로잡혀〉로 해석할 수도 있다(Conington).

요정아, 하늘에서 내려가 라티움 땅으로 가라.
불길한 저주의 슬픈 전투가 벌어지는 곳으로.
이걸 받아라! 전통에서 복수의 화살을 뽑아라!  590
그의 신성한 육신을 범하는 자에게 이 화살로
트로야든 이탈랴든 똑같이 피의 벌을 내려라!
그 후 나는 구름에 가련한 육신과 뺏기지 않은
무장을 덮어 고향의 무덤에 옮겨 안장하겠다.」
말했다. 그때 요정은 하늘의 빠른 대기를 따라  595
검은 광풍을 두르고 굉음과 함께 내려갔다.

   그새 성벽으로 다가오고 있는 트로야 군대와
엣투랴의 장군들. 기병대만의 모든 병력은
중대별 행군을 펼친다. 들판에 온통 울어 대는
말의 발굽 소리. 제압하려는 고삐를 거부하며  600
이리저리 몸을 튼다. 그때 널리 창을 곧추세운
철의 대지. 높이 치솟은 무기의 불타는 들판.
이에 맞서 메사풋과 라티움 신속 기병대와
형과 함께 온 코랏과 처녀 카밀라의 기병이

---

589행 불길한 저주의 슬픈 전투 : 카밀라의 죽음 때문이다.
592행 트로야든 이탈랴든 : 여기서 이탈랴는 트로이아의 동맹으로 전투에 합류한 에트루리아 사람들이나 아르카디아 사람들을 가리킨다.
594행 고향의 무덤에 옮겨 : 『일리아스』 제16권 667행 이하에서도 제우스의 명을 받은 아폴로가 사르페돈의 시신을 옮긴다.
596행 굉음과 함께 : 빠른 속도로 움직이는 물체에서 나는 큰 소리를 염두에 두고 있는바, 활이 빠르게 날아갈 때를 상상한 것이다(Williams).
597행 트로야 군대 : 기병은 대부분 에트루리아에서 온 동맹군이지만, 트로이아의 동맹군이라는 뜻으로 읽힌다(Conington).

605  들판 반대편에 나타났다. 손을 뒤로 젖혀 창을
멀리 전방을 향해 겨누니 창끝이 요동친다.
병사들의 전진, 병마들의 발소리가 뜨겁다.
이제 창의 사정거리에 이르러 양편의 전진이
멈추었다. 갑자기 터져 나오는 함성. 흥분한
610 말들을 멈춰 세운다. 동시에 쏟아진 사방의 창,
눈발처럼 빼곡한 창, 그림자에 어둑해진 하늘.
곧이어 튀레늣과 용맹한 아콘툿이 서로 창을
꼬나들고 격돌한다. 전투의 첫 번째 죽음이
커단 소리를 낸다. 네발짐승이 서로 부서지며
615 가슴이 가슴을 터뜨린다. 나가떨어진 아콘툿.
번개처럼 혹은 투석기가 발사한 포환처럼
멀리에 처박혀 허공중에 목숨을 흩뿌린다.
　　곧이어 전열이 무너진다. 라티움은 돌아서서
기병대를 뒤로 물리니 말들은 성벽을 향한다.
620 트로야는 추격한다. 아실랏은 기병을 이끈다.
이제 성문 근처에 다가왔을 때 라티움은 다시
함성을 지르며 부드럽게 말머리를 돌린다.
이제는 이쪽이 고삐를 늦춰 서둘러 달아난다.

611행 눈발처럼 빼곡한 창 : 날아오는 투석을 눈발에 비유한 것은 『일리아스』 제12권 156행 이하에 등장한다(Conington).
612행 튀레늣 : 에트루리아 기병 가운데 한 명의 이름이 민족의 이름과 같다(Conington).
615행 나가떨어진 아콘툿 : 튀레누스는 말들이 서로 충돌하는 순간에 몸을 피한 반면, 아콘테우스는 피하지 못하고 목숨을 잃는다(Conington).
620행 아실랏 : 제10권 175행에서 언급된 에트루리아 장군이다.

마치 끌고 밀리는 조류를 따라 오가는 바다가
한편 뭍으로 밀려와 갯바위를 파도로 덮치며   625
거품을 머금고 해안 백사장 끝에 쏟아지고
한편 빠르게 썰물로 뒤로 끌리며 빨아들인
돌을 내놓고 여울로 해안을 떠날 때 같았다.
두 번 엣투랴는 등진 루툴리를 성벽까지 쫓고
두 번 공격에 후퇴하여 등을 가리고 돌아선다.   630
하나 세 번째 전투에서 서로 만났을 때 전열
전체가 하나로 엉키며 사내가 사내를 골랐다.
그때 전사자들의 신음. 고인 핏물 속에 잠긴
무기와 육신. 사내들의 죽음과 뒤섞여 뒹굴며
죽어 가는 병마들. 참혹한 전투가 전개된다.   635
오실록은 레물룻에게 감히 달려들지 못하고
창을 말에 던졌고 창날이 말 귀에 매달렸다.
이에 말은 발을 차며 맹렬히 날뛰니 높이 발을
들어 부상을 참지 못하고 가슴을 들어 올린다.
기병은 떨어져 땅에 뒹군다. 카틸룻은 욜랏을,   640
용기가 넘쳐 나고 몸집이나 어깨도 대단한

630행 등을 가리고 : 후퇴할 때 적의 공격을 막기 위해 등을 방패로 가린다
(Conington).

636행 오실록 : 오르실로쿠스는 트로이아 사람으로 690행 이하에서 그의
죽음이 자세히 묘사된다.

640행 카틸룻 : 앞서 제7권 672행에서 언급된 인물로, 그의 동생 코라스와
함께 참전한 투르누스의 동맹이다. 465행과 604행에 코라스의 형으로 언급
되었다(Williams).

641행 어깨도 : 원문〈armis〉는〈어깨〉를 의미할 수도 있고〈무기〉를 의미할 수

헬미늣을 물리친다. 투구 없는 정수리엔 금빛
　　　머리, 무장 없는 어깨. 부상은 아니 두려웠다.
　　　덩치만큼 큰 과녁이다. 그의 큰 어깨에 창이
645　날아와 꽂혔다. 관통상이 사내를 꺾어 놓았다.
　　　사방에 검은 피가 쏟아졌다. 경합하는 칼들이
　　　죽음을 안기고 부상의 장렬한 최후를 찾는다.
　　　　그때 죽음의 전장 한가운데를 휘젓는 아마존,
　　　싸우려 한쪽 가슴을 내놓은, 전통 멘 카밀라는
650　때로 유연한 창을 손에 쥐고 연거푸 던지고
　　　때로 지치지 않고 굳센 양날 도끼를 휘두른다.
　　　디아나의 황금 활과 화살이 어깨 위에 울린다.
　　　그는 때로 쏟아지는 화살을 등으로 받을 때도
　　　활을 등 뒤로 돌려 후퇴하며 활을 쏘아 보낸다.
655　그 주위에 가려 뽑은 전우들, 라리나와 처녀
　　　툴라와 청동 도끼를 흔드는 탈페아가 있다.
　　　이탈랴 여인들은 신과 같은 카밀라의 자랑,
　　　전쟁과 평화의 훌륭한 시종으로 그가 뽑았다.
　　　마치 테모돈의 강물을 때려 대는 트라캬의
660　아마존들이 색칠한 무기로 싸울 때 같았고,

도 있지만, 이하 문맥상 헤르미니우스는 무장을 하지 않은 모습이다(Conington).
　649행 싸우려 한쪽 가슴을 내놓은 : 전투나 사냥을 위해 가슴 한쪽을 드러내 놓은 아마존 여전사의 도상은 자주 발견된다.
　659행 테모돈의 강물을 때려 대는 : 테르모돈은 흑해 유역의 강으로 아마존과 자주 같이 언급된다. 일부 주석가들은 얼어붙은 테르모돈강 위에서 말을 달려서 강의 얼음을 〈때려 대는〉 장면이라고 해석하기도 한다(Williams). 하지만 반드시 그렇게만 해석되는 것도 아니다(Conington).

혹은 히폴뤼테 주위에서 혹은 마르스의 딸
펜테실랴가 전차로 돌아올 때, 크게 환호하며
여인 군단이 반달 방패로 기뻐할 때 같았다.

  누굴 맨 처음, 누굴 마지막에, 사나운 처녀여,
죽였는가? 죽은 육신은 얼마나 땅에 뉘였는가?                665
클뤼툿의 아들 유네웃이 처음이니 그의 열린
가슴을 긴 창으로 정면에서 꿰뚫어 버렸다.
그는 피의 강물을 토하며 떨어져 피에 젖은
흙먼지를 씹었다. 상처 위에 뒹굴며 죽어 갔다.
이어 리릿과 파가숫. 하나는 고삐를 잡고 있다                670
창을 맞은 말에서 굴러떨어졌고, 다른 하나는
낙마자에게 무기를 놓고 손을 내밀다 당했다.
함께 고꾸라졌다. 이들에 보태어 보낸 아마룻,
히포탓의 아들. 이어 멀리서 창으로 엄습하여
테레웃, 하르팔, 데모폰, 크로밋도 딸려 보냈다.                675
처녀가 손에서 놓아 창을 힘껏 던질 때마다
족족 프뤼갸 사내가 쓰러졌다. 멀리 사냥꾼
오뉘툿이 낯선 무기와 야퓍스의 말을 몰았다.
벗겨 낸 황소 가죽으로 널찍한 어깨를 덮은
전사는 입을 크게 벌린 커다란 늑대 머리와                680

661~662행 히폴뤼테, 펜테실랴 : 히폴리테와 펜테실리아는 신화 속 아마
존의 여왕이다(Williams). 제1권 490행 이하에 펜테실리아의 모습이 자세히
묘사되어 있다.
  663행 반달 방패 : 제1권 490행을 보라.
  680행 전사 : 오뤼투스는 사냥꾼이었는데, 전사로 전쟁에 출정하면서,

희멀건 이를 드러낸 턱뼈를 뒤쓰고 있었다.
손에는 촌부의 갈고리 창을 들었다. 그가 무리
한복판에 오가는데 머리 하나가 삐쭉하다.
처녀가 그를 잡았다. 퇴각 중이라 손쉬운 일.
685 꿰뚫어 굽어보며 이렇게 적개심을 드러냈다.
「튀레눔아, 숲에서 짐승을 몬다 생각했느냐?
왔도다, 여인의 무기가 너희 말을 반박하는
날이. 결코 가벼운 이름을 조상들의 영령에
전하지 않으리니, 넌 카밀라의 창에 죽었노라.」
690    이어 오실록과 부텟, 테우켈 중에 가장 덩치가
큰 자들을. 달아나는 부텟을 창으로 찌르니
흉갑과 투구 사이였다. 그곳에 기병의 목이
왼편 어깨 방패가 처지며 훤히 드러나 있었다.
오실록을, 커단 원을 그리며 피하던 처녀가
695 원의 안쪽으로 꺾어 쫓던 지의 뒤를 쫓는디.
697 몸을 한껏 들어 올린 처녀가 빌고 애걸하는
696 사내의 투구와 뼈를 뚫어 강한 도끼를 거푸
조진다. 상처는 뜨거운 뇌수로 얼굴을 적신다.

사냥에는 소용이 없는 황소 가죽과 늑대 모자 등을 걸쳐 입었다(Williams).
686행에서 사냥꾼이 전쟁에 나온 것을 조롱하는 것처럼 사냥꾼과 전사의 대조를 강조할 필요가 있다.
  684행 퇴각 중이라 손쉬운 일 : 오르뉘투스는 때마침 퇴각 중이었기에 그를 공격하는 것은 카밀라에게 쉬운 일이었다(Williams).
  686행 튀레눔 : 오르뉘투스는 에트루리아 사람이다.
  689행 넌 카밀라의 창에 죽었노라 : 위대한 전사와 맞붙어 싸우다가 죽는 것은 망자에게 명예가 될 수 있다.

아펜니의 전사, 아우눗의 아들은 이 광경을                700
마주했고, 갑자기 그 모습에 놀라 얼어 버렸다.            699
영락없는 리구라인 게 여차하면 속임수였다.
이제 어떤 길로도 싸움에서 몸을 뺄 수 없고
덤비는 여왕을 따돌릴 수도 없음을 알았을 때
영악하고 교활하게 잔꾀를 부리기 시작하여
이리 말한다. 「대단할 게 무언가? 용감한 말에            705
기댄 여자일 뿐. 도주는 포기하고 대등하게
땅 위에 내려 나와 보병으로 맞붙어 싸워 보자.
헛된 명예가 누굴 속이고 있는지 곧 알 게다.」
말했다. 여왕은 예리한 속임에 속아 분노하며
말을 전우에게 건네주고 백병으로 마주 섰다.            710
깨끗한 방패, 빼 든 칼의 보병. 두려움은 없었다.
그때 청년은 기만의 승리라 생각하고 달린다.
지체 없이 말머리를 돌려 도피하는 도주자는
네발짐승을 강철 박차로 재촉하며 괴롭힌다.
「헛되이 들뜬 오만한 자여! 리구랴의 허영아!          715
집안 내력대로 허언의 기술을 부리나, 헛일.

700행 아펜니의 전사, 아우눗의 아들 : 이름이 따로 거명되지는 않는다
(Conington).
701행 영락없는 리구랴 : 고대 주석가에 따르면 리구리아 사람들은 속임
수와 도적질에 능하다는 기록이 전한다(Conington).
711행 깨끗한 방패, 빼 든 칼의 보병 : 보병으로 서로 맞붙어 싸우는 데 필
요한 무기만을 챙겨 들었다. 〈깨끗한〉 방패는 앞서 전투에 참전한 적이 없음
을 나타낸다.

　　　　숨책이 널 허언의 아우눗에게 성히 데려갈까.」
　　　　처녀는 이리 말하고 빠른 발로 불꽃처럼 달려
　　　　말을 추월하였고 말고삐를 잡으며 막아섰다.
720　　달려들어 적에게서 피의 형벌을 거두었다.
　　　　마치 신성한 매가 큰 바위에서 날아 간단히
　　　　구름 속에 높이 날개 치는 비둘기를 따라가
　　　　굽은 발톱으로 잡아 놓고 발기는 것 같았다.
　　　　그때 피와 뽑힌 깃털이 창공에서 떨어진다.
725　　　인간과 신들의 아버지는 헛되지 않은 눈으로
　　　　올륌풋 상상봉에 높이 앉아 이를 지켜보았다.
　　　　아버지는 튀레눔 타르코를 잔인한 전투로
　　　　재촉하고 굽히지 않는 작대기로 분노케 했다.
　　　　하여 타르코는 죽음과 쓰러지는 병사들 사이
730　　말을 타고 오가며 온갖 말로 기병을 독려한다.
　　　　일일이 이름 부르며 싸우게 패자를 일으킨다.
　　　　「어떤 두려움이, 늘 몰염치하고 항상 안일한
　　　　튀레눔아, 너희 마음에 어떤 비겁이 들었느냐?

717행 허언의 아우눗 : 700행에 이어 다시 부친의 이름이 언급된다.
718행 불꽃처럼 달려 : 746행과 마찬가지로 빠른 모습을 불에 비유하였다(Conington).
721행 신성한 매 : 매와 비둘기의 비유는 『일리아스』 제22권 139행 이하에 등장한다(Conington).
728행 굽히지 않는 작대기 : 사람들이 말이나 소를 재촉할 때처럼 유피테르는 타르코를 부추기고 있다.
732~740행 : 타르코의 연설은 『일리아스』 제4권 338행 이하에서 아가멤논이 분노하여 전우들을 꾸짖을 때와 비슷하다(Williams).

여자가 이 대열을 부수고 흩어 놓고 있다니!
칼은 어디에, 손에 든 창은 어디에 쓰려느냐?   735
베누스의 일, 밤중 전쟁엔 굼뜨지 않은 너희.
바쿠스의 굽은 피리가 합창대를 이끌 때도,
너흰 가득 차려진 잔치와 주연이나 기다려라!
너희 사랑, 열정이니. 사제가 좋게 예언하고
살찐 제물이 깊은 숲으로 너흴 초대하기를.」   740
이리 말하고 그는 적진 속으로 죽자고 말을
몰았고 회오리바람처럼 베눌룻에게 덤볐다.
손으로 적을 붙잡았고 말에서 끌어 내리며
있는 힘을 다해 자신 쪽으로 맹렬히 당겼다.
함성이 하늘에 올랐다. 라티움 전체가 일제히   745
눈을 돌렸다. 불과 같은 타르코는 들판을 달려
무기와 사내를 끌고 간다. 적의 창끝에 달린
창날을 부러뜨려 여기저기 몸을 찢어 놓는다.
치명상을 입혔다. 이에 맞서 저항하는 사내도
멱살 잡은 손을 버티며 힘을 힘으로 밀어낸다.   750

736행 베누스의 일, 밤중 전쟁 : 남녀 간의 사랑을 이렇게 비유하였다. 호라티우스『서정시』I 6, 17행 이하. 〈우리는 잔치를, 우리는 날 세운 손톱으로 청년들에게 덤벼드는 여인들의 전투를 노래하지요.〉

742행 베눌룻 : 242행 이하에서 디오메데스에게 사신으로 갔던 사람이다. 757행에 비추어 그는 티부르 출신으로 보인다.

746행 불과 같은 : 앞의 718행과 마찬가지로 빠른 모습을 불에 비유하였다(Conington).

747행 무기와 사내 : 제1권 1행을 상기시키는 구절이다. 타르코는 베눌루스와 베눌루스의 창을 손으로 잡아 제압한다.

마치 높이 나르며 포획한 뱀을 잡아가는 황금
독수리가 발로 제압하고 발톱으로 움켜쥐면
이에 부상 입은 독사도 웅크려 똬리를 틀고
비늘을 곤두세우며 몸을 일으켜 식식거리고
755 격하게 대들고, 독수리도 질세라 굽은 부리로
덤비는 뱀을 쪼며 창공을 날개로 칠 때 같았다.
그처럼 타르코는 티부르 전열에서 전리품을
기뻐하며 챙겨 간다. 지휘관의 시범에 따라
메오냐가 달려든다. 그때 운명에 빚진 아룬스,
760 창 솜씨가 크게 앞서는 자가 빠른 카밀라를
노리며 제일 좋은 기회가 언제일까 살핀다.
전열 속에 처녀가 날뛰며 돌아다니는 곳마다
아룬스는 따라갔고 조용히 행로를 살폈다.
처녀가 적을 물리치고 발을 돌리는 곳으로
765 청년도 은밀히 서둘러서 말고삐를 돌렸다.
이쪽으로 저쪽으로 온갖 곳을 돌아다니며

751~756행 : 뱀과 독수리의 비유는 『일리아스』 제12권 200행 이하에 등장한다.

759행 메오냐 : 에트루리아 사람들은 소아시아의 뤼디아 혹은 마이오니아에서 이탈리아에 왔다고 전해진다(Williams).

759행 운명에 빚진 아룬스 : 카밀라를 죽일 운명을 타고난 사람이라고 할 수도 있으나, 디아나 여신은 앞서 590행 이하에서 카밀라를 죽인 자도 곧 죽게 된다는 저주를 내렸다(Conington).

765행 은밀히 : 아룬스는 카밀라가 두려워 정면으로 맞서지 못하는 모습을 보인다. 카밀라가 방심하여 빈틈을 보일 때를 노리며 몰래 카밀라에게 들키지 않으려고 애쓰고 있다. 806행을 보라.

766행 이쪽으로 저쪽으로 온갖 곳을 돌아다니며 : 제5권 441행과 거의 같다.

사방 주위에서 고집스럽게 목표를 겨눈다.
　마침 퀴벨룻의 영험한 사제였던 클로룻은
프뤼갸의 무장을 멀리까지 돋보이게 뽐내며
거품을 토하는 말을 모는데, 말을 덮고 있는　　　　　770
가죽엔 청동 비늘의 깃털이 금실로 엮여 있다.
그는 먼 데서 온 붉디붉은 색을 뿜어내며,
뤼키아 활로 고르튀나 화살을 쏘고 있었다.
예언자의 어깨에 걸린 황금의 활과 황금의
투구. 붉게 빛나는 군복과 사륵사륵 쓸리는　　　　　775
아마포 옷자락을 여민 매듭과 황금빛 옷 침.
수놓아진 속옷과 다리를 덮은 이방의 갑옷.
이 사람을, 처녀는 신전에 트로야의 무기를
바치려는가, 황금의 무장을 빼앗아 걸치려는
사냥꾼인가, 싸움의 모든 경쟁 중에 오직 그를　　　　780
눈이 멀어 추격했다. 부주의하게 대열을 누벼
전리품을 얻겠단 여성적 열망이 불타올랐다.
마침내 그 순간을 포착하여 매복해 있다 창을

---

768행 퀴벨룻의 영험한 사제였던 클로룻 : 퀴벨루스산은 퀴벨레 여신에게 바쳐진 산이다. 트로이아에 있을 때 클로레우스는 퀴벨레 여신의 사제였다. 제12권 363행 이하에서 클로레우스는 사망한다(Williams).
　772행 먼 데서 온 : 트로이아에서 온 색을 의미한다(Williams).
　773행 뤼키아 활로 고르튀나 화살 : 고르튀나는 크레타섬에 있는 도시로 활로 유명하다. 뤼키아도 활로 유명하다(Williams).
　782행 여성적 열망 : 여기서 〈여성적〉은 고대 주석가가 제안하였듯이 〈주체할 수 없는〉, 〈참을 수 없는〉, 〈비이성적인〉 등의 뜻으로 쓰인 것으로 보인다(Williams).

아룬스가 겨눈다. 신들께 소리 높여 기도한다.
「신들의 신, 신성한 소락테의 수호자, 아폴로여,
저희가 처음 모신 신이여, 수북이 쌓은 솔불로
받드는 분이여, 불 한가운데를, 당신의 충직한
숭배자로 저희는 붉은 불잉걸을 밟았습니다.
아버지여, 저희 무기로 이 치욕을 씻게 하소서.
전능한 신이여, 저는 승리의 전리품도 쓰러진
처녀의 어떤 물건도 원치 않으니 (다른 것들이
제게 명예를 주겠고) 저 끔찍한 역병이 제 손에
쓰러진다면, 전 명예 없이도 귀향하겠습니다.」
포이붓은 이를 듣고 소원 일부는 들어주려는
마음이나, 일부는 흩어진 바람에 실어 보냈다.
분별 잃은 카밀라를 돌연 죽음으로 누이겠단
소원은 들어주되, 돌아가 고향 산을 보겠단 건
아니니, 돌풍이 그의 말을 남풍에 날려 보냈다.
하여 공중을 지나 손을 떠난 창이 울었을 때
온통 마음을 곤두세우고 눈을 높이 들어서

785행 신성한 소락테 : 로마의 북쪽에 에트루리아 땅에 위치한 소락테산의 정상에는 아폴로 신전이 있다(Williams).
788행 붉은 불잉걸을 걸었습니다 : 플리니우스가 전하는바, 아폴로 숭배의식 가운데 하나로 소나무 더미를 불태운 후에 아직도 뜨거운 잿더미를 맨발로 밟으며 걸어가는 의식이 행해졌다(Conington).
789행 이 치욕 : 여인에게 제압되어 죽임을 당한 전우들의 치욕을 가리킨다.
791행 처녀의 어떤 물건도 원치 않으니 : 여인을 제압했다는 것 자체가 명예로운 일이 될 수 없음을 아룬스도 잘 알고 있다(Conington).
801행 바람도 : 창이 날아오며 일으키는 바람을 가리킨다(Williams).

여왕을 보는 모든 볼스키. 하나 본인은 바람도
창공을 질러 날아오는 창의 소리도 몰랐다.
마침내 창이 그의 노출된 가슴 아래를 뚫고
매달렸고, 깊이 파고들어 처녀의 피를 마신다.
놀란 전우들이 달려왔고 쓰러지는 주인을  805
부축한다. 누구보다 기겁해 도망치는 아룬스.
기뻐하는 한편 두려워했다. 더는 창을 잡거나
또는 처녀의 창에 대적할 엄두가 나질 않았다.
그건 마치 적의를 품은 창들이 쫓아오기 전에
신속하게 길 없는 깊은 산속으로 몸을 숨긴  810
늑대가 목동을 죽였거나 혹은 큰 수소를 죽인
무모한 짓을 의식하며 꼬리를 뒤로 감아 내려
배 아래 감추고 무서워 숲을 찾을 때 같았다.
그처럼 혼란스런 아룬스는 적들의 눈을 피해
도주에 만족하며 전우들 속에 몸을 숨겼다.  815
죽어 가는 처녀는 창을 빼내려 한다. 뼛속에
갈비뼈 사이 깊은 상처를 낸 창날이 박혀 있다.
피가 흘러 나간다. 죽음으로 식어 가는 눈빛이
꺼져 간다. 한때 붉었던 혈색도 얼굴을 떠났다.

809~813행: 이 늑대 비유는 『일리아스』 제15권 586행 이하의 맹수 비유를 확대한 것이다(Conington).

815행 도주에 만족하며 : 원문 〈contentus fuga〉를 〈도주를 위해 안간힘을 쓰다〉로 해석할 수도 있다. 하지만 아룬스의 겁쟁이 모습에 비추어 볼 때 〈도주할 수 있음에 만족하다〉로 보는 것이 타당하다(Williams). 승리를 기뻐하며 자신의 업적을 자랑할 법도 한데 아룬스는 그렇게 하지 못한다(Conington).

820 　그때 숨을 토하던 처녀는 동갑 중 하나 악카를
　　불러, 누구보다 신뢰하여 카밀라가 유일하게
　　흉금을 털어놓던 이에게 이렇게 말하였다.
　　「자매 악카여! 난 여기까지였다. 원통한 상처가
　　일을 마쳤다. 주변 모든 게 어둠으로 어두워진다.
825 여길 벗어나 투르눗에게 마지막 말을 전해라!
　　그가 전투를 승계하여 트로야를 물리치라고.
　　그럼 잘 있어라!」 이 말을 남기고 고삐를 놓으니
　　땅으로 몸이 절로 흘러내린다. 식어 가는 그는
　　차츰 몸에서 전부 풀려났다. 부드러운 목을,
830 죽어 가는 머리를 내려놓고 무기를 남겨 놓고
　　탄식하며 분개하며 목숨은 하계로 떠나간다.
　　그때 엄청난 함성이 일어나 황금빛 별을
　　때린다. 카밀라가 쓰러지자, 반격이 거세진다.
　　동시에 전군이 가득히 달려든다. 테우켈이,
835 튀레눔 장수들이, 에반더의 알카다 기병들이.
　　　그때 삼위 여신의 파수병 오핏은 벌써 산
　　정상에 높이 앉아 전투를 담담하게 지켜본다.

820행 악카 : 카밀라가 655행 이하에서 가려 뽑았다고 한 여인들 목록에 언급되지 않은 이름이다.
831행 탄식하며 분개하며 목숨은 하계로 떠나간다 : 제12권 952행과 같다.『일리아스』제16권 856행 이하 파트로클로스가 죽어 가는 장면과 비슷하다. 너무나도 일찍 세상을 떠나게 된 사실에 분통을 터뜨리며 죽어 간다.
836행 삼위 여신의 파수병 : 앞서 587행 이하에서 디아나 여신이 카밀라를 지켜보라고 오피스를 파견하였다.
837행 높이 앉아 전투를 담담하게 : 여신은 전투에 대한 어떤 기대나 두려

하나 광분한 청년들의 아우성 가운데 멀리서
슬픈 죽음의 타격을 받은 카밀라를 보았을 때
신음하며 가슴속 깊은 말을 이렇게 토했다. 840
「처녀야, 너무나 가혹해서 너무 가혹한 대가를
치렀구나. 테우켈을 전쟁으로 도발하더니만.
인적 드문 숲속 깊이 디아나를 섬긴 것도 네게,
우리 전통을 어깨에 메고 다닌 것도 별무소용.
하지만 너의 여왕께선 네가 불명예스럽게 845
끝내 죽게 두지 않으시니, 너의 죽음은 명성을
만백성에게 얻겠고, 응징의 명예를 누리겠다.
누구든지 네 몸을 범하여 상처를 입힌 자는
마땅히 죽어 속죄하라.」 높은 산 밑 커다랗게
높이 다져 쌓은 흙더미는 지난날 로렌툼의 850
왕 델케눗의 무덤인데 나무 그늘이 덮고 있다.
이곳에 더없이 고운 여신은 먼저 재빨리 뛰어
내려와 커단 봉분 위에 아룬스를 지켜본다.
기쁨에 영혼이 헛되이 부어오른 그를 보았다.

움 없이 높은 곳에서 내려다본다(Williams).

850~851행 로렌툼의 왕 델케눗 : 전혀 알려진 바가 없다(Williams).

853행 커단 봉분 위에 아룬스를 지켜본다 : 왜 오피스가 거기까지 내려와서 활을 쏘았는지를 설명하기는 쉽지 않다. 멀리서도 충분히 아룬스를 맞힐 수 있었다(Conington).

854행 기쁨에 영혼이 헛되이 부어오른 : 키케로, 『투스쿨룸 대화』 IV 6, 13 〈헛되이 무절제하게 영혼이 흥분되는 것은 열광적 혹은 과도한 희열*laetitia*로 불릴 수 있기 때문입니다. 그런데 그들은 후자를 영혼의 비이성적 팽창이라고 정의합니다.〉

855  말했다.「왜 어딜 자꾸 벗어나느냐? 이리 와라.
　　이리 와. 죽어라. 카밀라가 갚아야 할 대가를
　　받아 가라. 너 따위가 디아나의 활에 죽다니.」
　　말했다. 트리캬 여신이 황금 전통에서 뽑은
　　빠른 화살. 적을 겨냥하여 활을 힘껏 당긴다.
860  길게 밀어낸다. 양쪽 고자가 휘어지며 서로
　　맞붙을 만큼. 수평을 이루어 활을 거머쥔 양손,
　　왼손은 활촉에, 오른손 시위는 가슴에 닿았다.
　　그 순간 울리는 활 소리, 공명하는 바람 소리를
　　듣는 동시에 아룬스의 몸에 박혀 있는 화살.
865  마지막 숨을 내쉬며 신음하는 그를 전우들은
　　들판의 이름 모를 먼지 속에 버려두고 떠난다.
　　오핏은 날개로 창공의 올림풋에 닿았다.
　　　카밀라의 주인 없는 기병대가 먼저 도망한다.
　　혼도 속 루틀리도 도망힌다. 사나운 아티닛도.
870  흩어져 버린 장수들도, 내팽개쳐진 부대도.
　　은신을 도모하고 말을 돌려 성벽으로 달린다.
　　누구 하나 진군하며 죽음을 옮기는 테우켈을
　　무기를 들어 저지할 힘도 대항할 힘도 없었다.

857행 너 따위가 디아나의 활에 죽다니 : 앞서 689행에서 위대한 전사와 싸우다 죽는 것이 명예인 것처럼 디아나 여신의 활에 죽는 것도 명예라는 생각에 오피스는 아룬스를 디아나의 활로 죽이기를 꺼린다(Conington).

866행 버려두고 떠난다 : 전우들이 아룬스를 돌보지 않은 것이 아니라, 아예 그가 죽었다는 사실 자체를 몰라서 그냥 떠난 것으로 보인다(Williams).

869행 사나운 아티닛 : 앞서 한 번도 언급된 바가 없다. 제12권 661행 이하에서 다시 등장한다(Williams).

지친 어깨에 늘어진 활을 메고 후퇴할 뿐이며
질주하는 말발굽 아래 마른 대지는 요동친다.  875
성벽으로 몰려드는 검은 구름과 휘몰아치는
흙먼지. 망루 위에서 가슴을 치는 어머니들.
여인들의 울부짖음은 하늘의 별에 닿았다.
달려와 열린 성문을 처음 통과한 사람들을
적의 무리가 한데 뒤섞여 뒤를 바짝 쫓았다.  880
처참한 죽음을 당하였다. 바로 그 문턱에서,
조국의 성벽 안에서, 집이라는 은신처에서
창에 찔려 죽어 갔다. 일부는 성문을 닫았다.
전우에게도 열어 주려고, 성안에 받아 주려고
간청해도 하지 않았다. 펼쳐지는 가련한 죽음.  885
진입을 막으려는 무기, 무기에 달려드는 우군.
부모 면전, 그 눈앞에서 성문에 못 들어간 이들,
일부는 허방 해자로 몸무게를 이기지 못하고
굴러떨어졌고 일부는 못 보고 전력으로 달려
성문을 들이받았다. 단단히 빗장 지른 문을.  890
성벽 위에 버티며 어머니들이 펼치는 분투.

881~882행 바로 그 문턱에서, 조국의 성벽 안에서, 집이라는 은신처에서
: 점층적 구성이다. 성문 바로 앞에서, 성문을 지나 성벽 안에서, 그리고 마지
막으로 집 앞에서 사람들이 죽어 갔다(Conington).

886행 진입을 막으려는 무기, 무기에 달려드는 우군 : 성벽 안에 들어온 사
람들은 성문을 막아 적군을 몰아내려 한다. 이때 적군과 뒤섞여 성벽으로 들
어오려는 우군과 막는 우군이 서로 싸우는 형국이다(Conington).

891행 어머니들이 펼치는 분투 : 앞부분의 절망적인 분위기와 사뭇 다르
게 열민 희망이 엿보인다. 고대 주석가들은 이를 부조화로 보는바 작품의 완

(진정한 애국심의 발로라) 카밀라를 본받아
분주히 창을 집어 던진다. 단단한 참나무로
쇠 대신 불에 달군 뾰족한 창을 만들어 던짐에
895 주저 없이 죽기로 앞장서는 수성의 열기.
　　그때 매복해 있던 투르눗에게 전해진 잔인한
소식. 악카는 청년에게 커다란 공포를 전한다.
볼스키의 와해된 전열, 카밀라가 사망했음을,
사나운 적들이 마르스의 호의로 공세를 펼쳐
900 모든 걸 장악했음을, 공포가 성벽에 닿았음을.
그는 광분하여 (유피테르의 가혹한 처분이다)
매복의 언덕을 버리고 거친 숲을 내팽개쳤다.
그가 관측소를 벗어나 들판으로 달려 나가자,
아버지 에네앗도 무방비의 계곡으로 들어
905 고개 하나를 넘고 그늘진 숲에서 빠져나왔다.
이리 양측은 성벽으로 서둘러 진군을 이끌고
달린다. 둘은 몇 걸음도 채 떨어지지 않았다.
에네앗이 먼지를 피워 대는 들판을 바라보며
로렌툼의 부대를 확인하는 때, 그와 동시에
910 투르눗도 잔인한 에네앗의 무장을 알아본다.

성도를 비판하는 측에게 빌미를 제공한다(Conington).
　901행 가혹한 처분 : 매복지를 벗어나기로 한 투르누스의 결정이 유피테르의 뜻에 따른 행동이었다고 말하는 듯하다. 광기에 빠진 것도 거기에 포함된다.
　909행 로렌툼의 부대 : 투르누스가 지휘하는 라티움 부대와 루툴리 부대를 가리킨다.

전진하는 발걸음과 말들의 숨소리를 듣는다.
곧이어 전투에 돌입해 승부를 가렸을 것이나,
장밋빛 포이붓이 히베랴 파도 속으로 지친
말들을 담그고 해를 보내며 밤을 끌고 왔기에,
도시 앞에 군영을 차린다. 성벽을 보강한다. 915

   911행 말들의 숨소리 : 보병과 함께 이동하는 전차를 끄는 말로 보인다(Conington).

   913행 히베랴 파도 : 히스파니아 너머의 대서양을 가리킨다.

   914행 해를 보내며 밤을 끌고 왔기에 : 『일리아스』 제8권 485행 이하를 모방한 구절이다. 태양의 신 아폴로는 네 마리 말들이 끄는 태양의 전차를 이끌고 대서양 끝에서 바다 아래로 내려간다.

   915행 군영을 차린다. 성벽을 보강한다 : 양측의 행동을 묘사하고 있다. 트로이아 연합군은 도시 앞에 군영을 차렸고, 라티움 부대는 성벽 안으로 들어가 보초를 보강하였다(Williams).

# 제12권

투르눗은 전세가 불리해지면서 라티움이
무너진 걸 보았다. 이젠 약속을 이행하란 듯
눈치 주는 걸 보았다. 절로는 아니 진정될 광분,
끓어오르는 분노. 마치 페니캬의 평원에 사는
5   사자가 사냥꾼 때문에 가슴에 상처를 입고,
마침내 전투를 치르겠다고 즐겨 갈기 무성한
목덜미를 흔들며 몸에 박힌 약탈지의 창을
대담히 분질러 피 묻은 입으로 포효할 때 같다.
그처럼 불붙은 투르눗의 광기가 부어오른다.
10  이리 왕에게 말한다. 그리 이성을 잃어버렸다.
「투르눗도 마다치 않고, 약속한 걸 물릴 이유가,
협정을 깰 일이 비겁한 에네앗 무리도 없으니,
맞대결뿐. 아버님, 제물 앞에 맹약을 맺으소서.

2행 약속 : 제11권 434행 이하에 투르누스는 아이네아스와 맞대결로 승부를 결판내기로 라티움의 왕과 원로들 앞에서 약속하였다(Williams).
9행 광기 : 제11권 354행과 376행에서 〈광기 *violentia*〉는 늘 투르누스와 함께 사용된다. 제12권 45행에서도 그러하다.

제 손으로 저승에 달다늦을 보내겠습니다.
아시아의 도망자를. 라티움은 지켜보십시오.          15
저 홀로 칼을 들어 모두의 치욕을 씻어 내거나
아니면 그가 이겨 라비냐를 아내로 삼거나.」
   그가 좌정하자 라티눗이 진심으로 답했다.
「용기 출중한 청년이여, 그대가 보여 준 맹렬한
용기만큼 나도 그만큼 더 열심히 숙고해야,          20
모든 위험을 두렵게 따져 보아야 마땅하겠다.
부친 다우눗의 왕국도 그대 것이고, 많이도
직접 정복한 도시도, 라티눗의 부와 마음도!
라티움과 로렌툼 들판에 미혼의 처녀가 또
있다. 집안도 좋은. 말하기 쉽지 않은 바를 난          25
숨기지 않고 말하노니, 그댄 마음을 비우게.
내 여식을 다른 어떤 구혼자에게 혼인시킴은
불경이라, 신들도 인간들도 모두 그리 말하나,

15행 아시아의 도망자 : 아이네아스를 비겁한 도망자로 깎아내리려는 발언이다.
16행 모두의 치욕 : 투르누스와 그의 병사들이 주변 사람들로부터 받은 비난과 오명을 가리킨다(Conington).
23행 라티눗의 부와 마음 : 라티누스의 재산은 물론 투르누스에게 얼마든지 베풀고자 하는 마음을 투르누스는 얻게 될 것이다(Conington).
26행 그댄 마음을 비우게 : 라티누스는 투르누스에게 라비니아와의 약혼을 취소하자고 제안하면서, 이를 받아들이면 많은 보상(22~23행)이 있을 것을 약속한다.
28행 신들도 인간들도 모두 그리 말하나 : 제7권 96행 이하에서 라비니아는 이방에서 온 사람과 혼인을 할 것이라는 신탁이 언급되었다.

그대 사랑에 굴복하여, 혈족을 내세운 아내와
슬픈 눈물에 굴복하여 난 모든 의무를 어겼고,
사위에게 딸을 빼앗고 불경의 무기를 들었다.
하여 내가 어떤 재난을, 투르눗, 어떤 전쟁을
겪는지, 제일 커단 고통을 겪는 그대는 안다.
두 번의 큰 싸움에서 우린 졌고, 우리 도시는
이탈랴의 희망을 못 지켰다. 튀브릿강은 우리
피로 아직 뜨겁고 넓은 들은 유해로 창백하다.
어디로 자꾸 우왕좌왕인가? 변덕의 광기런가?
만일 투르눗이 죽고 나서 동맹을 맺을 거라면
차라리 왜 죽기 전에 전쟁을 끝내지 못하나?
그대 혈족 루툴리는 뭐라, 다른 이탈랴는 뭐라
하겠나? 그대를 죽게, (말이 씨가 되지 않기를!)
내 딸과 혼인을 청했다고 그대를 죽게 한다면.
전쟁의 온갖 위험을 살피게. 연로한 부친을
생각하게. 지금도 멀리 고향 알데아에 떨어져

29행 혈족을 내세운 아내 : 투르누스의 모친 베닐리아는 라티누스의 부인 아마타와 서로 자매다(Williams).

31행 사위 : 신탁에 의해 지정된 아이네아스를 가리킨다(Williams).

34행 두 번의 큰 싸움에서 우린 졌고 : 제10권 833행 이하에서 메젠티우스가, 제11권 831행 이하에서 카밀라가 사망하였다.

37행 어디로 자꾸 우왕좌왕인가? 변덕의 광기런가? : 제4권 595행과 비교하라. 라티누스는 투르누스에게 양보하도록 설득하다가, 갑자기 그에게 맞붙어 싸워 보도록 허락하는 쪽으로도 생각이 바뀌고 있다.

38행 만일 투르눗이 죽고 나서 : 투르누스가 패할 것을 전제로 한 내용이기에 48행 이하에서 투르누스는 오히려 혼인을 양보하기보다 맞대결로 승부를 보겠다는 쪽으로 생각이 기운다.

슬퍼하는 부친을.」 그 말에도 투르눗의 광기는     45
굽힐 줄 모른다. 치료가 외려 병을 크게 키웠다.
그는 말할 수 있게 되자마자 이리 입을 열었다.
「절 위한 걱정은, 부디, 지고한 분이여, 절 위해
내려놓으시되, 승리를 목숨과 바꾸게 하소서.
아버님, 저도 창을, 무력하지 않은 칼을 제 손에     50
쥐었으니, 상처를 입으면 그도 피는 나겠지요.
그를 모친도 돕지 못하니, 도망자를 연약한
안개에 숨기려고 헛된 어둠에 숨지 못할 터.」
 그때 왕비는 전쟁의 낯선 격변에 당황하여
죽을 결심의 눈물로 광분한 사위를 붙잡았다.     55
「투르눗, 눈물로 간절히, 만일 아마타의 뭔가
영예를 생각한다면 — 그댄 유일한 희망, 가련한
노년의 위안인 그대, 라티눗의 자랑과 패권은
오직 그대, 기운 가문의 기둥은 오직 그대이니 —
하나만 간청하네. 테우켈과 싸우길 멈추게.     60
이 대결에 그댈 기다리는 어떤 재앙이든 그건,

45행 광기 : 제11권 354행과 376행, 제12권 9행에서 〈광기〉는 투르누스를 염두에 두고 사용되었다.

52행 그를 모친도 돕지 못하니 : 『일리아스』 제5권 311행 이하에서 어머니 베누스 여신은 아이네아스를 보호하였고, 344행 이하에서는 아폴로가 아이네아스를 검은 구름 속에 숨겼다(Williams).

54행 전쟁의 낯선 격변 : 투르누스와 아이네아스의 맞대결로 전쟁의 승패를 결정하게 된 상황을 가리킨다(Conington).

55행 죽을 결심의 눈물로 : 투르누스가 죽는다면 자신도 자결하겠다는 뜻인바, 600행 이하에서 실제로 아마타는 자살한다.

투르눗, 나의 재앙이니 그땐 이 세상이 역겨워
버릴 게고, 억지 사위 에네앗은 아니 볼 테다.」
모친의 말을 눈물 흘려 듣고 있던 라비냐의
65 간절한 볼은 상기되고, 더 할 수 없는 홍조가
볼을 불태우고 뜨거워진 얼굴 전체에 번졌다.
붉은 핏빛으로 붉게 색을 입혀 버린 인도의
상아처럼, 수많은 장미들 가운데 섞여 붉게
붉힌 하얀 백합처럼 처녀의 낯빛은 그러했다.
70 청년은 사랑에 흔들렸다. 처녀를 보는 얼굴,
전의에 불타오른다. 아마타에게 짧게 말한다.
「부디, 절 위해 눈물을, 절 위해 불길한 징조를
멈추세요. 가혹한 승부를 위해 떠나는 절 위해.
어머니, 투르눗도 한 번은 죽게 될 운명입니다.
75 전령 이드몬아, 프뤼갸 왕에게 내 말을 전하라.
달가울 게 하나 없는 이 말을. 내일의 하늘을
새벽이 붉은 마차를 타고 붉게 물들일 때에
루툴리에 테우켈을 맞세우지 말라! 테우켈과

---

64행 라비냐 : 라비니아의 생각은 무엇일지 우리는 라비니아로부터 직접 들을 수 없다. 라비니아는 계속 침묵한다. 65행 이하의 붉은색이 칠해진 상아 비유는 『일리아스』 제4권 141행 이하에 메넬라오스가 부상을 입어 피 흘리는 장면에 등장한다.

74행 투르눗도 한 번은 죽게 될 운명입니다 : 라티움의 최고 전사로서 그의 의무를 강조하는 발언이다. 맞대결의 결과가 죽음이라 할지라도 최고 전사는 이를 피해서는 안 된다(Williams).

75행 프뤼갸 왕 : 99행과 마찬가지로 조롱의 의미로 사용되었다. 〈프뤼기아〉는 흔히 겁쟁이를 뜻한다(Conington).

루툴리는 쉬고, 우리의 피로 전쟁을 끝내자!
그 들판에서 라비냐의 남편을 정하도록 하자!」 80
　투르눗은 이리 말하고 서둘러 집에 돌아왔다.
말들을 불러내 눈앞에 우는 말들에 기뻐한다.
올튀야가 직접 필룸눗에게 준 자랑거리로
눈보다 희기도 희고, 빠르기도 바람을 앞섰다.
재빠른 마부들이 둘러서 오목한 손바닥으로 85
가슴을 두드려 주고 갈기 달린 목을 빗겨 준다.
투르눗은 창백한 황금색 황동의 비늘이 달린
흉갑을 어깨에 걸치고 또 입기 좋게 맞춘다.
칼, 방패, 그리고 붉은 깃털이 달린 뿔 투구를.
칼은 부친 다우눗에게 불의 신이 직접 만들어 90
준 선물로 스튁스 강물에 달구어 담구었다.
이어 창이 집 안의 커단 기둥에 기대 있었는데
그 창을 힘 있게 움켜잡는다. 굳고 야무진 창,
오룽키의 악토르에게 얻은 전리품이 떨린다.
말한다. 「이제 내 부름에 실망을 안긴 적 없는 95
창아, 이제 때가 왔다. 위대한 악토르가 썼고
지금은 투르눗이 쥔 창아, 쓰러뜨려 누이자!
뚫린 흉갑을 강력한 손으로 찢어발겨 놓자!

　83행 올튀야가 직접 필룸눗에게 : 오리튀이아는 북풍의 신 보레아스의 부인이다. 필룸누스는 제10권 76행에 따르면 조상, 619행에 따르면 고조부다.
　94행 오룽키의 악토르 : 아우룽키 부족은 제7권 206행에 따르면 캄파니아에서 온 사람들이다. 악토르는 달리 알려진 바가 없다(Williams).

구실 못 하는 프뤼갸의 머리에 흙을 뿌리자!
100 달군 쇠로 말아 올려 몰약에 젖던 그 머리에.」
이리 분노를 토하니 불타오른 얼굴 전체에
불꽃이 일었고 독해진 눈에선 불이 튀었다.
마치 황소가 전투 시작에 공포를 불러오는
괴성을 높이거나 뿔로 분노를 드러내면서
105 나무 밑동을 들이받고 뿔을 휘저어 바람을
찢거나 모래를 뿌려 전투를 열 때와 같았다.
　그새 모친의 무기를 걸치고 이에 못지않게
맹렬한 에네앗도 전의를 다져 적의를 키웠다.
그런 맹약으로 전쟁을 마칠 수 있어 기뻤다.
110 전우들과 율루스의 상심과 걱정을 위로한다.
운명을 이야기한다. 라티눗 왕에게 답변을
확실히 전하여 화친의 조건을 알리라 명한다.
　이후 세상에 빛을 뿌리려는 아침이 산 정상에
솟아오른다. 깊은 심연에서 높이 날아오르는
115 태양의 말들, 치켜든 코에서 빛을 품어 낸다.
커단 도시 성벽 아래 결투의 마당을 마련하는

99행 구실 못 하는 프뤼갸 : 75행과 마찬가지로 프뤼기아를 조롱하고 있다. 제4권 215행과 마찬가지로 아이네아스를 비난하고 있다.
100행 달군 쇠로 말아 올려 몰약에 젖던 그 머리에 : 머리카락을 곱슬거리도록 달군 쇠로 지지는 일을 여성적이라고 조롱하고 있다.
107행 모친의 무기 : 제8권 370행 이하에 베누스 여신이 불카누스에게 부탁하여 마련한 아이네아스의 무장을 의미한다.
109행 그런 맹약으로 : 75행 이하에 전령 이드몬을 통해 아이네아스에게 전달된 맞대결을 가리킨다.

루툴리와 테우켈 사람들은 구획을 나누어
중앙에 불 피울 자리와 모든 신을 위한 들풀
제단을 쌓는다. 일부는 샘물과 불씨를 옮긴다.
앞치마를 입고 나뭇가지로 머리를 묶었다. 120
오소냐 군단이 다가온다. 장창으로 무장한
군대가 성문 가득 몰려나온다. 또 트로야와
튀레눔 전군이 온갖 무기를 지니고 달려온다.
칼로 무장한 모습은 마치 마르스가 사나운
전투를 소집할 때 같았다. 수천 명의 한가운데 125
황색과 적색의 당당한 지휘관들이 오간다.
앗살쿳 종족의 므네텟과 용감한 아실랏과
그리고 말을 길들이는 메사풋, 넵툰의 후손이.
신호가 떨어지자, 각자는 제자리로 돌아가
대지에 창을 꽂고 방패를 거기 기대어 놓았다. 130
그때 애써 달려 나온 모친들과 비무장 대중,
기력 없는 노인들이 각 가정의 탑과 지붕을
차지한다. 일부는 높은 성문 옆에 자리 잡는다.
　그때 유노는 높은 산에서 (지금은 알바이나,
당시엔 이름도, 명예나 영광도 없던 산이었다) 135

127행 용감한 아실랏 : 제10권 175행의 예언자, 제11권 620행의 기병 대장 등으로 등장했던 에트루리아 사람이다.
128행 그리고 말을 길들이는 메사풋, 넵툰의 후손이 : 제7권 691행과 제9권 523행과 같다.
134행 알바 : 나중에 알바 롱가가 세워지는 장소다. 로마의 남동쪽에 위치한 곳으로 나중에 유피테르 신전이 세워지고 라티움 축제가 열리는 장소가 된다.

들판을 내려다보며 양쪽 모두를 지켜보았다.
로렌툼을, 트로야 전선을, 라티늣의 도시를.
곧이어 여신은 투르눗의 누이에게 말을 건다.
늪지대와 시끄럽게 외쳐 대는 강물을 다스리는
140 여신에게. (이 명예를 그에게 높은 하늘의 왕
유피테르가 순결을 빼앗고 대신 주었던 것)
「요정아, 강물의 자랑, 내게 가장 달가운 여인아!
모든 여인 중 너만을 — 라티움의 많은 여인이
긍지 높은 유피테르의 불쾌한 침상에 올랐다 —
145 아끼노니, 기꺼이 하늘에 너를 받아 주었다.
네 고통을 들어라, 유투나! 날 원망하지 말라!
행운이 허락하고 운명이 라티움의 성공을
용인하는 동안 난 투르눗과 네 도시를 감쌌다.
내 보노니, 지금 청년이 운명에 맞서려 한다.

137행 로렌툼을, 트로야 전선을, 라티움의 도시를 : 라우렌툼은 전투가 벌어지는 현장이며, 라우렌툼 들판에 트로이아 부대와 라티움 부대가 둘로 갈라져 맞대결을 지켜본다.

139행 늪지대와 시끄럽게 외쳐 대는 강물을 다스리는 : 146행에 언급된 유투르나는 라티움 지방의 강 누미쿠스와 연관된 것으로 보인다. 누미쿠스강은 알바 롱가 산지에서 발원한다(Conington).

141행 유피테르가 순결을 빼앗고 대신 주었던 것 : 유투르나 이야기는 오비디우스, 『로마의 축제일』 제2권 583행 이하에 등장한다.

144행 긍지 높은 유피테르의 불쾌한 침상 : 〈긍지 높은〉은 877행에서도 반복되는 어구로 반어적으로 사용된 것으로 보인다(Conington). 〈불쾌한〉은 878행 이하와 관련하여 불행한 결말을 가져다주는 사건임을 드러낸다.

145행 기꺼이 하늘에 너를 받아 주었다 : 유노 여신은 유투르나에게 신적인 불멸성을 제공하는 데 반대하지 않았다(Williams).

제12권 **163**

운명의 날과 불길한 기운이 가까이 다가온다. 150
이 전투와 맹약을 내 눈으로 난 차마 못 보겠다.
네가 형제를 위해 적절한 뭘 감행하려기든
가라. 그래도 좋다. 불행 중 행운이 따르리라.」
유투나는 눈에서 눈물을 한없이 떨구면서
손을 들어 세 번 네 번 아름다운 가슴을 친다. 155
사툰의 따님 유노가 「눈물을 흘릴 때가 아니다.
서둘러라. 방법을 찾아내 죽음에서 구하라!
굳은 맹약을 깨뜨리고 전쟁을 일으켜서라도.
나는 너의 감행을 돕겠다.」 이렇게 격려하고
마음의 우울한 상처에 흔들리는 그를 떠났다. 160

 그새 왕들이 온다. 라티눗은 커다란 덩치의
사두마차를 타고 온다. 그는 빛나는 머리에
이륙 십이 열두 개의 황금 햇살을 단 관을 썼다.
태양 가문의 표식이라. 투르눗은 쌍두마차로.
넓은 창날을 붙인 창대 둘이 손에서 떨었다. 165
이쪽에 로마 민족의 뿌리, 아버지 에네앗은

---

151행 내 눈으로 난 차마 못 보겠다 : 『일리아스』 제22권 213행 이하에서 아폴로는 죽음을 당할 헥토르의 곁을 떠난다.

155행 손을 들어 세 번 네 번 아름다운 가슴을 친다 : 제4권 589행과 같다. 다만 시행 말미의 ⟨*decorum*⟩이 여기서는 ⟨*honestum*⟩으로 바뀌었다.

164행 태양 가문의 표식 : 제7권 47행에 따르면 라티누스의 아버지는 파우누스이고, 할아버지는 피쿠스이며, 증조할아버지는 사투르누스 신이다. 그런데 헤시오도스, 『신들의 계보』 1011행 이하에 따르면 라티누스는 키르케와 오뒷세우스의 아들이고, 키르케는 태양신 헬리오스의 딸이다.

165행 넓은 창날을 붙인 창대 둘이 손에서 떨었다 : 제1권 313행과 같다.

천상의 방패와 하늘의 무기로 빛을 뿜어 대며
커단 로마를 세울 제2의 희망 아스칸과 함께
군영을 나온다. 순백의 제복을 입은 사제가
170 억센 털의 돼지 새끼와 털 깎지 않은 두 살 양을
끌어내 불타는 제단으로 가축을 데려간다.
이들은 떠오르는 태양을 향해 눈을 들었고
소금 뿌린 곡식을 뿌리며 칼로써 제물의 머리
정수리에 표식을 한다. 잔을 들어 헌주한다.
175  이때 충직한 에네앗은 칼을 뽑아 기원한다.
「태양과 대지여, 외치는 저의 증인이 되소서!
수많은 노고를 견딜 수 있던 보람된 대지여,
전능하신 아버지, 아내 되는 사툰의 따님이여,
(제게 자비로운 여신이길) 또 이름 높은 마르스,
180 모든 전쟁을 뜻대로 좌지우지하는 분이여.
샘물과 강물을 부릅니다. 또한 높은 창공의
모든 신성, 검은 바다의 모든 신령을 부릅니다.

170행 억센 털의 돼지 새끼와 털 깎지 않은 두 살 양을 : 돼지를 제물로 쓰는 것은 로마의 풍습이고, 양을 제물로 바치는 것은 희랍에서 들어온 풍습이다(Williams).

174행 표식을 한다 : 희생 제물의 머리에 있는 털을 한 움큼 잘라 낸다(Williams).

179행 제게 자비로운 여신이길 : 유노 여신은 계속해서 아이네아스를 싫어했다. 818행 이하에서 유노 여신은 아이네아스에게 적대적이던 태도를 버린다.

181행 샘물과 강물 : 아이네아스는 현재 도착한 땅에 흐르는 강물과 샘물의 신들에게도 기원을 올린다(Williams).

만일 오소냐의 투르눗에게 승리가 돌아가면
패자는 에반더의 도시로 떠나길 합의합니다.
율루스도 이 땅을 떠나니, 후에라도 반역하여       185
에네앗 후손은 이 왕국을 침공하지 않으리라.
하나 만일 승리가 우리 전쟁을 편들어 준다면
(그리되리라, 그게 신의 뜻이리라 믿거니와)
저는 이탈랴에게 테우켈에게 굴종하라거나
제 왕국을 강요치 않으니, 양쪽은 같은 법 아래     190
영원한 동맹을 맺은 불패의 민족이 될 겁니다.
제례를 제정할 것이며 장인 라티눗은 무기를,
경건한 권력을 유지할 겁니다. 저의 테우켈은
성벽을 쌓고 그 도시는 라비냐라 불릴 겁니다.」
　에네앗이 먼저 이리 말하자, 라티눗은 이어       195
하늘을 올려다보며 별을 향해 손을 뻗었다.
「에네앗이여, 나도 똑같이 땅과 바다와 별들에,
라토나의 쌍둥이 남매와 두 얼굴의 야누스와
저승 신령들, 잔인한 명왕의 성소에 맹세한다.
맹약을 번개로 인준하시는 아버지, 들으소서!      200
제단에 손을 얹고 성화와 신들을 증인 삼아,
이 평화 맹약을 깨는 날은 이탈랴에 없으리라.

184행 에반더의 도시 : 팔란테움을 가리키는데, 제8권 154행 이하에서 에우안데르는 아이네아스를 환대하였다(Williams).
198행 라토나의 쌍둥이 남매 : 아폴로와 디아나를 가리킨다.
200행 맹약을 번개로 인준하는 아버지여 : 유피테르는 약속을 어기는 자를 번개로 벌한다(Williams).

어떤 일이 있더라도. 어떤 힘도 내 의지를 결코
꺾지 못하리다. 대지를 바다로 바꾸어 버리는
205 홍수가 오고 하늘이 저승이 되어도 못하리다.」
마침 손에 왕홀을 쥐고 있었다. 「여기 이 홀이
208 숲속 나무의 맨 아래 가지에서 일단 잘려 나와
209 어미를 잃고 칼에 잔가지와 잎사귀가 잘린 후,
210 한때의 나무, 이제는 장인의 손에 청동 장식을
211 입고 라티움 원로들이 잡는 홀이 된 이상 결코
207 여린 잎 가지의 그늘을 펼치지 못하는 것처럼.」
그들은 이런 말로 맹약을 서로 확인하였다.
지도자들이 지켜보는 가운데. 옳게 축성한
가축을 제물로 불 위에 올리고 산 채로 내장을
215 꺼내어 접시에 넘치도록 담아 제단에 올렸다.
한데 실로 루툴리는 이 맞대결이 불리하다
생각하였다. 복잡한 걱정이 가슴에 일었다.
가까이 맞붙으니 더욱 그러했다.
말없이 걸어 제단으로 나아가는 모습에 더욱.
220 탄원의 모습으로 고개 숙여 기도하는 투르누스,

206행 여기 이 홀이 : 왕홀의 비유는 아킬레우스가 『일리아스』 제1권 234행 이하에서 맹세하는 장면에도 등장한다.

209행 어미를 잃고 : 여기서 〈어미〉는 가지가 원래 달려 있던 나무를 가리킬 수도 있고, 만물의 어머니인 대지를 가리킬 수도 있다(Conington).

218행 가까이 맞붙으니 더욱 그러했다 : 이 시행의 후반부에 때로 〈틀린 힘으로 non viribus aequis〉를 넣어 읽기도 하는데 이는 후대 삽입으로 보인다. 원문 〈cernunt〉는 〈맞붙다〉 내지 〈싸우다〉의 뜻으로 읽힌다. 하지만 아직 싸움이 시작되지는 않았다. 만약 후대 삽입을 지운다면 이 시행은 미완성의 시행이다.

앳된 청춘의 볼과 청년 몸의 창백함에 더욱.
누이 유투나는 이런 대화가 더욱 커지는 걸,
군중의 변덕과 마음이 흔들리는 걸 보았을 때
전열의 한가운데로 카멜스의 모습을 하고
(선대부터 큰 가문으로, 부친의 용기는 높은                     225
명성이 자자하며, 그도 전투에 아주 매섭다)
전열의 한가운데로 들어가 능란한 수완으로
이러저러한 소문을 퍼뜨리며 이리 말했다.
「루툴리여, 부끄럽지 않소? 모두 대신 한 명의
목숨을 내걸다니. 수로나 힘으로나 우리가                      230
못하단 말인가? 고작 여기 트로야와 알카다,
숙명의 군대 엣투랴가 투르눗을 치는 전부니.
우리가 나서면 우리 절반은 맞설 적도 없겠소.
그는 그가 제물을 올린 신들의 반열에 이르고
명성을 얻고 널리 회자하며 영원히 살 것이나,                   235
지금 태평하게 들판에 주저앉아 있는 우린                      237

222행 이런 대화가 : 216행에 나타난 사람들의 생각이 점차 확연해지더니 마침내 투르누스에게 불리하고 불공정한 대결이라는 말이 사람들 사이에 오간다(Williams).
224행 카멜스 : 제10권 562행에 언급된 루툴리의 전사다.
227행 전열의 한가운데로 : 224행을 다시 한번 반복한다.
231~232행 트로야와 알카다, 숙명의 군대 엣투랴 : 아르카디아에서 팔라스의 인솔로 전장에 온 부대와 에트루리아에서 타르코의 지휘로 전장에 온 부대는 트로이아 부대의 동맹이다.
232행 숙명의 군대 : 제8권 499행 이하에 언급된 것처럼 운명적으로 이방에서 도래하는 지도자를 기다릴 숙명을 타고난 사람들이다(Conington).

236 　조국을 잃고 오만한 주인의 종복이 될 게다.」
　　　이러한 말로 청년들의 결의에 불을 지르니
　　불길은 점점 커지고 전군에 귀엣말이 퍼진다.
240 　로렌툼의 생각이 바뀌고 라티움이 바뀌었다.
　　전투의 중지를 희망하고 고난 속에 안녕을
　　바라던 이들이 이제 전쟁을 찾고 맹약 파기를
　　빌었다. 투르눗의 불리한 상황을 동정했다.
　　이들에게 유투나가 더 센 걸 덧붙인다. 높은
245 　하늘에 전조를 내보냈다. 이보다 적절하게
　　이탈랴의 마음을 흔들고 속인 전조는 없었다.
　　유피테르의 황금 새가 붉은 하늘을 날다가
　　강변의 새들을 뒤흔든다. 날개 달린 군대의
　　시끄런 비명과 혼돈. 급히 강물로 돌진하여
250 　빼어난 백조를 굽은 발로 잡아가는 불한당.
　　일어선 이탈라이 마음. 백조들이 모두 히니로
　　도주의 몸을 돌려 고함지른다. (보니 놀랍다)
　　날개로 하늘을 덮으며 구름을 만들어 적을
　　하늘로 밀어낸다. 기세와 체중을 이기지 못해

236행 오만한 주인의 종복이 될 게다 : 189행 이하에서 아이네아스가 약속한 것과는 상반되는 주장이다(Williams).
247행 유피테르의 황금 새가 붉은 하늘을 : 독수리와 백조들의 싸움 비유는 『일리아스』 제12권 300행 이하에 등장하는 독수리와 뱀의 싸움과 유사하다. 〈붉은 하늘〉은 엔니우스를 모방한 것으로 〈장밋빛 하늘〉을 뜻한다 (Williams).
250행 빼어난 백조 : 백조 무리들 가운데 돋보이는 백조를 의미하는바, 문맥상 투르누스와 동일시할 수 있다.

물러난다. 독수리는 발톱에 움켜쥔 먹이를　　　　　255
강에 던져 놓고 구름 속으로 멀리 달아난다.
　그때 루툴리는 탄성을 질러 전조를 반긴다.
싸움을 준비한다. 제일 먼저 조점관 톨룸이
말한다.「이것이 내 간절히 기원하던 바이다.
신들의 뜻으로 알고 이를 받드노니 나를 따라　　　260
칼을 잡아라. 불행들아, 흉악한 뜨내기가 너흴
부실한 새인 양 싸움을 벌이고 너희 해안을
힘으로 약탈한다. 그는 곧 도망쳐 멀리 심해로
돛을 올릴 게다. 너흰 한마음으로 단결하여
적에게 잡혀가는 너희 왕을 싸워 지켜 내라.」　　　265
이리 말하고 맞은편 적들에게 창을 내던지고
달려 나갔다. 창은 날카롭게 울면서 대기를
갈라 빗나가지 않았다. 동시에 큰 소음, 모든
관람석의 혼란, 소란 속에 뜨거워지는 심장.
창은 날아간다. 마침 맞은편에 아홉 형제의　　　270
더없이 아름다운 몸. 그만큼을 낳은 건 정숙한
튀레눔 여인, 알카다 귈립풋의 하나뿐인 아내.

258행 조점관 톨룸 : 제11권 429행 이하에서 투르누스를 강력하게 지지한 사람이다(Williams).
262행 부실한 새인 양 : 250행 이하의 백조 비유를 보라.
265행 적에게 잡혀가는 너희 왕 : 실제로는 맞대결로 승패를 가린다는 약속 때문에 전우들은 그저 지켜보고만 있어야 함을 과장한 발언이다. 250행의 〈잡아가는〉과 비교하라.
272행 튀레눔 여인, 알카다 귈립풋의 하나뿐인 아내 : 귈립푸스는 아르카디아에서 에우안데르를 따라 아르카디아에서 팔란테움에 왔고, 거기서 에트

이들 중 한 명에 명중. 거기 잘 기운 혁대가 배를
문대는 곳, 자물쇠가 허리끈을 물고 있는 곳에.
275 빛나는 무기를 들고 외모가 대단한 청년의
갈비뼈를 뚫고 금빛 모래밭에 쓰러뜨린다.
그러자 슬픔에 불타는 맹렬한 형제들 방진이
일부 손에 칼을 뽑아 들고 일부 투창을 잡고
물불 없이 달려간다. 이들에 맞서 로렌툼의
280 군대가 달려가고 다시 밀집하여 쇄도하는
트로야와 아귈라와 채색한 무기의 알카다.
이렇게 온통 칼로 결판을 보겠단 욕망뿐이다.
제단이 부서졌다. 하늘에 가득 어지럽게 나는
창들의 폭풍우. 강철의 비바람이 쏟아진다.
285 혼주기와 화덕을 치운다. 라티눗도 피신한다.
무효된 맹약으로 상처 입은 신들을 모신다.
일부는 전차를 매고 혹은 뜀바질로 몸을 던저
말에 올라타고 칼을 뽑아 들어 전장에 나선다.
메사풋은 왕으로 왕의 휘장을 걸치고 있던
290 튀레눔의 올레텟을, 맹약을 박살 낼 욕심으로
말을 몰아 위협한다. 뒷걸음질로 피하던 그는

루리아 출신 아내를 만나 혼인한 것으로 보인다(Williams).

281행·아귈라: 제7권 652행과 제8권 479행에 따르면 에트루리아의 아귈라는 현재 투르누스를 위해 싸우고 있는 메젠티우스가 다스리던 도시였는데, 메젠티우스는 추방당하여 일부 추종자들을 거느리고 참전하였다. 하지만 아귈라의 사람들도 트로이아의 연합군으로 참전하고 있다.

290행 튀레눔의 올레텟을: 에트루리아에서 온 아울레스테스는 제10권 207행 이하에서 언급되었다.

가련하게도 등 뒤의 제단에 부딪혀 넘어져
머리와 어깨를 처박는다. 창을 들어 흥분한
메사풋이 달려가 탄원자를 굵직한 창으로
말 위에 높이 앉아 세게 내려치며 이리 말한다.  295
「이를 바치니 이는 높은 신들의 나은 제물이라.」
이탈랴가 달려들어 뜨거운 사지를 약탈한다.
막아선 코뤼넷은 불타는 화목을 제단에서
집어 들어, 치려고 다가오는 에뷔슷의 얼굴에
불을 던졌다. 그의 기단 턱수염에 불이 붙었고  300
그을린 냄새를 풍겼다. 이에 또 그는 다가가
정신없는 적의 머리채를 손으로 움켜잡았다.
무릎으로 땅을 짚어 그를 땅바닥에 처박았다.
모진 칼로 그리 옆구리를 쳤다. 포달은 알숫을,
선두 대열에서 창을 뚫고 달려오던 목동을  305
칼을 빼 들어 쫓아가 겨누었다. 그는 도끼로
맞서며 휘둘러 적의 이마 정중앙과 턱살을
부숴 버리니 흩뿌려진 피가 무구를 적셨다.
그의 두 눈을 덮치는 가혹한 휴식과 강철의

296행 나은 제물 : 170행에서 제물로 바쳐진 돼지와 양보다 더 좋은 제물이란 뜻으로 반어적이다(Williams).
298행 막아선 코뤼넷 : 제9권 571행에서 코뤼나이우스라는 이름을 가진 트로이아 사람이 전사하였다(Conington). 코뤼나이우스와 포달릴리우스는 희랍식 이름으로 트로이아 사람이고, 에뷔수스와 알수스는 로마식 이름으로 라티움 사람이다.
304행 그리 : 앞 행의 〈무릎으로 땅을 짚어〉를 가리킨다(Conington).
309~310행 : 제10권 745~746행과 같다.

310 　잠. 영원한 밤을 응시하던 눈빛이 꺼져 간다.
　　그때 충직한 에네앗은 무구 없이 손을 뻗어
　투구도 벗어 놓고 큰 소리로 전우들을 불렀다.
　「어디로 달려가는가? 갑작스런 소란은 무언가?
　분노를 다스려라! 맹약은 이미 맺어졌고 모든
315 법이 공포되었다. 싸울 권리는 오직 나뿐이라.
　내게 맡기고 너흰 두려움을 거두라! 맹약을 내
　이 손은 확약할 터. 투르눗은 내 경건한 책무라.」
　이리 말하는 중에, 이런 말들을 하는 도중에
　보라, 깃으로 우는 화살이 사내에게 날아왔다.
320 누구의 손이 쏜 건지, 누가 당황하여 당긴 건지,
　신인지 우연인지, 누가 루툴리를 위해 위업을
　세운 건지, 돋보인 행동의 과시는 감추어졌다.
　누구도 에네앗을 부상 입혔다 아니 떠벌렸다.
　투르눗은 진열에서 빠지는 에네앗을, 혼란 속
325 지도자들을 보자, 갑작스런 희망에 타올랐다.
　말과 무기를 찾았다. 동시에 뛰어 오만하게
　전차에 올랐고 손으로 고삐를 바쁘게 저었다.
　날아가 사내들의 강한 육신을 수없이 죽였다.

　317행 내 경건한 책무라 : 앞서 제사를 통해 맞대결로 승부를 가릴 것을 맹약하였으므로 투르누스와 싸울 권리는 오직 아이네아스에게만 있다.
　319행 깃으로 우는 화살이 사내에게 날아왔다 : 『일리아스』 제4권 104행 이하에서 판다로스는 메넬라오스에게 활을 쏘았고, 그리하여 메넬라오스와 파리스의 맞대결로 승부를 가르자던 맹약이 파기되었다.
　325행 갑작스런 희망에 타올랐다 : 투르누스는 아이네아스가 현장에서 물러나자 다시 싸울 용기를 되찾았다.

죽어 가는 다수를 짓밟았다. 전열을 전차로
박살 내고 도망자를 노획한 창으로 때렸다.  330
그건 마치 차가운 헤브룻강에서 미쳐 널뛰는
피투성이 마르스가 방패를 두드리며 흥분한
말들을 몰아 전쟁을 도발할 때 같았다. 광야에
남풍 서풍을 앞서는 말들. 말발굽에 신음하는
트라캬 변방. 그 주변에 검은 얼굴의 공포와  335
분노와 매복, 전쟁 신의 수행들이 움직인다.
그처럼 투르눗은 전투에 힘을 얻어 말들을
땀을 뿜어내도록 몰았다. 끔찍하게 도륙당한
적들 앞에 기뻐한다. 달리는 말발굽이 흩뿌린
핏방울들. 모래밭에 고였다 짓밟히는 선혈.  340
벌써 스테넬, 타뮈룻, 폴룻을 저승에 보냈다.
앞서 둘은 가까이서 나머진 멀리서. 또 두 명
글로쿳과 라뎃은 멀리서. 임브랏은 이 둘을
백병에 싸우는 데, 바람을 앞질러 말을 타는 데  345
둘 다 능하도록 뤼키아에서 길러 훈육하였다.  344

　한편 유메뎃이 전장의 한복판으로 나온다.
그는 이름난 돌론의 아들로 무공을 이루었다.
이름은 조부를, 용맹과 힘은 부친을 이었다.

331행 차가운 헤브룻강 : 트라키아 땅에 흐르는 강이다.
343행 임브랏 : 임브라수스는 『일리아스』 제4권 520행에 등장하는 인물로 그의 아들은 페이로스다.
346행 유메뎃 : 에우메데스는 『일리아스』 제10권 314행에서 돌론의 아버지로 등장한다. 여기서 에우메데스는 할아버지의 이름을 따랐다.

부친은 지난날 다나웃을 염탐하러 나갈 적에
350 감히 아킬렛의 전차를 포상으로 요구했으나,
튀데웃의 아들이 그 무모함에 다른 포상을
안기니 아킬렛의 말을 갈망치 못하게 되었다.
이 자를 광야에 멀리서 바라보던 투르눗은
먼저 가벼운 창으로 멀리 허공을 갈라 그를
355 맞추고, 말을 멈추어 쌍두마차에서 뛰어내려
쓰러져 죽어 가는 자를 내리 덮쳤다. 발로 목을
짓밟고 손에 쥔 단검을 빼앗아 들고 깊숙이
목에 빛나는 칼을 찔러 넣었다. 이리 보탠다.
「트로야 사람아, 이제 네가 전쟁으로 얻으려던
360 저녁 땅을 누워서 획정하누나. 이게 내게 칼로
도전한 자들의 상이니, 이리 성벽을 쌓으리라.」
그의 길동무로 아뷔텟을 창으로 딸려 보낸다.
클로룻과 쉬비릿과 디렛괴 테실록도 보낸다.
고꾸라진 말의 덜미에서 내던져진 튀모텟도.

351행 튀데웃의 아들 : 『일리아스』 제10권 350행 이하에 따르면 돌론은 아킬레우스의 전차와 말을 약속받고 적진을 염탐하러 나왔다가 오뒷세우스와 디오메데스에게 붙잡혀 살해되었다. 디오메데스는 튀데우스의 아들이다.

360행 누워서 획정하누나 : 땅을 측정하여 나누는 일을 못 하고 죽어 누웠음을 조롱하는 발언이다.

361행 이리 : 앞 행의 〈누워서〉를 받는 말이다.

363행 클로룻, 다렛, 테실록 : 클로레우스는 제11권 768행에, 다레스는 제5권 369행에 등장하였고 나머지는 언급된 바가 없다. 다만 테르실로쿠스는 『일리아스』 제17권 216행에 등장한다.

364행 튀모텟 : 튀모이테스는 제10권 123행 이하에 등장한다.

하여 마치 에돈 북풍의 입김이 깊은 에게해에  365
불어와 파도가 해안에 밀려들 때면 바람이
닥친 곳에 구름이 하늘에서 달아나는 것처럼
그처럼 투르눗이 가는 곳에 군대가 물러나고
전열이 뒤돌아선다. 그를 태운 전차의 돌진.
전차를 치는 맞바람이 투구 깃털을 흔든다.  370
페게웃의 용맹은 그의 난입을 용인 않는다.
전차 앞에 몸 던져 거품 문 입에 물린 고삐를,
돌진하는 말들의 고삐를 손으로 낚아챈다.
멍에에 매달려 끌려가는 무방비의 그를 넓은
창이 공격한다. 내리꽂힌 창은 이중의 흉갑을  375
뚫어 낸다. 몸 거죽을 가벼운 상처로 스친다.
이에 그가 적을 향하여 방패를 던져 대응하려
하였고 칼을 뽑아 들어 방어하려 하던 차에
격하게 달리는 전차 바퀴와 차축이 그를 채어
흙바닥에 내동댕이친다. 투르눗은 쫓아와  380
투구 맨 아래쪽과 흉갑 맨 위쪽 사이 경계를
칼로 쳐 머리를 떨구고 몸통을 흙에 남겼다.
　승자 투르눗이 이런 죽음을 들판에 뿌릴 때

365행 에돈 북풍 : 에돈은 트리키아 지방에 있는 산이다(Williams).
367행 구름이 하늘에서 달아나는 것처럼 : 『일리아스』 제5권 523행에서 북풍을 묘사한 장면에 등장한다.
371행 페게웃의 용맹 : 같은 이름의 또 다른 페게우스는 앞서 제9권 765행에서 투르누스에게 살해되었다(Williams).
374행 무방비의 그를 : 페게우스는 양손으로 말고삐를 잡고 있었기 때문에 공격당하는 순간에 방패를 사용할 수 없었다(Williams).

그새 므네텟과 충실한 아카텟은 피 흘리는
에네앗을 군영에 누인다. 아스칸도 함께였다.
긴 창에 기대어 깨금발로 걸어가는 에네앗의
사나운 격분. 부러진 화살의 촉을 뽑아내려
씨름하며 할 수 있는 신속한 도움을 청한다.
넓은 칼로 상처를 가르라, 화살촉이 박힌 곳을
깊숙이 절개하라, 전장으로 돌아가게 해달라!
거기에 포이붓이 누구보다 아끼는 야픡스,
야시웃의 아들이 있었다. 그를 크게 사랑하여
아폴로는 기꺼이 그의 기술을, 그의 선물을,
예언술, 칠현금과 빠른 화살을 주려 하였다.
야픡스는 고비에 처한 부친의 수명을 늘리려
약초의 효능과 처방법과 치료술을 배우길,
영광을 멀리하고 무언의 기술을 선택하였다.
커단 창에 기대어 쓰린 고통을 토하며 서 있는
에네앗, 가슴 졸이는 율루스와 청년들의 커단

385행 아스칸도 함께였다 : 168행에 아스카니우스는 아이네아스와 함께 제단 옆에 있었다.

391행 야픡스 : 『일리아스』 제4권 210행 이하에서 파리스와의 맞대결에서 승리한 메넬라오스는 마카온의 치료를 받는다.

394행 예언술, 칠현금과 빠른 화살을 주려 하였다 : 397행에 언급된 〈무언의 기술〉을 선택하고 나머지 기술들은 받지 않았지만, 아폴로는 이아픡스가 원하다면 이런 기술들을 주려고 하였다.

395행 고비에 처한 부친 : 원문 〈*depositi*〉는 고대 주석에 따르면 절망적인 환자를 문밖에 내놓는 풍습에서 유래한 단어다. 환자의 마지막 숨을 대지의 여신이 받아 줄 수 있도록 한 것이거나, 지나가던 행인이 환자의 질병을 치료할 처방을 알고 있을지도 모른다는 희망 때문이었다고 한다(Williams).

운집과 눈물 속에 의연하다. 노인은 뒤로 여민　　　　　400
외투를 파이온 방식으로 허리에 묶은 다음
손으로 수차 포이봇의 강력한 약초외 약을
바르나 허사였다. 화살촉을 손으로 뽑으려
힘쓰고, 완강한 집게로도 집었으나 허사였다.
길을 내지 못하는 행운. 의신 아폴로도 좀처럼　　　　　405
돕지 못한다. 광야에 차츰차츰 사나운 진동이
퍼진다. 불행이 다가온다. 흙먼지가 하늘에
우뚝 선 게 보인다. 기병대의 진격. 창을 잔뜩
군영에 퍼붓는다. 쓰린 함성이 하늘에 닿았다.
가혹한 전쟁 속에 청년들이 싸우다 쓰러진다.　　　　　410
　이때 아들의 억울한 고통에 흔들린 어머니
베누스는 크레타 이다산에서 백선(白鮮)을 캐 왔다.
솜털 같은 이파리가 달린 줄기, 붉은 꽃잎의
봉오리. 이는 야생 염소들도 잘 알고 있는 풀로
날개 달린 화살을 맞았을 때 약초가 되었다.　　　　　415
이걸 베누스는 어둔 구름으로 얼굴을 가리고
가져와 빛나는 대야에 받아 놓은 물에다가
담가 은밀히 약을 처방한다. 목숨을 살리는
향유를 뿌린다. 향기로운 만병통치의 처방을.
이 물로 상처를 씻어 내는 고령의 야픠스는　　　　　420

　401행 파이온 방식으로 : 파이온 혹은 파이안은 아폴로의 별칭이다.
　412행 크레타 이다산에서 백선(白鮮)을 캐 왔다 : 백선은 상처를 치료하는 데 효험이 있는 약초로 크레타섬에서 많이 나는 풀이다(Williams).

영문을 몰랐으나, 갑자기 몸에서 모든 고통이
실로 사라지고 깊은 상처의 출혈이 멈추었다.
아무 힘도 쓰지 않았는데 화살이 손을 따라
나왔다. 그리 새로운 힘이 예전처럼 돌아왔다.
425 「사내의 무기를 어서 대령하라. 왜 서만 있는가?」
야픽스는 외치며 앞장서서 투지를 불붙였다.
「이는 인간 능력으로, 의술의 인도로 성취한 게
아니니, 에네앗, 그댈 살린 건 내 손이 아니오.
더 높은 신께서 더 큰 위업을 위해 하신 것이오.」
430 그는 전투의 열망으로 정강이를 황금으로
동여매고는 지체 없이 창을 휘둘러 보았다.
옆구리와 등에 방패와 흉갑을 걸치고 나서
무장한 팔을 벌려 아스칸을 감싸안아 주고
투구를 쓴 채로 가볍게 입을 맞추곤 말했다.
435 「아들아, 내게서 용기와 진정한 노고를 배워라.
요행은 다른 이에게서. 내 손은 너를 전쟁에서
지켜 줄 게고 커단 전리품 사이로 이끌 게다.
너도 성년에 이를 것인즉 이처럼 행하여라.
이를 명심하여 조상의 모범을 네가 찾으매

423~424행 화살이 손을 따라 나왔다 : 키케로, 『신들의 본성에 관하여』 제2권 126행 이하에 염소들이 이 풀을 먹으면 몸에 박힌 화살이 저절로 빠진다고 한다.

429행 더 높은 신께서 : 의사 자신보다 높은 의술의 신 아폴로나, 아폴로보다 더 높은 신을 의미할 것이다(Conington).

440행 아비 에네앗과 외숙 헥토르 : 아이네아스의 아내 크레우사는 여기서 프리아모스의 딸(제2권 760행 이하)로 그려지기 때문에 헥토르는 아스카

아비 에네앗과 외숙 헥토르를 기억하여라!」 440
　이리 말하고 문으로 걸어가는 커단 에네앗,
손에 커단 창을 휘두른다. 밀집 대형과 함께
안테웃과 므네텟이 뛰어간다. 모든 사람이
군영에서 흘러나온다. 광야가 어둔 흙먼지를
뒤집어쓰고 발걸음에 놀란 대지가 흔들린다. 445
투르눗은 맞은편 언덕에서 다가오는 걸 본다.
오소냐도 보았다. 뼛속 깊숙이 서늘한 전율이
흘러갔다. 라티움의 누구보다 먼저 유투나가
소리를 듣고 알았고 두려워 떨며 도망쳤다.
광야에 흑암의 군대를 이끌고 달려오는 사람, 450
마치 하늘을 가리며 먹구름이 육지를 향해
바다를 지나올 때 같았다. 가련한 농부들의
심장은 멀리서 보고 떨린다. 먹구름은 폐허와
파멸로 과수와 작물, 모든 걸 무너뜨릴 게다.
먼저 바람이 굉음을 이끌고 해안에 상륙한다. 455
꼭 그처럼 로이툼의 장수는 맞은편 적들에게
군대를 이끈다. 밀집한 군대가 쐐기 대형으로

니우스의 외숙부다. 제3권 343행에서 헥토르의 부인 안드로마케도 아스카니우스에 대해 이런 말로 그의 안부를 묻는다.
　450행 흑암의 군대 : 이하 비유에서처럼 멀리서 볼 때 뚜렷하지 않고 그저 검게 보이는 것을 표현한 말이다(Conington). 제4권 404행과 비교하라.
　451행 마치 하늘을 가리며 먹구름이 : 『일리아스』 제4권 275행 이하에 등장하는 먹구름 비유를 보라. 원문 〈sidus〉는 〈태양〉을 가리키는 말로 해석되며, 태양이 하늘에서 사라진 상황을 가리킨다(Williams).
　456행 로이툼 : 트로이아 해안의 곶이다. 제3권 108행을 보라.

뭉친다. 튐브라는 육중한 오시릿을 칼로 친다.
므네텟은 알케툿을, 아카텟은 에풀로를 친다.
460 귀앗은 우펜스를. 조점관 톨룸이 쓰러진다.
그는 적을 향해 맨 먼저 창을 던진 인물이었다.
함성이 하늘을 찌른다. 이젠 거꾸로 뒤돌아선
루툴리가 먼지 나는 등을 보이며 도망친다.
그는 등을 보인 자들을 쓰러뜨릴 생각도 없고
465 보병으로 맞선 자도 창을 던지는 자도 뒤쫓지
않았다. 자욱한 흙먼지 속에 오직 투르눗을,
여기저기 찾았고 오직 그와 싸우길 원했다.
　이때 두려움에 정신이 나간 여전사 유투나는
투르눗의 마부, 고삐를 잡고 있던 메티쿳을
470 밀치니, 전차에서 미끄러져 멀리 나뒹군다.
대신 본인이 물결치는 고삐를 손에 잡았다.
메디쿳의 목소리와 몸을 하고 무기를 들었다.
마치 부유한 주인의 커다란 저택에서 검은
제비가 높다란 안뜰을 오락가락 날아다니며

460행 귀앗 : 제5권 118행 이하의 전함 경주 장면에서 등장한 인물이다.
461행 그는 적을 향해 맨 먼저 창을 던진 인물이었다 : 266행을 보라.
464행 그는 : 아이네아스는 오로지 맞대결을 약속한 투르누스만을 찾는다.
468행 여전사 유투나 : 『일리아스』 제5권 835행 이하에서 아테네 여신은 스테넬로스를 전차에서 밀어내고 전차를 직접 몬다(Williams).
472행 메티쿳의 목소리와 몸을 하고 무기를 들었다 : 여신 유투나는 메티스쿠스를 밀어내고 직접 전차를 몰고 있지만, 모습은 메티스쿠스의 외형을 그대로 가지고 있다.
474행 오락가락 날아다니며 : 제비 비유의 핵심은 제비가 계속 여기저기

재잘거리는 새끼들에게 줄 작은 먹이를 물고   475
활짝 열린 회랑 주변에서, 때로 습한 수조
주변에서 울 때처럼, 유투나는 적들 사이로
말을 몰아 빠른 전차로 날며 사방을 달렸다.
환호하는 동생을 이곳저곳에 끌고 다니되
대적은 허용하지 않았다. 멀리 피해 달렸다.   480
에네앗도 그와 싸우려 못잖게 이리저리 달려
그를 뒤쫓았고 흩어지는 군대를 누비며 큰
소리로 그를 불렀다. 적을 눈앞에 포착하여
발 빠른 말들의 도주를 달려가 따라잡을 때면
유투나는 그때마다 전차를 돌려 피하였다.   485
어찌해야 할까? 오락가락 출렁이며 헛되이
마음은 생각들로 갈라져 서로 상충하였다.
이때 메사풋이 들고 있던 두 개의 창 가운데,
가볍게 달려와, 무쇠 달린 유연한 창 가운데
하나를 정확히 가늠해 그에게 겨누고 던졌다.   490
에네앗은 몸을 낮춰 방패 뒤에 몸을 웅크리고
무릎을 꿇었다. 하지만 날아온 창은 투구의
끝을 때렸고 정수리 깃털을 맞혀 잘라 버렸다.

로 오락가락 날아다닌다는 것인데, 유투르나도 꼭 이처럼 마차를 몰며 아이네아스를 피해 다니고 있다(Williams).

482행 흩어지는 군대 : 아이네아스가 접근할 때마다 트로이아 병사들이 두려워 사방으로 흩어진다(Williams).

484행 발 빠른 말들의 도주를 달려가 따라잡을 때면 : 아이네아스는 보병으로 싸우고 있다. 전차를 타고 피해 다니는 투르누스를 계속 뛰어다니며 뒤쫓고 있다.

분노가 치밀었다. 적의 기습에 공격당한 그는
이리저리 피해 다니는 말과 전차를 보다가,
파기된 맹약의 제단과 유피테르를 거듭 불러
마침내 적진을 공격하여 마르스의 도움으로
무섭도록 잔인한 살육을 구분하지 않고서
행하며 고삐 풀린 분노를 있는 대로 쏟아 낸다.
  어느 신이 노래로 내게 그 처참함을, 수많은
죽음을, 수장들의 살육을, 드넓은 광야에서
투르눗과 트로야 영웅이 서로 저지른 살육을
들려줄까? 그리 커단 격돌을 만드시렵니까?
유피테르여! 장차 늘 화합할 이들 아닙니까?
에네앗은 루툴리의 수크로를 (그가 진군하는
테우켈을 멈춰 세운 첫 전사였다) 지체 없이
잡아 옆구리에, 가장 빠른 사망의 길로 사나운
칼을 갈비뼈의 기슭의 울타리에 밀어 넣있다.
투르눗은 낙마한 아뮈콧과 동생 디오렛을,
발을 땅에 딛고 싸워 맞서는 하나는 장창으로
하나는 단검으로 내리쳤다. 둘의 머리를 잘라
피가 떨어지는 머리를 전차에 매달고 달렸다.

497행 마침내 : 464행 이하부터 아이네아스는 전투에 참여하지 않고 투르누스를 찾아다녔다. 이 순간 아이네아스는 투르누스를 포기하고 적을 공격하기 시작한다.

504행 화합할 이들 아닙니까 : 821행 이하에서 트로이아와 이탈리아가 단합하는 것을 유노 여신이 허락한다(Williams).

506행 테우켈을 멈춰 세운 첫 전사였다 : 458행 이하에 트로이아는 적을 밀어붙이고 있었다. 그러다가 처음으로 수크로는 트로이아의 진군을 저지했다.

저쪽은 탈롯, 타나잇, 용감한 케테굿을 죽이되,
셋을 한꺼번에 죽였다. 울며 애원한 오니텟을,
에키온 가문, 모친 페리나가 낳은 그를 보냈다.                    515
이쪽은 아폴로의 땅 뤼키아에서 온 형제와
싫어하던 전쟁에 끌려온 메노텟을 보냈다.
알카다 출신의 그는 고기 많은 레르나 물가의
어부였고 집은 빈한했으되, 권문의 호의를
바라지 않았으며 부친은 땅을 얻어 부쳤다.                        520
그건 마치 불길이 산지사방에서 들이닥쳐
한발로 타던 숲과 타닥대는 월계수 덤불을,
혹은 높은 산에서 줄달음치는 급류를 타고
요란하게 거품 이는 강물이 들판을 덮칠 때
덮친 곳마다 폐허이듯, 전혀 지치지도 않고                        525
에네앗과 투르눗은 전장을 누볐다. 이젠, 이젠
속으로 분노가 굽이쳐 굴복을 모르던 가슴을
무너뜨리니 힘을 쏟는 건 이젠 온통 살육뿐.

513행 저쪽: 아이네아스를 가리킨다.
515행 에키온: 테바이를 건설한 신화적 인물이다.
516행 이쪽은 아폴로의 땅 뤼키아에서 온 형제: 〈이쪽〉은 투르누스를 가리킨다. 〈아폴로의 땅 뤼키아에서 온 형제〉는 앞서 제10권 126행에 언급된 형제를 가리킬 수도 있다(Conington).
518행 레르나 물가: 펠로폰네소스반도의 아르고스 지방에 있는 늪을 가리킨다.
522행 타닥대는 월계수 덤불: 루크레티우스, 『자연학』 제6권 152행 이하에 불타는 월계수 숲의 묘사가 있다. 월계수는 다른 어떤 나무보다도 큰 소리를 내며 불탄다고 한다. 원문 〈sonantia〉는 루크레티우스의 〈crepitante〉를 모방한 것으로 보인다(Conington).

　　　　이쪽은 무라눗을, 조상과 선조의 옛 이름과
530　라티움 왕들로 이어진 집안 전체를 떠벌리던
　　　그를 바위와 커단 암석을 던져 떨어뜨린다.
　　　땅에 처박혀 멍에와 고삐 아래 떨어진 그를
　　　전차 바퀴가 치고 간다. 수차 덮친 말발굽은
　　　주인도 못 알아보고 그를 짓밟고 지나간다.
535　저쪽은 투지의 사나운 포효로 달려온 휠룻을
　　　맞아 황금 장식의 머리를 향해 창을 던진다.
　　　그의 투구를 뚫고 머리에 박혀 창이 멈추었다.
　　　그래웃 중 가장 용맹한 크레툿아, 네 손이 너를
　　　투르눗에게서 못 구했고, 쿠펭쿳을 신들도
540　에네앗에게서 못 구했다. 그의 가슴에 날아든
　　　창. 청동 방패도 그의 불행을 길게 막지 못했다.
　　　로렌툼 들판은 보았으니, 아욜아, 그대마저
　　　죽임을 당하여 대지에 쓰러져 크게 눕는 걸,
　　　그대가 죽는 걸. 아르곳 군대도 프리암 왕국의
545　정복자 아킬렛도 쓰러뜨리지 못한 그대가.
　　　예서 사망의 모퉁이를 돌아, 이다산 아래 큰 집,

529행 이쪽은 : 516행과 달리 여기서는 아이네아스를 가리킨다. 516행의 〈이쪽〉과 비교하라. 무라누스는 639행에 의하면 투르누스의 둘도 없는 친구다.
535행 저쪽 : 513행과 달리 투르누스를 가리킨다.
536행 황금 장식의 머리 : 휠루스는 황금으로 장식된 투구를 쓰고 있다.
538행 희랍에서 가장 용맹한 크레툿 : 같은 이름의 크레테우스는 제9권 774행에 등장하는데 투르누스에게 살해되었다(Conington). 여기서 언급된 크레테우스는 아마도 에우안데르가 보낸 병사들 가운데 한 명일 것이다(Williams).

뤼네숫에 큰 집을 두고 로렌툼 들판에 묻혔다.
전열의 전면전이었다. 맞선 라티움 전부가
달다늣 전부와 맞선다. 므네텟과 독한 세레툿,
말을 길들이는 메사풋과 용감한 아실랏과  550
엣투랴의 밀집 부대와 알카다 에반더의 기병,
사내들이 각자 저마다 있는 힘껏 힘을 썼다.
멈추지도 쉬지도 않고 치열하게 다투었다.

   이때 에네앗의 어여쁜 모친이 생각을 보내
도시로 성벽을 향해 군대를 돌리라 시키고  555
불시의 기습으로 라티움을 당황케 하였다.
그는 여기저기 군대들 가운데 투르늣을 찾아
이리저리 전열을 살펴보다 도시를 보았다.
전쟁과 무관한 듯 위험 없이 평온한 도시를.
전투를 더 크게 키울 생각이 번뜩 떠올랐다.  560
므네텟과 셀게툿과 용감한 세레툿을 불렀다.
장수들과 언덕에 앉았다. 나머지 테우켈의
군단도 달려왔다. 방패며 창을 촘촘히 세워
모여들었다. 언덕 한가운데 높이 서서 말했다.

547행 뤼네숫 : 트로이아 지방의 도시다.
549행 므네텟, 세레툿 : 므네스테우스와 세레스투스는 트로이아 사람이다.
550행 메사풋, 아실랏 : 메사푸스는 라티움 사람이고, 아실라스는 에트루리아 사람으로 아이네아스의 동맹이다(Williams).
551행 엣투랴의 밀집 부대와 알카다 에반더의 기병 : 타르코가 이끌고 온 에트루리아 부대와 팔라스가 이끌고 온 에우안데르의 부대는 모두 아이네아스의 동맹이다(Williams).
561행 므네텟과 셀게툿과 용감한 세레툿을 불렀다 : 제4권 288행과 같다.

565 「내 말에 토를 달지 말라. 유피테르의 뜻이니
갑작스런 계획이나 누구도 꾸물대지 마라.
전쟁의 원인인 도시가, 라티눗의 왕국이 오늘
굴복하여 순순히 멍에를 쓰겠다 하지 않으면
연기 오를 굴뚝 하나 남김없이 파괴하겠다.
570 투르눗을 마냥 기다려야 하겠는가? 우리와
다시 맞붙어 패배자가 전투하려 할 때까지.
시민들아, 이게 불의한 전쟁의 정점과 요체다.
서둘러 횃불을 가져다 불로 맹약을 강요하자!」
말했다. 모두가 똑같이 싸우겠단 열망으로
575 쐐기 대형으로 하나 되어 성벽으로 몰려갔다.
사다리가 급조되고 불이 갑자기 등장했다.
일부는 성문으로 달려가 적의 선두를 베었다.
일부는 창을 던져 창으로 하늘을 뒤덮었다.
선두와 함께 나아가 성벽 아래 손을 내밀이
580 에네앗은 큰 소리로 외쳐 라티눗을 꾸짖는다,
신들을 증인 삼아. 자신을 다시 싸우게 만들어
두 번이나 적대하게 두 번 맹약을 깬 이탈랴를.

571행 패배자 : 아이네아스는 계속 맞대결을 피하는 투르누스를 아직 승패를 가리지도 못했지만, 패배자로 간주한다(Williams).

572행 이게 불의한 전쟁의 정점과 요체다 : 맞대결로 승패를 가르자던 제11권 434행 이하의 맹약을 어김으로써 다시 이어진 전쟁을 의미한다. 580행 이하를 보라. 도시를 공격하면 이것이 투르누스에게 맞대결을 받아들이게 만드는 압력으로 작용할 수 있음을 노린 듯하다.

582행 두 번 맹약을 깬 이탈랴 : 제7권 259행 이하에 첫 번째 약속이 있었고, 제11권 434행 이하에 두 번째 약속이 있었다(Conington).

그러자 바빠진 시민들 사이에 불화가 일었다.
일부는 도시를 개방하자, 성문을 달다놋에게
열어 주사 주장하며 성벽에 왕을 끌어낸다.                     585
일부는 무기를 가져와 성벽을 지키러 온다.
목동이 구멍 많은 바위 속 은신처까지 봉쇄된
벌떼를 추격하여 매운 연기를 가득 채우고,
난리에 불안한 벌떼가 안에서 밀납 요새를
맴돌며 큰 소리로 울어 분노를 키울 때 같았다.                 590
검은 탄내가 집 안에 가득하고 눈먼 아우성이
바위 속에 퍼져 연기가 텅 빈 하늘에 오른다.
   지친 라티움에 또 다른 불운이 이리 닥쳐 왔다.
도시 전체를 슬픔으로 온통 흔들어 놓을 불운이.
지붕에서 적이 다가오는 걸 지켜보던 왕비는                    595
성벽이 공격당하고 화염이 집을 파괴하는데
루툴리 전열도 투르눗 부대도 어디에도 없자,
불행히 전투의 경합에서 청년이 쓰러졌다고
믿고 갑작스런 고통으로 마음에 충격을 입어
자신이 불행의 원인, 원흉, 기원이라 외치며                    600
상심의 광기에 정신이 나가 한참을 지껄이다
붉그레한 옷을 손으로 찢어 죽을 생각으로

---

588행 벌떼 : 벌떼 비유는 로도스의 아폴로니우스, 『아르고호 이야기』 제2권 130행 이하에 등장하는 비유다(Conington).

601행 상심의 광기에 정신이 나가 한참을 지껄이다 : 제7권 341행 이하에서 보이는 아마타의 모습과 일치한다(Williams).

끔찍한 죽음의 매듭을 높은 들보에 매달았다.
불행한 라티움 여인들이 재앙을 들었을 때,
605 딸 라비냐가 제일 먼저 눈부신 머리를 뜯고
장밋빛 볼을 할퀴었다. 그 옆에서 나머지
여인들이 광란하고 통곡이 집 안에 가득했다.
이에 불행한 소식이 도시 전체로 퍼져 간다.
사기가 가라앉았다. 라티눗은 옷을 찢으며
610 아내의 죽음과 도시의 패망에 어쩔 줄 몰랐다.
불결한 흙먼지를 뿌리며 백발을 더럽혔다.
[심하게 자책한다. 먼저 앞장서서 달다눗의
에네앗을 맞아 도시의 사위로 삼지 않은 걸]
그새 전사 투르눗은 들판의 가장자리에서
615 흩어진 소수를 추격한다. 점차 지쳐 버렸고
기병의 맹공에도 조금씩 기쁨은 시들해졌다.
그에게 바람이 어둠에 묻힌 공포와 뒤섞인
소음을 실어 왔다. 귀를 세워 주의를 기울였다.
혼란에 빠진 도시의 소란, 슬픔의 탄식이었다.
620 「어찌, 어찌 저런 곡성이 성벽에서 들려오는가?

603행 끔찍한 죽음의 매듭을 높은 들보에 매달았다 : 희랍 비극에서 흔히 여주인공이, 예를 들어 『오이디푸스 왕』의 이오카스테가 택하는 자살의 방법이다(Conington).

606행 장밋빛 볼을 할퀴었다 : 키케로, 『법률론』 II 25, 64 〈여인들은 뺨을 할퀴지 말지어다. 또한 상중의 애곡도 하지 말지어다.〉 이러한 풍습은 아테나이의 현자 솔론에 의해 금지된 사항이라고 한다.

612~613행 : 제11권 471~472행과 같다. 후대 삽입으로 보이며 많은 편집자가 이 두 행을 삭제해야 한다고 주장한다.

멀리 도시에서 들리는 소음은 어찌 된 건가?」
이런 말로 정신없이 고삐를 당겨 멈춰 세웠다.
그에게 누나가, 마부 메티콧의 얼굴을 하고서
마차와 말들과 고삐를 조정하고 있던 누나가
이리 대꾸했다. 「투르눗이여, 이리로 트로야를   625
쫓아갑시다. 첫 승리가 열어 준 길을 따릅니다.
도시는 다른 이들이 제 손으로 지키게 합시다.
에네앗은 이탈랴를 공격하여 전투를 벌인즉
우리도 테우켈에게 잔인한 죽음을 안깁시다.
전적이나 명예로 뒤지지 않도록 말입니다.」   630
이에 투르눗은
「누님, 저는 진작 알았습니다. 맨 처음 간계로
몸소 맹약을 깨뜨리고 참전하셨을 때부터.
이젠 속지 않으니, 여신이여! 올륌풋의 뉘께서
누님을 보내 이런 고통을 감당케 하신 겁니까?   635
불행한 동생의 잔인한 죽음을 보라 하신 건지?
전 어찌하나요? 살길을 내줄 행운이 있을까요?
저는 제 눈앞에서 절 목 놓아 부르던 무라눗을

626행 첫 승리가 열어 준 길을 따릅니다 : 아이네아스와의 맞대결을 피하고 외곽에서 적을 맞아 물리치는 방법을 유투르나는 투르누스에게 설득하고 있다. 제2권 387행 이하에서 아이네아스는 전우들에게 첫 전투에서 우연히 발견한 전투 방식으로 싸우자고 제안한다.

631행 : 미완성의 시행이다.

632행 맨 처음 간계로 : 222행 이하에서 유투르나는 카메르스의 모습으로 소문을 퍼뜨려 루툴리 사람들로 하여금 다시 싸우게 만들었다.

638행 무라눗 : 529행 이하를 보라. 앞서 무라누스가 이런 모습으로 죽어

　　　　보았습니다. 누구보다 제게 소중한 사람을
640　　보았습니다. 커단 상처로 죽어 가는 거인을.
　　　　우펜스도 불행히 죽었습니다. 저의 치욕을
　　　　차마 볼 수 없어. 테우켈이 차지한 몸과 무기.
　　　　남은 치욕은 이제 하나뿐. 도시의 파괴를 그저
　　　　지켜볼 뿐, 드랑켓을 칼로 반박하면 안 될까요?
645　　등 돌려 도주한 투르눗을 이 땅이 보라 할까요?
　　　　그만큼 처참한 게 죽음일까요? 하계의 신이여,
　　　　제게 호의를. 천상의 신들이 뜻을 거둔 저에게.
　　　　순결하고 죄 없는 영혼으로 저는 당신들께
　　　　갑니다. 위대한 선조의 못지않은 자손으로.」
650　　　말을 마치려 할 때, 보라, 적진을 뚫고 날아와
　　　　거품 토하는 말에서 내린 사켓. 화살을 맞은
　　　　얼굴의 상처. 달려와 투르눗을 불러 외친다.
　　　　「투르눗이여, 최후의 브루여, 동포를 살리소!
　　　　에네앗이 무기를 번뜩여 위협하며 이탈랴의

갔다는 이야기는 없었다.
　640행 거인을 대적하다 커단 상처로 죽어 가는 걸 : 제10권 842행과 같다.
　641행 우펜스도 불행히 죽었습니다 : 460행에 전사하였으나, 그것이 과연 투르누스가 당할 치욕을 볼 수 없었기 때문이었다는 이야기는 앞서 언급이 없었다(Conington).
　644행 드랑켓을 칼로 반박하면 안 될까요 : 앞서 제11권 370행 이하에 드랑케스는 투르누스의 나약함을 비판하였는바 투르누스는 맞대결로 싸워 아이네아스를 물리침으로써 그의 비판을 반박하겠다는 의지를 표명한다.
　648행 순결하고 죄 없는 영혼 : 645행에 언급된 것처럼 도주하거나 싸움을 피하지 않고 기꺼이 맞대결을 받아들이겠다는 뜻이다.

드높은 성채를 무너뜨려 파괴하겠다고 하오.  655
화염이 집채를 덮치고 있소. 라티움은 고개를,
눈을 돌려 그댈 보오. 라티눗 왕은 머뭇거리며
누굴 사위 삼을까, 누구와 동맹할까 하고 있소.
더욱이 그댈 철석같이 믿던 왕비는 제 손으로
목숨을 끊으니, 두려움에 몰려 세상을 버렸소.  660
성문 앞에 오직 메사풋과 사나운 아티낫만이
전열을 지키고 있소. 이들 주위로 밀집한 적이
빼곡히 둘러싸니 그 뽑아 든 칼이 쇠로 세운
밀밭 같은데 그댄 전차를 몰아 먼 들에 있으니.」
많은 사건의 소식에 혼란스러워 얼어붙은  665
투르눗은 말없이 응시한다. 마음속 엄청난
수치심, 슬픔이 섞인 광기가 함께 타올랐다.
잃게 된 사랑과 분노가, 용맹한 전사의 긍지가.
마음속 먹구름이 흩어지고 빛이 돌아오자
눈에서 타오르는 불을 성벽을 향해 던지며  670
불안하게 전차에 서서 커단 도시를 돌아본다.

660행 두려움에 몰려 세상을 버렸소 : 제4권 450행 이하의 디도를 보라.
661행 사나운 아티낫 : 앞서 제11권 869행에 등장했다.
662행 지키고 있소 : 병사들이 적들 앞에서 후퇴하거나 도망치지 못하도록 전선을 지키며 전투를 독려하고 있다(Conington).
664행 그댄 전차를 몰아 먼 들에 있으니 : 『일리아스』 제22권 12행 이하에 아킬레우스는 트로이아 성에서 멀리 떨어진 곳으로 아폴로에 의해 유인되었다.
666~667행 마음속 엄청난 수치심, 슬픔이 섞인 광기가 함께 타올랐다 : 제10권 870~871행과 같다.
671행 불안하게 : 이제 맞대결의 결연한 의지로 운명을 받아들일 준비가

보라, 화염으로 휘몰아치는 불길이 층층이
　　　탑을 감싸며 소용돌이 되어 하늘에 밀려간다.
　　　대들보를 짜맞추어 그가 직접 쌓아 올리고
675　바퀴를 달고 높이 부교를 장착한 탑을 감싸며.
　　　「결국, 누님, 운명이 이겼습니다. 지체치 마세요.
　　　신이, 모진 운명이 부르는 대로 따라갑시다.
　　　에네앗과 붙어 볼 결심이니, 아무리 가혹해도
　　　죽음에 맞서고, 누님, 더는 추한 모습을 보이지
680　않으렵니다. 저의 이 광기를 내버려두세요.」
　　　말했고 재빨리 전차에서 땅으로 뛰어내려
　　　적을 뚫고 창을 뚫고 달렸다. 슬퍼하는 누이를
　　　버리고 빠르게 뛰어 적진 중앙을 돌파한다.
685　그건 마치 폭풍에 뽑히거나 요란한 폭우에
686　쓸리거나 혹은 오랜 세월의 무게에 침식되어
684　산꼭대기에서 쏟아져 내리는 바위와 같았다.
　　　뻔뻔한 산은 커단 충격으로 벼랑에서 떨어져

된 투르누스는 자기가 도착하기 전에 불행이 도시에 닥쳐 전쟁이 끝나 버리지는 않을까 걱정하고 있다.

672행 화염으로 휘몰아치는 불길 : 도시 방어용 탑이 불에 타고 있다는 사실은 도시가 함락 직전의 상황에 몰렸다는 뜻이다.

675행 탑 : 제9권 530행 이하에도 아이네아스 일행이 방벽을 방어하기 위해 쌓아 올린 탑이 언급되었다. 라티누스가 도시를 방어하기 위해 쌓은 탑이다(Williams).

687행 뻔뻔한 산 : 『일리아스』 제13권 137행 이하에 사용된 비유이며, 〈뻔뻔한〉은 호메로스의 언어다(Williams).

688행 기뻐 춤춘다 : 산에서 쏟아져 내려오는 바위가 마치 즐거움을 느끼는 것처럼 묘사하였다(Williams).

제12권　193

땅에서 기뻐 춤춘다. 숲과 가축과 사람들을
덮친다. 그처럼 투르눗은 적군을 흩어 놓으며
도시 성벽에 이르니, 그곳엔 전부 흐르는 피가 690
대지에 흥건하고 대기는 창으로 울고 있었다.
손을 들어 신호를 보내며 큰 소리로 말했다.
「루툴리여, 멈추라. 라티움아, 너희 창을 거두라.
어떤 운명이든 그건 나의 몫일 뿐이니. 나 홀로
너희 대신 칼로 맞겨루어 맹약을 정화하리라.」 695
모두가 뒤로 물러났고 중앙 복판을 비웠다.

   그때 아버지 에네앗은 투르눗의 이름을 듣자
성벽을 내팽개치고, 높은 성채를 내팽개치고
모든 성가신 걸 제쳐 두고 모든 걸 내깔려 두고
기뻐 춤추며 무기를 들어 무섭게 울부짖었다. 700
아토스만큼, 에뤽스만큼, 흔들리는 참나무에
소리 지르고 눈 덮인 산정에 기뻐하는, 높이
하늘로 몸을 일으킨 아버지 아펜니만큼 크게.
그러자 앞다투어 루툴리도 트로야도 모든
이탈랴도 눈을 돌렸다. 높은 성벽을 지키던 705
이들도, 성벽 아래를 충각으로 때리던 이들도

694행 어떤 운명이든 그건 나의 몫일 뿐이니 : 315행 이하에서 아이네아스가 하는 말과 비교하라.
701행 아토스만큼, 에뤽스만큼 : 아토스산은 마케도니아의 고산이다. 에뤽스산은 시킬리아섬의 서해안에 위치한 고산이다.
703행 아버지 아펜니 : 아펜니노산맥은 이탈랴반도의 척추처럼 남북으로 길게 뻗은 산맥이다.

　　　　무기를 내려놓았다. 라티눗도 놀라 지켜본다.
　　　　세상 반대편에서 태어난 위대한 사내들이
　　　　서로 맞붙어 겨루어 칼로 승부를 가르는 걸.
710　그렇게 그들은 전장의 텅 빈 들판이 열렸을 때
　　　　신속하게 전진하여 멀리서 창을 던지면서
　　　　전투에 돌입한다. 방패와 청동의 요란한 충돌.
　　　　대지의 신음. 칼들이 서로 부딪히는 격돌이
　　　　반복된다. 요행과 실력이 하나로 뒤엉킨다.
715　그건 마치 높은 실라 숲이나 타불눗산에서
　　　　두 마리 황소가 이마를 마주하고 죽자 살자
　　　　달려들 때 같았다. 목동도 겁먹고 물러선다.
　　　　두려운 가축 모두의 침묵. 암소들은 지켜본다.
　　　　누가 숲을 지배할지, 모두 누구를 따르게 될지.
720　그들은 힘을 다해 상대방의 상처를 도모한다.
　　　　뿔을 힘써 밀어붙여 찌른다. 쏟아지는 피가
　　　　목과 어깨를 적신다. 사방 성림도 신음한다.
　　　　이처럼 트로야의 에네앗과 다우눗의 영웅은
　　　　방패로 맞붙는다. 커단 굉음이 하늘을 메운다.

714행 요행과 실력 : 고대 주석가는 투르누스의 요행과 아이네아스의 실력이 맞붙는다고 해석하고 있다. 하지만 맞붙은 두 사람이 각각의 실력과 요행으로 싸우고 있다고 보는 것이 좋겠다(Williams).

715행 실라 숲이나 타불눗산에서 : 실라는 이탈리아 남부의 브루티움 지방에 있는 산이며, 타부르누스는 삼니움 지역의 산이다.

716행 두 마리 황소 : 황소 비유는 로도스의 아폴로니우스 『아르고호 이야기』 제2권 88~89행에 등장하는 비유를 확장한 것이다(Williams).

723행 다우눗의 영웅 : 다우누스는 투르누스의 부친이다.

유피테르는 저울을 똑바로 들고 접시 두 개를                      725
매달아 두 사람의 엇갈린 운명을 올려놓는다.
전역이 누굴 벌하고 죽음의 추가 어찌 기울지.
  이때 위험을 생각하지 않고 튀어나와 몸을
한껏 폈다가 투르눗은 칼을 높이 뽑아 들고
휘둘렀다. 트로야와 겁먹은 라티움의 함성.                      730
양측의 기겁한 시선. 하나 믿음을 저버린 칼이
부딪혀 부러지며 내려치던 열정을 배신한다.
도망하지 않았다면……. 동풍보다 빨리 도망치며
익숙지 않은 칼자루와 비무장의 손을 보았다.
소문에 개전 초에 서두르다 전차에 급하게                        735
오르면서 부친의 검을 미처 챙기지 못했기에
급한 김에 마부 메티쿳의 칼을 들었다 한다.
그 칼도 테우켈이 등을 돌려 도망치는 동안은
내내 충분했다. 하나 불칸 신의 무기와 부딪자

725행 저울을 똑바로 들고 : 『일리아스』 제22권 209행 이하에 등장하는 비유로 아킬레우스와 헥토르의 맞대결 장면에 등장한다.

728~729행 몸을 한껏 폈다 : 제9권 749행, 제10권 797행에서 반복되는 구문이다(Williams).

733행 도망하지 않았다면 : 조건절만 있고 결과절은 없다. 〈투르누스는 죽었을지도 모른다〉 정도의 문장이 생략된 것으로 보인다(Williams). 조건절만 언급된 제9권 805행과 비교하라.

734행 익숙지 않은 칼자루 : 평소 가지고 다니던 물려받은 칼이 아니라, 아래에서 설명하는 것처럼 마부 메티스쿠스에게서 빌린 칼이다(Conington). 아래의 759행 〈익숙한〉과 비교하라.

735행 서두르다 전차에 급하게 : 앞서 326행 이하를 참조하라.

739행 불칸 신의 무기 : 제8권 612행 이하에 묘사된 아이네아스의 무장으

740 인간의 칼은 마치 얼음처럼 충격을 못 이겨
부서졌다. 파편들이 금모래 밭에 반짝인다.
그래서 정신없이 들판 여기저기로 도망친다.
이리로 저리로 우왕좌왕 원을 그리며 맴돈다.
온통 촘촘히 테우켈의 관객이 둘러앉았고
745 여긴 깊은 늪이 저긴 높은 성벽이 둘러싼다.
　에네앗은 화살을 맞아 느려진 무릎이 이따금
걸리적거리며 질주를 거부했지만 그래도
겁먹은 걸음을 쫓아 맹렬한 걸음을 딛는다.
마치 언젠가 강물에 퇴로가 막혀 버리거나
750 붉은 깃털의 흉물에 에워싸인 사슴을 만난
사냥개가 짖고 달리며 뒤를 밟을 때 같았다.
사슴은 흉물 함정과 높은 강둑에 겁을 먹고
수천 번 고쳐 도망친다. 그때 맹렬한 움브라
개가 입을 벌려 덤빈다. 문다. 물었다 싶으니
755 턱만 크게 부딪고 헛된 입질은 우롱당한다.
그러자 탄성이 높이 일어 강둑이며 호수며
사방에 메아리치고 하늘도 온통 요란하다.
도주자는 도망치며 루툴리를 모두 꾸짖어

로 베누스 여신이 남편 불카누스에게 부탁하여 만든 것이다.
　746행 화살을 맞아 느려진 무릎 : 앞서 319행 이하에서 아이네아스는 화살에 맞아 다리에 부상을 입었다.
　750행 붉은 깃털의 흉물 : 사냥에서 사냥감을 겁주는 용도로 사용되는 기구인데, 깃털로 무섭게 장식된 동아줄이다.
　752행 흉물 함정 : 750행의 붉은 깃털의 동아줄을 가리킨다.
　753행 움브라 : 움브리아 지방은 로마의 북쪽, 에트루리아의 동쪽에 있다.

일일이 이름 부르며 익숙한 칼을 요구한다.
에네앗은 이에 죽음과 파멸을 누구든 즉각   760
다가오면 당하리라, 겁먹은 자들을 겁주며
도시를 파괴하리라 위협한다. 부상자의 추격.
다섯 바퀴를 채우고 다시 같은 수만큼 반대로
채운다. 축제의 포상이나 시들한 상이 아니라
투르눗의 목숨과 피를 두고 겨루고 있었다.   765
  파우눗 신에게 바쳐진, 쓴 잎의 보리수가
거기 서 있었다. 과거 뱃사람이 모시던 나무로
난파에서 살아온 이들이 제물을 바치거나
옷을 걸어 로렌툼의 신에게 봉헌하던 곳이다.
하나 테우켈은 신성한 나무 기둥을 분별없이   770
베어 버렸다. 트인 들판에서 싸우고자 했던 것.
여기에 박힌 에네앗의 창. 여기로 날아온 창은

---

759행 익숙한 칼 : 앞서 734행의 언급을 볼 때 아버지에게서 물려받은 칼을 가리키는 것으로 보인다.
762행 부상자 : 746행 이하를 보라. 아이네아스는 부상 입은 몸을 하고 적을 맹렬하게 쫓고 있다.
763행 다섯 바퀴를 채우고 다시 같은 수만큼 반대로 : 아킬레우스는 헥토르를 쫓아 트로이아 성벽을 세 바퀴 돌았다.
764행 축제의 포상이나 시들한 상이 아니라 : 『일리아스』 제22권 159행 이하의 문장을 모방했다(Williams).
766행 파우눗 신 : 파우누스는 라티누스 왕의 부친으로 사망 후에 신격화되어 숭배의 대상이 되었다(Williams).
770행 신성한 나무 기둥을 분별 없이 : 766행에 언급된 것처럼 파우누스에게 바쳐진 나무였지만, 이방인인 트로이아 사람들은 이를 알지 못하고 다른 나무들과 함께 베어 버렸다(Williams).

　　　　완강한 뿌리에 붙들려 옴짝달싹하지 않았다.
　　　　창을 손으로 뽑으려고 힘을 다해 애쓰고 있는
775　　달다놋의 후손. 뜀박질로 잡을 수 없는 자를
　　　　창으로 잡으려 했다. 투르눗은 공포에 실성해
　　　　「파우눗이여, 불쌍히 여기소서! 창을 붙드소서!
　　　　선한 대지여! 제가 당신들의 명예를 늘 섬겼고
　　　　에네앗 무리의 전쟁이 당신들을 모독했다면.」
780　　말하여 청한 신의 도움. 이는 헛되지 않았다.
　　　　해서 한참 씨름하여 완강한 나무에 매달리나
　　　　아무리 힘써도 굳은 나무의 다문 입을 도무지
　　　　벌릴 수 없는 에네앗. 맹렬히 힘써 매달릴 때
　　　　다시 마부 메티쿳의 모습으로 변신한 여신,
785　　다우눗의 딸은 달려와 동생에게 칼을 건넨다.
　　　　베누스는 무모한 요정의 감행에 분노하여
　　　　다가와 깊은 뿌리에 박힌 창을 뽑아 주었다.
　　　　그들은 무기와 용기를 되찾아 기세당당하다.
　　　　칼을 믿는 이쪽, 창을 등등하게 높이 든 저쪽.
790　　숨도 가쁘게 맞서 마르스의 대결을 펼친다.

773행 옴짝달싹하지 않았다 : 『일리아스』 제21권 171행에서 강둑에 박힌 아킬레우스의 창을 뽑으려다가 아킬레우스에게 살해되는 사람이 언급된다.
779행 당신들을 모독했다면 : 770행 이하에 언급된 것처럼 신성한 보리수를 자른 일을 상기시킨다.
784~785행 여신, 다우눗의 딸 : 투르누스의 누나이자 다우누스의 딸 유투르나를 가리킨다. 『일리아스』 제22권 276행 이하에서 아테네 여신은 아킬레우스에게 창을 다시 가져다준다.
790행 숨도 가쁘게 맞서 : 〈숨 가쁜 마르스〉로 연결할 수도 있겠으나

제12권　**199**

그새 황금 구름에서 전투를 내려다보고 있던　792
유노에게 전능한 올림풋의 왕이 말을 걸었다.　791
「부인, 결말이 어찌 나겠소? 이제 어찌하겠소?
아시니 안다고 하시오. 에네앗이 신이 되는 걸
하늘에 올라 운명에 따라 별에 이른다는 걸.　795
뭔 생각, 뭔 바람으로 차디찬 구름 속에 계시오?
신을 인간이 상처 입히는 게 과연 합당하오?
뺏긴 칼을, (그대 허락 없이 유투나가 했겠소?)
투르눗에게 돌려주고 패자를 응원한다는 게?
이제 그만하시오. 우리의 간청을 따르시오.　800
커단 고통이 말없이 그댈 좀먹고 내게 서글픈
원망이 그대 달콤한 입에서 반복되지 않길.
끝에 닿았소. 그댄 뭍이나 바다에서 트로야를
괴롭힐 수 있었고 처참한 전쟁을 일으켰고
집안을 파괴하고 축혼가에 만가를 뒤섞었소.　805

(Williams). 현재 맞붙은 아이네아스와 투르누스와 연결하는 것이 타당해 보인다. 앞서 763행 이하에서 그들은 전장을 열 바퀴나 뛰면서 돌았다.

794행 에네앗이 신이 되는 걸 : 제1권 259행 이하에서 유피테르는 베누스에게 아이네아스의 신격화를 약속하였다.

797행 신을 인간이 : 신격화된 아이네아스를 투르누스가 상처 입히는 것은 옳지 못한 일이라고 유피테르는 주장한다.

798행 뺏긴 칼 : 735행 이하에 따르면 투르누스는 칼을 실수로 가져오지 못한 것이라고 하였는데, 여기서 〈뺏긴〉 것으로 말하는 것은 불합리하다 (Williams).

805행 혼인에 만가를 뒤섞었소 : 유노 여신의 계략으로 라비니아의 혼인 문제로 전쟁이 일어났고, 결국 라비니아의 어머니 아마타가 자살하는 일이 벌어졌다(Williams).

그 이상은 금하겠소.」 이리 유피테르가 말했다.
사툰의 따님은 이에 고개 숙여 대꾸하였다.
「저도 그대 뜻을 압니다. 위대한 유피테르여!
싫었지만 저는 투르눗과 대지를 포기했어요.
810 천상의 집에서 홀로 보시듯, 치욕을 당연하다
참진 않았겠고, 불을 허리에 두르고 전선에
서서 테우켈이 저주할 전투를 이끌었겠죠.
시인컨대 유투나에게 불쌍한 동생을 도우라
권하고 목숨을 살릴 과감한 일도 승인했지만,
815 창을 던지라 하진, 활을 쏘라 하진 않았지요.
맹세합니다. 스튁스의 가차 없는 머리에 걸고
천상 신들에게 유일한 두려움의 존재에 걸고.
이젠 그만두고 염증 난 전장을 떠나겠어요.
다만 운명이 금하지 않은 하나를 그대에게
820 라티움을 위해, 그대 가문을 위해 간청합니다.
평화가 축복받는 혼인으로 (그래야겠지요)
성사되고 장차 법률과 동맹이 수립되었을 때
오랜 토박이 라티움이 이름이 바뀌지 않게,

812행 이끌었겠죠 : 〈포기하지 않았다면〉이라는 비현실의 가정은 생략한 채 유노 여신은 결과만을 언급하고 있다.
813행 불쌍한 동생을 도우라 : 유투르나에게 투르누스를 돕도록 유노가 허락한 것은 다만 가족과 형제를 살리려는 마음 때문이었다고 변명하고 있다.
820행 그대 가문을 위해 : 투르누스는 사투르누스의 후손이고, 유피테르도 사투르누스의 아들이다(Williams).
823행 오랜 토박이 라티움 : 라티움 사람들이 마치 이탈리아의 토박이 종족인 양 서술하고 있다. 하지만 역사가들은 아이네아스가 도래하여 이탈리아

트로야가 되거나 테우켈이라 불리지 못하게,
그들 언어나 복색을 바꾸지 못하게 해주세요. 825
라티움이, 일바의 왕들이 수 세기 존속하게끔,
로마의 후손이 이탈랴의 용기로 강해지게끔,
트로야는 사라졌고 이름과 함께 사라지게끔.」
그에게 미소 지으며 인간과 만물의 창조자가
「유피테르의 누이이며 사툰의 차녀다운 그대, 830
분노의 커단 파도가 그대 가슴에 일렁이누나.
하지만 이제 소득 없는 분노를 가라앉히시오.
그대 간청을 받들어 기꺼이 승복하는 바이오.
오소냐는 선조의 언어와 관습을 지켜갈 게고
이름도 지금 그대로일 테니, 혼혈의 몸만이 835
테우켈에게 남겠고. 제례 의식과 절차가 새로
제정될 게고 모두 한 언어의 라티움이 될 게요.
예서 오소냐의 피가 섞인 종족이 생겨나겠고
인간과 신을 능가할 충직함의 종족을 볼 게요.

토박이와 트로이아 이주민을 통합하고 이들에게 라티움 사람들이라는 이름을 붙인 것으로 이야기한다(Conington).

826행 알바의 왕들 : 제1권 266행 이하에 따르면 알바 롱가를 세운 사람은 아이네아스의 아들 아스카니우스이며, 그가 30년을 통치하고 이후 알바 롱가의 왕들이 3백 년을 통치한다.

834~835행 언어, 관습, 이름 : 825행에서 유노가 요구한 것을 넘어선다. 〈복색〉만이 아니라 더 나아가 〈관습〉도 그대로 유지된다(Williams).

835행 혼혈의 몸만이 : 새로운 민족 통합에서 트로이아의 지분은 단지 육체적인 특징뿐이며, 나머지는 이탈리아의 것을 그대로 유지한다.

840행 누구든 그들만큼 그대 명예를 높이진 못하리 : 유노 여신은 카피톨리움 언덕에 세워진 지고지선의 유피테르 신전에 유피테르와 나란히 모셔진

840 누구든 그들만큼 그대 명예를 높이진 못하리.」
유노는 이에 동의했고 기꺼이 마음을 돌렸다.
이어 하늘을 벗어나 구름을 남기고 떠나갔다.
    그런 이후에 아버지는 다른 일을 궁리한다.
유투나를 동생의 전쟁에서 떼어 내려 한다.
845 전하는바, 복수 여신이라 불린 쌍둥이 재앙과
저승의 메게라를 섬뜩한 밤의 여신이 한날
한시에 낳았고 이들에게 똑같이 똬리 튼 뱀을
감아 주고 폭풍의 날개를 달아 주었다 한다.
851 신들의 왕이 가공할 죽음과 질병을 도모하고
852 전란을 당해 마땅한 도시를 위협할 때마다
849 이들은 유피테르의 권좌, 잔인한 왕의 문턱을
850 지키며 고통의 인간에게 공포를 일깨웠다.
이들 중 하나를 서둘러 높은 하늘에서 파견한
유피테르, 유투나에게 전조를 전하라 명했다.
855 날아올라 빠른 돌풍을 타고 지상에 내려간다.
구름을 지나 시위를 떠나가는 화살 같았다.
파르티아가 맹독의 담즙을 발라 놓은 화살은,

다. 아우구스투스는 아벤티누스 언덕에 있던 유노 여신의 신전을 재건하였다.
  846행 밤의 여신 : 알렉토(제7권 324행 이하)와 티시포네(제6권 281행, 제10권 761행 이하)라는 복수 여신들을 낳았고, 또 메가이라를 낳았다.
  847행 똬리 튼 뱀 : 제6권 281행, 제7권 329행 등에서 복수 여신들의 머리카락은 뱀으로 되어 있다.
  853행 이들 중 하나를 서둘러 높은 하늘에서 : 아이스퀼로스, 『자비로운 여신들』 366행 이하에서 제우스는 복수 여신들이 올륌포스 신들과 함께할 수 없다고 생각했다.

파르탸든 퀴도냐든, 쏘면 약이 없는 화살은
울며 보이지 않게 어둠을 빠르게 꿰뚫는다.
그처럼 밤의 딸은 움직여 대지를 향해 갔다. 860
일리온의 전열과 투르눗의 군대를 발견하자
갑자기 작은 새의 형상으로 모습을 바꾼다.
일찍이 무덤가나 버려진 폐가 지붕 위에서
늦은 밤 어둠에 앉아 섬뜩하게 울던 새처럼
외형을 바꾸고 투르눗의 면전에 나타난 재앙. 865
날고 또 날아와 시끄럽게 날개로 방패를 친다.
전에 없던 공포로 그의 사지가 마비되었다.
전율로 곤두선 머리카락. 목에 걸린 목소리.

　멀리서 복수 여신의 날갯소리를 알아채고
머리를 쥐어뜯으며 풀어헤친 불행한 유투나. 870
흉하게 얼굴을 할퀴고 가슴을 쳐대는 누이.
「투르눗아, 네 누이가 널 어찌 도울 수 있을꼬?
그리 견뎠거늘 내게 또 뭐가 남은 건가? 어떻게
네 목숨을 구할꼬? 저 흉조에 맞설 힘이 내게?
이제 전선을 떠날 테니 떠는 날 위협하지 마라! 875


858행 파르탸든 퀴도냐든 : 파르티아는 활로 유명한 지역이다. 퀴도니아는 크레타섬의 서북부에 위치한 도시인데, 크레타 주민들은 활로 유명하다(Conington).

862행 작은 새의 형상 : 제4권 462행에 등장했던 올빼미일 것으로 추측된다. 올빼미는 흔히 불길한 징조를 전하는 새로 알려져 있다(Conington).

871행 흉하게 얼굴을 할퀴고 가슴을 쳐대는 : 제4권 673행과 같다. 디도 여왕이 죽는 순간 동생 안나가 디도 여왕에게 달려오면서 취한 행동이다.

더러운 새들아! 날개 치는 소리를 알아들었다.
죽음의 신호를. 알았다. 긍지 높은 유피테르의
당당한 명임을. 이게 내 몸을 가진 대가인가?
왜 내게 영생을 주었던가? 왜 죽지도 못하게
880 만든 건가? 이렇게 커단 고통을 끝내 버리고
불행한 동생을 따라 하계에 갈 수 있었을 텐데.
불사라고? 대체 내 것 가운데 달콤한 게 뭐가
있느냐? 동생아, 네가 없는데. 크게 입을 벌려
신인 날 깊은 하계로 보내 줄 땅은 어디인가?」
885 이리 말하고 회청색 겉옷으로 머리를 가리고
긴 탄식을 쏟으며 깊은 물속에 숨어 버렸다.

　에네앗은 맞서 다가선다. 나무만 한 커단 창을
휘두르며 잔인한 가슴으로 이렇게 말한다.
「어찌 지체하는가? 투르눗아, 왜 도망치는가?

876행 더러운 새들아 : 864행에서 날아온 새는 한 마리이며, 874행에서
〈흉조〉도 한 마리다. 하지만 여기서 복수로 말한 것은 특이하다. 866행처럼
여러 번 날아오는 상황을 표현한 것으로 보인다.

877~878행 긍지 높은, 당당한 : 144행에서 유노가 유피테르를 지목하여
〈긍지 높은〉이라고 말한 것처럼 문맥상 반어적으로 보인다(Conington). 원문
〈*iussa superba*〉도 반어적으로 옮기는 것이 타당하다.

879행 왜 내게 영생을 주었던가 : 여신이 되어 영생을 얻었지만, 지금은 오
히려 영생이 영원한 고통을 의미하게 되었다(Conington).

883행 크게 입을 벌려 : 제10권 675행 이하와 거의 같다.

885행 회청색 겉옷으로 : 139행 이하에서 유투르나는 강물의 요정이다.
회청색은 제8권 31행 이하의 티베리스강을 묘사할 때 등장한 색깔인데, 강물
의 여신을 나타낸다. 제10권 205행 이하의 밍키우스도 회청색 갈대관을 쓰고
있다.

뜀박질은 관두고 잔인한 무기로 붙어 보자. 890
가진 면면을 모두 보여 보아라. 네가 가진 뭐든
용기든 제주든 해보이리. 날개를 펼쳐 기파른
별에 오르거나 땅속에 몸을 숨겨 보도록 해라.」
그는 머리 저어「격한 네 말에 내 겁먹을까 보냐?
거만하다. 내 두려운 적은 신들과 유피테르뿐.」 895
더는 말하지 않고 주변의 커단 바위를 보았다.
들판에 우연히 놓여 있던 커단 바위는 옛적에
토지 경계석으로 토지 분쟁을 가리던 것이다.
오늘날 대지가 낳는 것 같은 인간의 몸으로는 900
열두 명의 장정을 뽑아도 어깨로 들 수 없었다. 899
끓는 손으로 바윗돌을 끊어 적에게 던지는
영웅. 뛰어가다 힘을 모아 몸을 한껏 펼친다.
한데 뛴다고도 걷는다고도 생각되지 않았다.
손으로 들어 올리거나 큰 바위를 던진다고도.
무릎이 떨렸다. 피는 한기로 차갑게 굳었다. 905
해서 사내의 바위는 텅 빈 허공을 날아갔으나

891행 가진 면면을 모두 보여 보아라 :『일리아스』제22권 268행 이하에 아킬레우스는 헥토르를 이와 비슷한 말로 위협하였다. 아이네아스는 계속 온갖 잔꾀로 맞대결을 피하던 투르누스를 조롱하고 있다.

898행 토지 경계석 :『일리아스』제21권 405행 이하에서 아테네 여신은 경계석으로 쓰던 돌을 들어 올린다.

901행 끓는 손으로 바윗돌을 끊어 :『일리아스』제12권 445행 이하에서 헥토르는 거대한 바윗돌을 가볍게 들어 올린다.

903행 한데 뛴다고도 걷는다고도 생각되지 않았다 : 투르누스는 평소처럼 힘을 쓰려고 했으나, 911~912행에서 언급된 것처럼 힘이 예전 같지 않다.

거리를 다 채우지도 타격을 가하지도 못했다.
나른한 휴식이 눈꺼풀을 내리누르는 밤에,
꿈에서 뜀박질을 이어 가려 아무리 애써도
910 달리지 못하고 애만 쓰다가 도중에 고통스레
쓰러진다. 혀도 못 움직이고 예전의 힘도 몸에
남지 않아 목소리도 말소리도 나오지 않는다.
그처럼 투르눗이 용맹히 아무리 길을 구해도
복수 여신은 허락지 않았다. 그때 온갖 생각이
915 가슴속에 맴돌았다. 루툴리와 도시를 보았다.
두려워 멈칫한다. 다가온 죽음에 몸이 떨렸다.
피신할 길도, 적을 공격할 힘도 보이지 않는다.
전차도 마부 하던 누나도 어디에도 없었다.
 멈칫한 자에게 에네앗은 죽음의 창을 던진다.
920 주시하며 기회를 엿보다 온몸을 한껏 펼쳤다.
멀리까지 창을 던진다. 투석기에서 던져진
돌도 그렇게 울지 않았고 내려친 큰 벼락도
그런 괴성을 내지 않았다. 검은 회오리처럼
끔찍한 죽음을 실은 창은 날아가서 흉갑의
925 가생이와 일곱 겹 방패의 테두리를 뚫었다.

909행 꿈에서 뜀박질을 이어 가려 : 『일리아스』 제22권 199행에서 꿈속에서 뜀박질하는 비유가 등장한다.
919행 죽음의 창 : 투르누스에게는 죽음을 가져다주는 창이지만, 아이네아스에게는 트로이아의 운명이 결정되는 창이다(Williams).
920행 주시하던 기회를 골라 : 던지는 시점을 정하기 위해 계속 적을 주시하다가 이때다 싶은 순간을 포착하여 아이네아스는 창을 던진다(Williams).

둔탁하게 울며 허벅지를 관통한 창에 맞은
커단 투르누스은 무릎이 접히며 땅에 쓰러졌다.
루툴리는 탄식하며 일어섰고 주변 산 전체도
탄식한다. 깊은 숲이 소리를 멀리 퍼뜨린다.
그는 겸허하게 패자로서 부탁의 눈과 손을                           930
내밀어 말했다.「내 탓이니 애걸하진 않겠다.
그대 뜻대로 하라. 내 가련한 부친을 그대가
가련히 여긴다면, 부탁하노니, 그대도 그런
부친 앙키사가 계셨으니, 노령의 다우눗을
불쌍히 여겨 나든 생명 잃은 육신이든 뜻대로                        935
가족에게 보내 달라. 그대 승리다. 패배의 손을
내민 걸 오소냐가 보았다. 라비냐는 그대 처다.

930행 겸허하게 패자로서 부탁의 눈과 손을 : 제6권 853행에 〈복종엔 관용을 베풀고 오만은 응징하리라〉는 원칙이 천명되었다. 투르누스는 복종의 자세를 취하며 아이네아스의 관용을 구한다(Williams).

931행 내 탓이니 애걸하진 않겠다 : 제10권 900행 이하의 메젠티우스와 비교하라. 맞대결을 결정하고 이제 패하였으니 그 결과를 받아들인다는 영웅적 면모가 엿보인다(Williams).

933행 그런 : 다음 행에 나오는 〈노령의〉를 가리킨다. 헥토르도 『일리아스』 제22권 420행에서 아킬레우스에게 이렇게 말한다.

934행 노령의 다우눗 : 앞서 43행 이하에서 라티누스도 투르누스 본인에게 노령의 부친을 생각해서 전쟁을 멈출 것을 당부하였다(Williams).

936행 가족에게 보내 달라 : 『일리아스』 제22권 338행 이하에서 헥토르는 아킬레우스에게 패배를 인정하면서 시신을 식구들에게 돌려보내 줄 것을 부탁하였다(Williams).

937행 오소냐가 보았다 : 투르누스가 아이네아스에게 패배를 인정하는 모습을 이탈리아 전체가 목격하였던바, 이는 투르누스에게 더없이 고통스러운 일이다(Williams).

증오를 거두어라!」 무섭게 무기를 겨누고 선
에네앗은 눈을 부라린 채 무력을 자제하였다.
940 말이 조금씩 오히려 주저하는 이를 꺾어 놓나
싶었던 때, 어깨 위에 번뜩이는 불행한 물건,
견대가 보였다. 눈에 익은 단추가 달린 견대가
빛났다. 소년 팔라스를 투르눗이 상처 입혀
눕히고 얻은 불길한 장식이 어깨에 있었다.
945 그는 두 눈으로 잔인한 고통의 기념과 유품을
뚫어져라 보았다. 불타오르는 분노와 끔찍한
광기.「내 전우의 유품을 벗겨 입은 자여! 예서
벗어날까 보냐? 팔라스가, 이로써 팔라스가 널
바치고 죄의 피를 뿌려 벌하려는 벌을 받아라!」
950 이리 말하고 마주한 가슴에 칼을 밀어 넣는
광분. 그의 사지가 풀어져 차갑게 식어 가니,
탄식하며 분개하며 목숨은 하계로 떠나간다.

941행 불행한 물건 : 제10권 495행 이하에서 투르누스는 팔라스를 죽이고 그의 견대를 전리품으로 빼앗았다. 이제 견대는 투르누스에게 불행의 원인이 된다(Williams).

942행 눈에 익은 단추 : 제10권 497행 이하에 언급된 견대 장식인데, 다나오스의 딸이 남편을 살해하는 장면이 묘사되어 있다.

944행 불길한 장식 : 941행에 〈불행한 물건〉과 같이 주인에게 불길한 일을 가져오는 장식품이다.

952행 탄식하며 분개하며 목숨은 하계로 떠나간다 : 카밀라의 죽음을 묘사한 제11권 831행과 같다.『일리아스』제16권 857행에서 파트로클로스가, 제22권 363행에서 헥토르가 통곡하며 저승으로 떠나간다.

# 참고 문헌

## 주석

R. G. Austin, *P. Vergilii Maronis Aeneidos Liber primus*, Oxford, 1971.
_____, *P. Vergilii Maronis Aeneidos Liber secundus*, Oxford, 1964.
_____, *P. Vergilii Maronis Aeneidos Liber quartus*, Oxford, 1955.
_____, *P. Vergilii Maronis Aeneidos Liber Sextus*, Oxford, 1986.
J. Conington, *Aeneid Books I– II*, Bristol Phoenix Press, 2007.
_____, *Aeneid Books III– VI*, Bristol Phoenix Press, 2008.
_____, *Aeneid Books III– VI*, Bristol Phoenix Press, 2008.
_____, *Aeneid Books VII– IX*, Bristol Phoenix Press, 2008.
_____, *Aeneid Books X– XII*, Bristol Phoenix Press, 2008.
N. Horsfall, *Virgil, Aeneid 2*, Leiden, 2008.
_____, *Virgil, Aeneid 3*, Leiden, 2006.
_____, *Virgil, Aeneid 6*, Leiden, 2013.
_____, *Virgil, Aeneid 7*, Leiden, 2000.
L. M. Fratantuono & R. A. Smith, *Aeneid 8*, Brill, 2018.
R. D. Williams, *the Aeneid of Virgil, Books 1~6*, Macmillan, 1972.
_____, *the Aeneid of Virgil, Books 7~12*, Macmillan, 1972.
S. Casali, *Vergilio guida all' Eneide*, Roma, 2023.

## 번역

J. Dryden, *Virgil's Aeneid*, New York, 1937.
A. Mandelbaum, *The Aeneid of Virgil*, 1965.
R. Fitzgerald, *Virgil, the Aeneid*, New York, 1992.
R. Fagles, *The Aeneid*, New York, 2006.
S. Ruden, *The Aeneid Vergil*, Yale Univ. Press, 2008.
유영, 「아에네이스」, 혜원출판사, 1994.
천병희, 「아이네이스」, 숲, 2007.

## 기타

K. Büchner, P. *Vergilius Maro, der Dichter der Römer*, RE VIII A 1~2, 1021~1486, Stuttgart, 1955.
V. Pöschl, *Die Dichtkunst Virgils*, Berlin, 1977.
R. Heinze, *Epic Technique*, translated by Hazel and David Harvey and Fred Robertson, the university of California press, 1993.
R. F. Thomas, *Virgil and the Augustan reception*, Cambridge university press, 2001.
C. Kallendorf, *The other Virgil : pessimistic readings of the Aeneid in early modern culture*, Oxford, 2007.
Ed. Norden, *P. Vergilius Maro, Aeneis Buch VI*, 1927.
강대진, 아폴로니오스 로디오스, 「아르고호 이야기」, 작은이야기, 2006/2013.
\_\_\_\_\_, 루크레티우스, 「사물의 본성에 관하여」, 아카넷, 2012.
\_\_\_\_\_, 키케로, 「신들의 본성에 관하여」, 나남, 2012(=그린비, 2019).
김남우, 「카르페 디엠」, 민음사, 2016.
\_\_\_\_\_, 「소박함의 지혜」, 민음사, 2016.
성염, 키케로, 「법률론」, 한길사, 2007.
천병희, 「일리아스」, 숲, 2007 (1982, 1995 종로서적).
\_\_\_\_\_, 「오뒷세이아」, 숲, 2006 (1996 종로서적).
\_\_\_\_\_, 「신들의 계보」, 숲, 2009 (2004 한길사).

_____, 『일과 날』, 숲, 2009 (2004 한길사).
_____, 『아이스퀼로스 비극 전집』, 숲, 2008.
_____, 『소포클레스 비극 전집』, 숲, 2008.
_____, 『에우리피데스 비극 전집 1, 2』, 숲, 2009.
_____, 『변신 이야기』, 숲, 2005.
_____, 『로마의 축제일』, 한길사, 2005.

**역자 해설**
# 로마의 서사시 『아이네이스』

## 들어가며

서구에서 베르길리우스Publius Vergilius Maro의 『아이네이스Aeneis』를 재평가하기 시작한 것은 20세기 초였다. 희랍 문학의 아류 혹은 호메로스의 모방이라는 것이 로마 문학과 『아이네이스』에 매겨진 그 이전의 평가였다. 새로운 평가는 〈영웅 아이네이스〉를 만들어 내기 위해 베르길리우스가 『아이네이스』를 통해 단순한 모방 이상의 일을 했다는 것이다. 20세기 중반을 넘어서면서 과연 〈영웅 아이네아스〉에 초점을 맞추는 것이 베르길리우스의 의도를 정확하게 이해하는 방법인가라는 또 다른 문제가 제기되었다. 이미 베르길리우스의 시대에 오비디우스Publius Ovidius Naso는 디도의 시각에서 영웅 서사시를 다시 읽는 새로운 시도를 하였던 바, 〈디도의 시각〉은 베르길리우스의 의도를 약간이나마 분명하게 이해하는 데 도움을 줄 것이다.

『아이네이스』 전체 12권을 삼분하여 마치 삼부작인 양, 세

번에 나누어 번역하기로 하였다. 제1부(제1~4권)은 트로이아를 떠난 아이네아스 일행이 이탈리아에 도착하기 직전까지 겪었던 수많은 고난을 노래하고, 제2부(제5~6권)은 북아프리카를 떠나 시킬리아를 거쳐 이탈리아의 쿠마이에 도착할 때까지의 여정을 이야기하고, 제3부(제9~12권)은 이탈리아 티베리스강 하구에 도착하여 투르누스를 물리치고 마침내 이탈리아에 정착하는 과정을 담고 있다. 이하 베르길리우스의 생애에 관해서는 앞서 참고 문헌에 언급한 뷔히너K. Büchner 등의 자료를 정리한 것이다.

### 1. 베르길리우스의 생애

베르길리우스의 생애는 바리우스 루푸스Lucius Varius Rufus가 남긴 베르길리우스의 전기적 기록에 기초해 있다(퀸틸리아누스Marius Fabius Quintilianus). 그러나 유감스럽게도 바리우스의 기록은 우리에게 전해지지 않으며, 다만 이를 읽고 베르길리우스의 생애를 재구성한 수에토니우스 Gaius Suetonius Tranquillus(서기 70~122년경)를 통해 간접적으로 접할 수 있다(「시인들에 관하여De poetis」). 그밖에 『아이네이스』의 주석을 남긴 세르비우스Maurus Servius Honoratus(서기 400년경)의 기록 또한 참고할 수 있다. 몇 가지 정보는 베르길리우스 작품 해석을 통해 얻어진 것이다.

베르길리우스의 온전한 이름은 푸블리우스 베르길리우스

마로다. 기원후 5세기 이래 〈비르길리우스Virgilius〉라는 이름 형태가 등장하는데, 이는 〈베르길리우스〉의 어원을 〈회초리virga〉로 잘못 이해하게 되면서부터다. 〈베르길리우스〉 혹은 〈마로〉는 모두 에트루리아어와 관련되어 있음이 분명하다. 하지만 베르길리우스의 고향 만투아에 라티움 계통이 유입되고 섞여 살게 되면서 라티움 계통도 에트루리아 이름을 사용했을 가능성이 있으므로 이름만으로 그의 혈통이 에트루리아 계통이라고 단정할 수는 없다.

그는 아버지 베르길리우스 마로와 어머니 마기아 폴라 Magia Polla 사이에서 기원전 70년 10월 15일 북부 이탈리아 만투아의 안데스라는 작은 마을에서 태어났다. 안데스는 만투아에서 멀지 않은 혹은 30로마마일 떨어진 지역이라고 하는데 정확히 어느 지역을 가리키는 것인지에 대해서는 많은 논쟁이 있다. 베르길리우스의 어린 시절에 관해서는 알려진 것이 많지 않다. 그의 아버지는 동시대의 시인 호라티우스 Quintus Horatius Flaccus의 아버지와 마찬가지로 가난한 농부 혹은 옹기장이였으나, 역시 호라티우스의 아버지처럼 부지런하며 아들을 위해 모든 것을 희생할 준비가 되어 있었다. 베르길리우스는 기원전 55년 10월 15일에 성인식을 치렀는데, 이 무렵 그는 크레모나에 살았으며 이후 밀라노를 거쳐 로마로 이주하였다. 아마도 그의 아버지는 베르길리우스에게 좋은 교육을 시키기 위해 그를 고향의 대도시로 보내 상급 학교에 다니게 하였다가, 다시 로마의 수사학을 익히도록 하였던 것으로 보인다. 성인식을 치른 것으로 보아 그는 로마

시민이었을 가능성이 높은데, 여타의 로마 시민들처럼 그의 아버지도 그가 정치적으로 출세하기를 기대했던 듯하다. 그의 어머니와 형제들에 관한 몇 가지 이야기들이 전한다.

베르길리우스는 15세 때 크레모나에서 밀라노로 이주하였다가, 성인이 되어 홀로 로마로 이주한다. 로마에서는 에피디우스의 수사학 학교에 다녔다. 에피디우스의 학교에는 나중에 아우구스투스Augustus가 되는 옥타비아누스Gaius Octavianus가 다녔으며 안토니우스Marcus Antonius도 에피디우스의 학생이었다. 하지만 일곱 살의 나이 차가 있는 베르길리우스와 옥타비아누스가 같은 시기에 같이 학교를 다녔을 가능성은 낮다. 아우구스투스는 나중에 만투아에 있는 베르길리우스의 재산을 몰수하지 않았는데, 이를 근거로 혹자는 이때의 친분 관계를 강조하기도 한다. 로마를 떠나 그는 네아폴리스로 이주하여 에피쿠로스주의자인 시론Siron의 집에 머문다. 서정시 「카타렙톤Catalepton」의 다섯 번째 시는 흔히 베르길리우스의 작품으로 간주되는데, 이를 기준으로 할 때 베르길리우스는 17세 무렵 이미 시인의 면모를 분명히 보여 준다. 이 서정시에서 그는 수사학 선생들에게 작별을 고하고 있다. 또 다른 그의 서정시 「카타렙톤」의 여덟 번째 시에서 우리는 그가 문학과 철학에 헌신하게 되었음을 확인할 수 있다. 시론의 집은 에피쿠로스의 정원이었으며 공화국의 내전으로 아픔과 시련을 겪은 개인들이 세상을 버리고 모여 살던 공동체였다. 이곳에 유명한 희랍의 에피쿠로스주의자 필로데모스Philodemus가 찾아오기도 했다고 전한다.

베르길리우스가 시론의 집에 머물렀던 시기는 기원전 48년에서 기원전 42년까지라고도 한다. 최근 네아폴리스 근처 헤라쿨라네움에서 발굴된 파피루스에는 베르길리우스의 이름과 함께 플로티우스 투카Plotius Tucca, 바리우스 루푸스, 퀸크틸리우스 바루스Publius Quinctilius Varus의 이름이 등장한다.

기원전 41년 베르길리우스의 시는 아시니우스 폴리오Gaius Asinius Pollio라는 후원자로부터 당대 최고라는 평가를 받는다. 마이케나스Gaius Maecenas 또한 베르길리우스를 인정하였으며 나중에 베르길리우스를 옥타비아누스에게 소개한다. 이러한 명성 덕분에 그는 만투아에 있던 재산을 몰수당했다가 다시 찾게 되었다고 전한다. 『목동가Bucolica』는 폴리오의 후원을 받던 시기에 만들어진 것으로, 폴리오와의 관계나 재산 몰수와 관련된 일들을 암시하는 많은 구절들을 읽을 수 있다. 기원전 37년 그는 마이케나스의 식객이 되며 이때 그의 주변에 호라티우스와 투카와 바리우스 등의 시인들이 등장한다. 『농경가Georgica』는 기원전 29년 여름에 마무리되었는데, 그는 상당히 오랫동안 이 작품에 매달린 것으로 보인다. 이 시에 기원전 31년의 악티움 해전이 언급된다. 어떤 이의 말대로 7년 정도 걸렸다고 할 때, 이것은 마이케나스의 식객이 된 시점부터 발표할 때까지의 기간이며 그렇다면 『농경가』는 마이케나스와 관련이 깊을 가능성이 있다. 『농경가』를 발표할 즈음 베르길리우스는 로마 인민들에게 굉장히 존경받는 인물이 되었던 바, 당대 최고 권력자 아우구스투스에 버금가는 인기를 누렸다고 전하는 사람도 있다.

　이후 베르길리우스는 또 다른 작품에 매달리게 되는데 그것이 바로 『아이네이스』다. 기원전 29년 옥티비아누스는 이집트를 평정하고 개선식을 거행하며, 기원전 27년 드디어 원로원으로부터 〈아우구스투스〉라는 호칭을 받는다. 아우구스투스는 로마의 건국 서사시가 완성되길 학수고대하였으며, 완성되기 전에 시인은 권력자 앞에서 그 일부를 낭송했다고 전한다(아마도 제2권, 제4권과 제6권이었을 것이다). 서사시의 완성을 위하여 기원전 19년 베르길리우스는 3년 계획으로 희랍 여행을 떠난다. 희랍과 아시아를 돌아보며 자신이 다루고 있는 서사시의 역사적 현장을 직접 눈으로 목격하고자 했을 것이다. 귀향길에 시인은 메가라 근처에서 열병에 걸렸으며 이탈리아의 브룬디시움에 도착했을 때 열병으로 인해 사망에 이르렀다고 한다. 아직 서사시는 완성되기 전이었으며 이때가 기원전 19년 9월 21일이었다. 베르길리우스는 사망 직전 자신이 앞서 공개한 『아이네이스』 이외의 다른 부분들, 아직 미완성인 채로 남아 있는 원고들을 불태워 버리고자 하였다. 하지만 그의 유언은 뜻대로 집행되지 않았으며, 아우구스투스의 뜻에 따라 베르길리우스의 친구 바리우스와 투카의 손을 빌려 세상에 공개되었다. 이때 이들은 오로지 편집자의 역할만을 수행한 것으로 알려져 있다.

　베르길리우스는 키가 크고 마른 편이었다. 피부색은 어두웠고 얼굴 생김은 도시적인 것과는 거리가 멀었다. 그의 건강은 그리 좋지 않았으며 위장병과 두통에 시달렸다고 전한다.

또 종종 피를 토했다고 하는바, 결핵을 의심하는 사람도 있다. 식사량은 매우 적었고 술도 거의 마시지 않을 정도로 금욕적인 생활을 하였으며 세상을 멀리하였는데, 이런 생활 습관 덕분에 창작 활동을 계속 이어 갈 수 있었는지도 모른다. 희랍으로의 여행은 안 그래도 약한 체력을 고갈시켰을 것이다.

### 2. 미완성의 『아이네이스』

베르길리우스는 기원전 29년부터 기원전 19년 죽을 때까지 꼬박 11년을 『아이네이스』에 매달렸다. 생의 마지막 3년은 원고를 들고 희랍과 아시아를 돌아보며 마지막으로 원고를 수정한 기간이었을 것이다. 이탈리아로 돌아오는 길에 열병에 걸렸으며 끝내 완성하지 못하고 미완성의 『아이네이스』를 남겼으나, 그의 유고는 이후 아우구스투스의 뜻에 따라 편집되어 세상의 빛을 보았다. 편집을 맡은 것은 바리우스였으며, 전승에 따라 투카를 포함시키기도 한다. 두 사람은 편집에 매우 신중을 기했다고 전한다. 미완성 원고라고는 하지만 완성을 위해 투여한 시간을 고려할 때, 또한 유고를 태워 버리길 바랐던 그의 마음이 그저 작가적 양심의 발로라고 할 때 우리에게 남은 『아이네이스』에서 〈미완성〉의 인상을 얻지 못하는 것은 너무도 당연하다. 다만 미완성의 〈흔적〉이 남아 있을 뿐이다.

전승에 따르면 베르길리우스는 우선 산문으로 글을 완성

하고 12권으로 나눈 다음, 다시 이를 일정한 순서 없이 자유롭게 장면별로 운문으로 바꾸어 갔는데, 당장 완성할 수 없었던 부분은 그대로 놓아 두고 시적 영감을 놓치지 않기 위해 다음 부분을 완성했다고 한다. 아마도 이런 부분이 미완성 시행으로 남은 부분일 것이다. 『아이네아스』에는 58개의 시행이 미완성 상태이다. 19세기에 이에 대한 연구가 활발히 진행되었는데, 베르길리우스가 창작하는 과정에서 행 단위가 아니라 행을 여러 단락으로 나누어 휴지마다 별도로 작업을 진행했을 것이라는 견해가 지배적이다. 이는 베르길리우스의 서사시 운율에 관한 이해를 도모하였을 것이다. 베르길리우스에게 더 많은 시간이 있었다면 분명 서사시 운율로 시행이 완성되었을 것임에는 의심의 여지가 없으며, 이는 다만 베르길리우스가 오랜 시간 동안 완성을 위해 고심한 흔적이라고 하겠다. 또 어떤 부분에서는 아주 가볍게 시행들로 대강 채워 넣고 지나가기도 했는데, 장면들의 전후 맥락을 좀 더 세심하게 다듬을 필요가 있었을 것으로 보이는 장면들이다. 이런 부분을 소위 〈피리 반주자〉라고 부른다. 베르길리우스가 농담 삼아 〈이런 부분은 확고한 기둥이 세워질 때까지 작품을 지탱하기 위해 일단 중간에 피리 반주자들을 끼워 놓았다〉고 말한 것에서 유래한다. 이런 비유는 당시 〈피리 반주자〉에게 공연의 장면과 장면 사이를 메우는 역할을 맡겼기 때문에 나왔을 것이다. 예를 들어 제1권의 〈유피테르와 베누스의 대화〉와 같은 부분이 〈피리 반주자〉에 해당하는 장면으로 보인다. 또 제2권의 〈헬레나 장면〉도 이와 유사한 예로 보이며 제11권의 〈카밀라 부분〉 역시 사건의 긴박한 전개에 비추어 너무나 길게 이어진다.

미완성의 유고를 두 편집자는 매우 이른 시기에 출판했던 것으로 보인다. 호라티우스가 기원전 17년에 쓴 작품엔 이미 『아이네이스』가 세상에 널리 알려진 것처럼 언급되어 있다.

### 3. 『아이네이스』 제9~12권 개괄

제9권부터 제12권은 이탈리아 전투를 다룬다. 아이네아스가 이끄는 트로이아 군대, 팔라스가 이끄는 아르카디아 군대, 타르코가 이끄는 에트루리아 군대는 연합하여 투르누스가 이끄는 루툴리 사람들에 맞서 싸운다. 라티움 군대에는 에트루리아에서 망명한 메젠티우스의 부대와 카밀라가 이끄는 기병도 함께한다.

제9권에서 아이네아스는 성채를 떠나 이탈리아 내륙으로 떠나고 없다. 투르누스가 이끄는 루툴리 사람들이 트로이아 사람들의 성채를 공격한다. 트로이아 사람들이 이탈리아에 타고온 배들이 루툴리 사람들의 공격을 받아 불타기 직전에 바다 요정으로 바뀌어 먼바다로 도망한다. 적들에게 포위되어 있던 트로이아 사람들은 어떻게 아이네아스에게 소식을 전할까 걱정하는데, 이때 니우스와 에우뤼알루스가 자진하여 적의 포위망을 뚫고 아이네아스에게 갈 전령으로 나선다. 그들은 어둠을 틈타 성채를 빠져나갔지만, 루툴리 사람들에게 발각되어 죽음을 맞는다. 날이 밝자 계속해서 루툴리 사람들과 트로이아 사람들의 전투가 이어진다.

제10권에서 아이네아스는 드디어 전장으로 돌아온다. 아이네아스는 연합군을 이끌어 포위 공격을 당하고 있던 트로이아 군대를 구출한다. 아이네아스의 용맹무쌍함이 펼쳐진다. 한편 아르카디아에서 아이네아스를 돕기 위해 참전한 팔라스는 투르누스와 맞대결에 패하여 전사한다. 팔라스의 죽음에 크게 상심한 아이네아스는 투르누스를 찾지만, 유노 여신은 투르누스를 속여 그를 전장에서 빼돌린다. 아이네아스는 메젠티우스와 맞대결을 펼치고, 메젠티우스의 아들 라우수스는 부상당한 아버지를 지키다가 목숨을 잃는다. 아들을 잃은 메젠티우스는 전장으로 돌아와 아이네아스와 대결하지만 결국 그도 목숨을 잃는다.

제11권, 전쟁에서 쓰러진 병사들의 장례식을 치르기 위해 양편이 잠시 휴전을 한다. 휴전 기간 동안에 팔라스의 장례식이 거행된다. 그사이 디오메데스에게 파견되었던 사절들이 돌아와 라티누스 왕을 비롯한 라티움의 지도자들에게 디오메데스가 원군을 거부했다고 전한다. 이에 라티누스 왕은 트로이아와의 평화 협정을 제안한다. 투르누스는 회의에서 전면전을 대신하여 그가 아이네아스와 일대일로 싸워 승부를 가르겠다고 선언한다. 이때 아이네아스가 라티움 도시를 공격한다는 소식이 전해지고 투르누스는 병사들을 소집한다. 카밀라는 기병을 이끌고 적의 기병대를 막기로 하고, 투르누스는 아이네아스의 부대를 맞아 협곡에 매복한다. 적의 기병을 맞아 용감하게 싸우던 카밀라가 적의 창을 맞고 사망한다. 밤이 찾아오고 전투가 마무리된다.

제12권에서는 아이네아스와 투르누스의 맞대결이 드디어 성사된다. 맞대결을 펼치기 직전에 양측은 승패에 따라 평화의 맹약을 지키겠다는 선서를 위해 제사를 준비한다. 이때 유노 여신의 언질을 받은 유투르나 여신은 동생 투르누스를 빼돌리고 양측은 다시 전면전을 펼친다. 아이네아스는 다리에 부상을 입었으나 베누스 여신의 개입으로 쉽게 상처가 치료되어 다시 전선으로 돌아온다. 트로이아 군대가 마침내 라티누스 왕의 도시를 공격하고, 라티누스 왕의 도시는 함락될 위기에 빠진다. 이에 투르누스는 다시 아이네아스와의 맞대결로 승부를 가르기로 결심한다. 아이네아스는 부상당한 몸으로 투르누스를 물리친다.

### 4. 마치며

2012년에 착수한 번역 작업이 2025년에 드디어 마무리되었다. 애초에 천천히 번역한다는 조건으로 일을 맡았기에 서둘러 하려는 생각은 없었지만, 최근 몇 년은 이제 끝내야 한다는 주변의 압박을 받았다. 하지만 충분한 시간을 갖고 공을 들여 작업한 덕분에 베르길리우스를 좀 더 깊이 이해할 수 있었다. 기원전 1세기 시인 베르길리우스가 살아가던 때의 역사를 몸젠을 통해 배우고, 또 베르길리우스가 접한 로마 철학을 키케로를 중심으로 연구하고, 생소하던 로마법도 기웃거리며 주워들었다. 번역은 물방울로 바위를 뚫는 듯 더디게 진행되었지만, 그민큼 『아이네이스』의 구절마다 미디미디 깊은 이해를 얻는다고 느꼈다.

  늘 응원해 주시는 이종숙 선생님께 감사드린다. 번역을 끝까지 마쳐야 한다고 성원해 주시고 번역에 쓰일 많은 참고 문헌을 보내 주신 성염 선생님께도 감사의 말씀을 전한다. 초고를 읽고 수정 방향을 제시해 주신 김선희 선생님께 감사드린다. 함께 공부하고 토론하는 데 기꺼이 시간을 내준 이선주 박사에게도 감사를 전한다. 매번 초고를 읽고 꼼꼼히 고쳐 준 오수환 선생에게 감사한다. 편집을 맡아 더없이 꼼꼼히 작업해 준 김가영 편집자와 하원정 편집자에게도 고마움을 전한다. 마지막으로, 오랜 시간 기다려 준 출판사가 있어 완간할 수 있었음을 밝혀 둔다.

                                                  김남우

# 베르길리우스 연보

**기원전 70년 출생**  10월 15일. 아버지 베르길리우스 마로Vergilius Maro와 어머니 마기아 폴라Magia Polla 사이에서 북부 이탈리아 만투아의 안데스에서 출생.

**기원전 57년** 13세  10월 15일. 성인식을 치른 후 크레모나와 밀라노를 거쳐 로마로 이주. 로마에서 에피디우스의 수사학 학교에 다님.

**기원전 55년** 15세  서정시「카타렙톤Catalepton」의 다섯 번째 시를 지음으로써 시인의 면모를 보임.

**기원전 48년~기원전 42년** 22세~28세  네아폴리스에 위치한 시론Siron의 집에 머물며 에피쿠로스 철학을 접함.

**기원전 41년** 29세  베르길리우스의 시는 아시니우스 폴리오Gaius Asinius Pollio라는 후원자로부터 당대 최고라는 평가를 받음. 이 무렵『목동가Bucolica』을 발표함.

**기원전 37년~기원전 29년** 33세~41세  여름, 마이케나스의 문객으로 호라티우스Quintus Horatius Flaccus와 투카Plotius Tucca와 바리우스Lucius Varius Rufus 등의 시인들과 교류함. 7년에 걸쳐 집필한『농경가Georgica』를 마무리 짓고 발표함.

**기원전 29년 여름~기원전 19년** 41세~51세  『아이네이스Aeneis』에

전념함.

**기원전 19년** 51세  9월 21일.『아이네이스』를 완성하기 위해 3년 계획으로 희랍과 이시아를 여행하고 귀국하던 길에 열병으로 사망함.

# 찾아보기

**갈가눗**Garganus (아풀리아의 산) XI 247

갈라테Galatea (요정) IX 103

강게스Ganges (인도의 강) IX 31

고르튀나Gortynius (크레타 섬의 도시) XI 773

귀겟Gyges (트로이아 사람) IX 762

귀앗Gyas (트로이아 사람) XII 460; (라티움 사람) X 318

귈립풋Gylippus (아르카디아 사람) XII 272

그라빗케Grauiscae (에트루리아의 도시) X 184

그래웃Graecia (희랍) XI 287. Grai (희랍인) X 81, 334, 430, 720; XI 287, 289; XII 538

글로쿳Glaucus (트로이아 사람, 임부라수스의 아들) XII 343

**남풍**Auster IX 670

남풍Notus (바람의 이름) X 266; XI 798; XII 334

네레웃Nereus (바다 노인) X 102; X 764

네알켓Nealces (트로이아 사람) X 753

네옵톨Neoptolemus (아킬레우스의 아들) XI 264

넵툰Neptunus (바다의 신) IX 145, 523; X 353; XII 128

노에몬Noemon (트로이아 사람) IX 767

누마Numa (루툴리 사람) IX 454(A); X 562(B)

누마눗Numanus (루툴리 사람) IX 592, 653

니숫Nisus (트로이아 사람) IX 176, 184, 200, 207, 223, 230, 233, 258, 271, 306, 353, 386, 425, 438, 467

니페웃Niphaeus (루툴리 사람) X 570

닐룻Nilus (나일강) IX 31

**다나웃**Danai (아르고스 사람들) IX

154; XII 349

다렛Dares (트로이아 사람) XII 363

다우눗Daunus (투르누스의 부친) X 616, 688; XII 22, 90, 723, 785, 934

달Luna IX 403. 〈포이베〉 혹은 〈디아나〉를 보라

달다늣Dardanus (트로이아 사람들) IX 88, 100, 293, 647, 660, 695; X 4, 92, 133, 263, 326, 545, 602, 638, 814; XI 286, 353, 399, 471; XII 14, 549, 584, 612, 775

대모신Mater IX 108, 619. 〈베레퀸〉을 보라

대양Oceanus (유럽 대륙 서쪽 끝과 동쪽 끝 바다) XI 1

데모도쿳Demodocus (트로이아 사람) X 413

데모폰Demophoon (트로이아 사람) XI 675

델케눗Dercennus (라우렌툼의 왕) XI 851

도키웃Daucius (루툴리 쌍둥이 전사의 부친) X 391

도토Doto (네레우스의 딸) IX 102

돌로키온Dolichaon (헤브루스의 부친) X 696

돌론Dolon (트로이아 사람) XII 347

동방Eous (일출) XI 4

동풍Eurus (바람의 이름) XII 733

드랑켓Drances (루툴리 사람) XI 122, 220, 336, 378, 384, 443; XII 644

드뤼오페Dryope (요정) X 551

드뤼옵Dryops (트로이아 사람) X 346

디도Dido (카르타고의 여왕) IX 266; XI 74

디아나Diana (여신) XI 537, 582, 652, 843, 857. 〈삼위여신〉 혹은 〈포이베〉를 보라

디오렛Diores (프리아모스의 집안) XII 509

디오멧Diomedes (희랍의 장군) X 581; XI 226, 243

디옥십Dioxippus (트로이아 사람) IX 574

딘뒤마Dindyma (프뤼기아의 산) IX 618; X 252

라굿Lagus (루툴리 사람) X 381

라뎃Lades (트로이아 사람, 임브라수스의 아들) XII 343

라돈Ladon (트로이아 사람) X 413

라리나Larina (카밀라의 전우) XI 655

라리뎃Larides (루툴리의 쌍둥이 전사) X 391, 395

라리사Larisaeus (아킬레우스의 고향) XI 404

라뭇Lamus (루툴리 사람) IX 334

라뮈룻Lamyrus (루툴리 사람) IX 334

라비냐Lauinia (라티누스의 딸) XI 479; XII 17, 64, 80, 194, 605, 937

라우슷Lausus (메젠티우스의 아들) X 426, 434, 439, 700, 775, 790, 810, 814, 839, 841, 863, 902

라타굿Latagus (트로이아 사람) X 697, 698

라토나Latona (아폴로와 디아나의 모친)

IX 405; XI 534, 557; XII 198
라티눗Latinus (라우렌툼의 왕) IX 274, 388; X 66; XI 128, 213, 231, 238, 402, 440, 469; XII 18, 23, 58, 111, 137, 161, 192, 195, 285, 567, 580, 609, 657, 707
라티움Latium (이탈리아의 한 지방) IX 367, 485, 550, 717; X 4, 58, 77, 237, 300, 311, 360, 365, 895; XI 17, 100, 108, 128, 134, 141, 168, 193, 203, 213, 229, 302, 331, 361, 402, 431, 518, 588, 603, 618, 621, 745; XII 1, 15, 24, 57, 137, 143, 147, 211, 240, 448, 530, 548, 556, 567, 593, 604, 656, 693, 704, 730, 820, 823, 826, 837
라포Rapo (루툴리 사람) X 748
람네스Rhamnes (루툴리 사람) IX 325, 359, 452
레르나Lerna (아르고스의 늪) XII 518
레물룻Remulus (티부르의 왕) IX 360; (루툴리 사람) IX 593, 633(A); XI 636(B)
레뭇Remus (루툴리 사람) IX 330
레붓Rhaebus (말의 이름) X 861
로렌툼Laurentes (라티움의 도시) IX 100; X 635, 671, 706, 709; XI 78, 431, 850, 909; XII 24, 137, 240, 279, 542, 547, 769
로마Roma (라티움의 수도) IX 449; X 12; XII 166, 168, 827
로이툼Rhoeteius (트로이아 지방의 도시) XII 456
로이툿Rhoetus (루툴리 사람) IX 344, 345; (마르시 사람) X 388

로크리Locri (남부 이탈리아 브루티움의 도시) XI 265
로테웃Rhoeteus (루툴리 사람) X 399, 402, 404
루카굿Lucagus (라티움 사람) X 575, 577, 586, 592
루캇Lucas (루툴리 사람) X 561
루케튯Lucetius (이탈리아 사람) IX 570
루툴리Rutuli (라티움 사람들) IX 65, 113, 123, 129, 161, 188, 236, 363, 428, 442, 450, 494, 517, 519, 635, 683, 728; X 20, 84, 108, 111, 118, 232, 245, 267, 334, 390, 404, 445, 473, 509, 679; XI 88, 162, 318, 464, 629, 869; XII 40, 78, 79, 117, 216, 229, 257, 321, 463, 505, 597, 693, 704, 758, 915, 928
뤼네숫Lyrnesus(트로이아 지방의 도시) X 128; XII 547
뤼디아Lydi (뤼디아 사람, 에트루리아 사람) IX 11; X 155
뤼카온Lycaonius (트로이아 사람) X 749. Lycaon (크레타의 장인) IX 305
뤼쿳Lycus (트로이아 사람) IX 545, 556
뤼키아Lycia (소아시아 서남부 지방) X 126, 751; XI 773; XII 344, 516
륑케웃Lynceus (트로이아 사람) IX 768
리겔Liger (라티움 사람) IX 571; X 576, 580, 584
리구랴Ligus (이탈리아 서북부의 리구리아) X 185; XI 701, 715
리릿Liris (트로이아 사람) XI 670

리뷔아Libya (북아프리카) XI 265
리캇Lichas (라티움 사람) X 315
리큄나Licymnia (뤼디아 왕의 하녀) IX 546

# 마굿Magus (라티움 사람) X 521

마르스Mars (전쟁의 신) IX 518[전투], 566, 584, 717[군신], 766[전투]; X 21[승전], 237[전투], 280[전쟁]; XI 110[전사(戰死)], 153, 374[전사(戰士)], 661, 899; XII 1[전세], 73[승부], 108[전의], 124, 187[전쟁], 410[전쟁], 497, 712[전투], 790; Gradiuus X 542; Mauors IX 685[군신], X 755; XI 389[전쟁]; XII 179, 332

마르시Marsi (라티움의 한 종족) X 544

마시쿳Massicus (에트루리아 사람) X 166

마이온Maeon (루툴리 사람) X 337

만토Manto (예언자, 테이레시아스의 딸) X 199

만투아Mantua (에트루리아의 도시, 베르길리우스의 고향) X 200, 201, 203

맹호Tigris (배의 이름) X 166

메게라Megaera (복수 여신들 가운데 한 명) XII 846

메네텟Menestheus (트로이아의 뤼르네소스 사람) X 129

메넬랏Menelaus (아트레우스의 아들, 아가멤논의 동생, 헬레네의 남편) XI 262

메노텟Menoetes (아르카디아 사람) XII 517

메롭스Merops (트로이아 사람) IX 702

메사풋Messapus (라티움 사람) IX 27, 124, 160, 351, 365, 457, 523; X 354, 749; XI 429, 464, 518, 520, 603; XII 128, 289, 294, 488, 550, 661

메오냐Maeonia (뤼디아 사람, 에트루리아 사람) IX 546; X 142; XI 759

메젠툿Mezentius (에트루리아 사람) IX 522, 586; X 150, 204, 689, 714, 729, 732, 742, 762, 768, 770, 794, 897; XI 7, 16

메타붓Metabus (볼스키의 왕) XI 540, 564

메티쿳Metiscus (루툴리 사람) XII 469, 472, 623, 737, 784

멜람풋Melampus (헤라클레스의 동료) X 320

명왕Dis (저승의 신) XII 199

무라눗Murranus (라티움 사람) XII 529, 638

무사Musa (음악의 여신) IX 77, 774, 775; X 191[노래]

뮈케네Mycenae (아가멤논의 도시) IX 139; XI 266

뮐미돈 전사들Myrmidones (아킬레우스와 참전한 사람들) XI 403

므네텟Mnestheus (트로이아 사람) IX 171, 306, 779, 781, 812; X 143; XII 127, 384, 443, 459, 549, 561

미넬바Minerua XI 259. 〈팔라스〉 혹은 〈트리톤〉을 보라

미니오Minio (에트루리아의 강) X 183

미맛Mimas (트로이아 사람) X 702, 706

밍키웃Mincius (이쪽 알프스의 강 혹은 강물의 신) X 206

## 바이에Baiae (캄파니아의 도시) IX 710

바쿠스Bacchus XI 737

발레룻Valerus (에트루리아 사람) X 752

베나쿳Benacus (북부 이탈리아의 호수) X 205

베누스Venus IX 135; X 16, 132, 332, 608, 760; XI 277, 736; XII 412, 416, 786. 디오네의 딸 〈퀴테라〉를 보라

베눌룻Venulus (라티움 사람) XI 242, 742

베닐야Venilia (요정) X 76

베레퀸Berecyntius (대모신) IX 82

베술룻Vesulus (리구리아의 산) X 708

베스타Vesta (여사제) IX 259

복수 여신Dirae XII 845, 869, 914

볼루숫Volusus (볼스키 사람) XI 463

볼스키Volsci (라티움의 한 종족) IX 505; XI 167, 432, 463, 498, 546, 801, 898

볼켄스Volcens (라티움 사람) IX 370, 375, 420, 439, 451; X 563

부텟Butes (앙키사의 시종) IX 647; (트로이아 사람) XI 690, 691

북풍Boreas (바람의 이름) X 350; XII 365

불칸Volcanus IX 76, 148; X 408, 543; XI 439; XII 739

비티앗Bitias (트로이아 사람) IX 672, 703; XI 396

## 사가릿Sagaris (트로이아 사람) IX 575

사랑Amor X 188

사켓Saces (루툴리 사람) XII 651

사크랏Sacrator (에트루리아 사람) X 747

사툰Saturnus (유피테르와 유노의 아버지) IX 2, 745, 802; 659, 760; XI 252; XII 156, 178, 807, 830

사툰의 따님 Saturnia (유노 여신) IX 2, 745, 802; X 760; XII 156

산양좌Haedi (별자리) IX 668

살리웃Salius (루툴리 사람) X 753

살페돈Sarpedon (뤼키아의 왕) IX 697, X 125, 471

삼위 여신Triuia (헤카테) X 537; XI 566, 836. 〈디아나〉를 보라

새벽Aurora X 111, 460; X 241; XI 1, 182; XII 77

서풍Zephyrus (바람의 이름) X 103; XII 334

세라눗Serranus (루툴리 사람) IX 335, 454

세레툿Serestus (트로이아 사람) IX 171, 779; X 541; XII 549, 561

셀게툿Sergestus (트로이아 사람) XII 561

소락테Soracte (에트루리아의 산) XI 785

수크로Sucro (루툴리 사람) XII 505

술모Sulmo (루툴리 사람) IX 412; X 517

쉬메타Symaethia (시킬리아의 강) IX 584

쉬바릿Sybaris (트로이아 사람) XII 363
스테넬Sthenelus (트로이아 사람) XII 341
스테놋Sthenius (루툴리 사람) X 388
스튁스Styx (저승의 강) IX 104; X 113; XII 91, 816
스트뤼몬Strymonius (트라키아의 강) X 265; XI 580; (트로이아 사람) X 414
스팔타Sparta (라코니아의 수도) X 92
시돈Sidon (페니키아인들의 모국) IX 266; XI 74
시뫼Simois (트로이아의 강) X 60; XI 256
시카냐Sicania (시킬리아의 옛 이름) XI 317
실라Sila (브루티움의 산) XII 715

# 아귈라Agyllina urbs (에트루리아의 도시) XII 281

아깃Agis (뤼키아 사람) X 751
아룬스Arruns (에트루리아 사람) XI 759; 763, 784, 806, 814, 853, 864
아르곳Argi (펠로폰네소스의 도시 아르고스) IX 202; X 56, 779, 782; XI 243; XII 544
아르귀파Argyripa (아풀리아의 도시) XI 246
아르피Arpi (아풀리아의 도시) X 28; XI 250, 428
아릿바Arisba (트로이아 지방의 도시) IX 264
아마룻Amastrus (트로이아 사람) XI 673. 〈히포탓의 아들〉을 보라

아마센Amasenus (라티움 지방 헤르니키의 강) XI 547
아마존Amazon (흑해 여전사들) XI 648, 660
아마타Amata (라티누스 왕의 부인) IX 737; XII 56, 71
아마툿Amathus (퀴프로스 섬의 도시) X 51
아뮈콧Amycus (프리아모스의 집안) XII 509; (미맛의 아버지) X 704; (트로이아 사람) IX 772
아뮈클Amyclae (캄파니아의 도시) X 564
아바릿Abaris (루툴리 사람) IX 344
아밧Abas (에트루리아 사람) X 170, 427
아뷔텟Asbytes (트로이아 사람) XII 362
아스칸Ascanius (아이네아스의 아들) IX 256, 258, 592, 622, 636, 646, 649, 661; X 47, 236, 605; XII 168, 385, 433, 에네앗의 아들Aenides IX 653. 〈율루스〉를 보라
아스툴Astur (에트루리아 사람) X 180, 181
아시아Asia (아시아 대륙) X 90; XI 268; XII 15
아시웃Asius (트로이아 사람) X 123
아실랏Asilas (루툴리 사람) IX 571; (에투르리아 사람) X 175; XI 620; XII 127, 550
아욜Aeolus (바람의 왕) X 37; (트로이아 사람) IX 774; XII 542. 〈미세웃〉 혹은 〈울릭셋〉을 보라

아우눗Aunus (리구리아 사람) XI 700, 717

아이톤Aethon (말의 이름) XI 89

아카야Achiui X 90; XI 266

아카텟Achates (아이네아스의 친구) X 332, 344; XII 384, 459

아케론Acheron (저승의 강) XI 23

아케텟Acestes (시킬리아의 왕) IX 218, 286

아코텟Acoetes (아르카디아 출신) XI 30, 85

아콘툿Aconteus (라티움 사람) XI 612, 615

아퀴쿨Aquiculus (루툴리 사람) IX 684

아크론Acron (희랍 사람) X 719, 730

아크몬Acmon (트로이아의 뤼르네소스 출신) X 128

아킬렛Achilles IX 742; X 581; XI 404, 438; XII 352, 545; Pelides (펠레웃의 아들) XII 350

아테싯Athesis (베로나의 강) IX 680

아토스Athos (마케도니아의 산) XII 701

아트렛의 아들Atridae (아가멤논과 메넬라오스) IX 138, 602; XI 262

아티낫Atinas XI 869; XII 661

아펜니Appenninus (이탈리아 반도의 산맥) XI 700; XII 703

아폴로Apollo (태양의 신, 의술의 신, 예언의 신) IX 638, 649, 654, 656; X 171, 875; XI 785; XII 393, 405, 516

아피눗Aphidnus (트로이아 사람) IX 702

악카Acca (카밀라의 전우) XI 820, 823, 897

악토르Actor (오룽키 사람) XII 94, 96; (트로이아 사람) IX 500

안테웃Antaeus (루툴리 사람) X 561 Antheus (트로이아 사람) XII 443

안토렛Antores (아르고스 사람) X 778, 779

안티팟Antiphates (사르페돈의 아들) IX 696

알데아Ardea (라티움의 도시) IX 738; XII 44

알레텟Aletes (트로이아 사람) IX 246, 307

알렉토Allecto (복수 여신의 한 명) X 41

알바 (롱가)Alba (Longa) IX 387, 388; XII 134, 826

알바눗 Albanus (알바 롱가의 시조) IX 388

알숫Alsus (루툴리 사람) XII 304

알카놀Alcanor (트로이아 사람) IX 672; (루툴리 사람) X 338

알카댜Arcadia (아르카디아 지방) X 239, 364, 397, 425, 429, 452, 491; XI 93, 142, 395, 835; XII 231, 272, 281, 518, 551

알카톳Alcathous (트로이아 사람) X 747

알칸더Alcander (트로이아 사람) IX 767

알켄스Arcens (시킬리아 사람) IX 581, 583

알페스Alpes, Alpinus X 13

알페웃Alpheus (엘리스의 강) X 179

앗살쿳Assaracus (트로이아 사람) IX 259, 643; X 124; XII 127

앙수르Anxur (루툴리 사람) X 545

앙케몰Anchemolus (마르시 사람) X 389

앙키사Anchises IX 647; X 534; XII 934

애욕Cupido (쿠피도) X 93

야누스Ianus (문의 신) XII 198

야시웃Iasius (트로이아 사람) XII 392

야픽스Iapyx (아풀리아) XI 247, 678; (트로이아 사람) XII 391, 395, 420, 426

에게온Aegaeon (거인족) X 565

에게해Aegaeum XII 365

에네앗Aeneas IX 8, 41, 80, 96, 172, 177, 192, 204, 228, 241, 255, 786; X 25, 48, 65, 81, 85, 147, 156, 159, 217, 229, 287, 311, 313, 332, 343, 448, 494, 511, 530, 569, 578, 591, 599, 637, 647, 649, 656, 661, 769, 775, 783, 787, 798, 802, 809, 816, 826, 830, 863, 873, 874, 896; XI 2, 36, 73, 95, 106, 120, 170, 184, 232, 282, 289, 442, 446, 472, 511, 904, 908, 910; XII 63, 108, 166, 175, 195, 197, 311, 323, 324, 385, 386, 399, 428, 440, 441, 481, 491, 505, 526, 540, 554, 580, 613, 628, 654, 678, 697, 723, 746, 760, 772, 783, 794, 887, 919, 939; 앙키사의 아들Anchisiades X 250, 822; 에네앗의 일행, 종족, 도읍, 백성, 전쟁, 후손, 동료, 병사, 군단, 기병, 무리Aeneadae IX 180, 235, 448, 468, 735; X 120, 165; XI 503; XII 12, 186, 779. 〈율루스〉를 보라

에네앗의 아들 (아스카니우스, 율루스) Aenides IX 653

에돈Edonus(트라키아의 산) XII 365

에뤼맛Erymas (트로이아 사람) IX 702

에뤽스Eryx (시킬리아의 산) X 36; XII 701

에리케텟Erichaetes (트로이아 사람) X 749

에마톤Emathion (트로이아 사람) IX 571

에반더Euander, -drus (아르카디아 사람들의 왕) IX 9; X 148, 370, 394, 419, 492, 515, 780; XI 26, 31, 45, 55, 140, 148, 395, 835; XII 184, 551

에뷔숫Ebysus (트로이아 사람) XII 299

에우보아Euboicus (에게해의 섬) IX 710; XI 260

에키온 가문Echionius (테바이의 건설자) XII 515

에톨랴Aetolus (희랍의 한 지방) X 28; XI 239, 308, 428

에트나Aetna (시킬리아의 화산) XI 263

에풀로Epulo XII 459

엣투랴Etruria IX 150, 521; X 148, 180, 238, 429; XI 598; XII 232.Tuscus X 164, 199, 203; XI 316, 629; XII 551

오뉘툿Ornytus (에트루리아 사람) XI 678

오니텟Onites (루툴리 사람) XII 514

오로뎃Orodes (트로이아 사람) X 732, 737

오룽키Aurunci (캄파니아의 도시 아우룽카 사람들) X 353; XI 318; XII 94

오르셋Orses (트로이아 사람) X 748

오리온Orion (거인 사냥꾼) X 763

오리쿰Oricius (에페이로스 지방의 마을) X 136

오소냐Ausonia (이탈리아의 한 지역) IX 98, 135, 639; X 54, 105, 267, 355, X 564; XI 40, 58, 253; XI 297; XII 121, 183, 447, 834, 838, 937

오시눗Osinius (클루시움의 왕) X 655

오시릿Osiris (라티움 사람) XII 458

오실록Orsilochus (트로이아 사람) XI 636, 690, 694

오크눗Ocnus (만투아의 건설자) X 198

오펠텟Opheltes (트로이아 사람) IX 201

오피둣Aufidus (아풀리아의 강) XI 405

오핏Opis (디아나의 시종) XI 533, 836, 867

올레텟Aulestes (에트루리아 사람) X 207; XII 290

올륌풋Olympus (신들의 거처) IX 84, 106; X 1, 115, 216, 437, 621; XI 726, 867; XII 634, 791

올튀굿Ortygius (루툴리 사람) IX 573

올튀야Orithyia (북풍의 신 보레아스의 부인) XII 83

욜랏Iollas (트로이아 사람) XI 640

우펜스Vfens (라티움 사람) X 518; XII 460, 641

운명Parcae (신의 이름) IX 107; X 419, 815; XII 147, 150

울릭셋Vlixes IX 602; XI 263

움브랴 개Vmber (개의 품종) XII 753

움브로Vmbro (마르시 사람) X 544

유네웃Eunaeus (트로이아 사람) XI 666

유노Iuno (유피테르의 부인) IX 2, 745, 764, X 62, 73, 96, 606, 611, 628, 685, 760; XII 134, 156, 791, 841. 〈사툰의 따님〉을 보라

유랄룻Euryalus (트로이아 사람) IX 179, 185, 198, 231, 281, 320, 342, 359, 374, 384, 390, 396, 424, 433, 467, 474, 481

유로파Europa (유럽 대륙) X 90

유뤼툿의 아들Eurytides (금세공사) X 499. 〈클로눗〉을 보라

유메뎃Eumedes (트로이아 사람, 돌론의 아들) XII 346

유안텟Euanthes (프뤼기아 사람) X 702

유투나Iuturna (요정, 투르누스의 누이) XII 146, 154, 222, 244, 448, 468, 477, 485, 798, 813, 844, 854, 870

유피테르Iuppiter (유노의 남편) IX 82, 128, 209, 564, 624, 625, 670, 673, 716, 803; X 16, 112, 116, 567, 606, 689, 758, XI 901; XII 141, 144, 247, 496, 504, 565, 725, 806, 808, 830, 849, 854, 878, 895

율루스Iulus (아스카니우스) IX 232, 293, 310, 501, 640, 652; X 524, 534; XI 58; XII 110, 185, 399. 〈아스칸〉을 보라

이나림Inarime (캄파니아 지방의 바위섬) IX 716

이나쿳Inachus (아르고스의 건설자) XI 286

이다Ida (크레타의 산) XII 412; (프뤼기아의 산) IX 80, 112, 619, 672; X 158, 230, 252; XI 285; XII 546; (니수스의 모친) IX 178

이달륨Idalium (퀴프리아의 산) X 52, 86

이닷Idas (트로이아 사람) IX 575; X 351

이데웃Idaeus (트로이아 사람) IX 500

이도멘Idomeneus (크레타의 왕) XI 265

이드몬Idmon (루툴리 사람) XII 75

이리스Iris (신들의 전령) IX 2, 18, 803; X 38, 73. 〈타우맛의 딸〉을 보라

이마온Imaon (이탈리아 사람) X 424

이에라Iaera (숲의 요정) IX 673

이탈랴Italia (이탈리아 반도) IX 133, 267, 532, 601, 698; X 8, 32, 41, 67, 74, 109, 219, 508, 780; XI 219, 326, 420, 508, 592, 657; XII 35, 40, 189, 202, 246, 251, 297, 582, 628, 654, 705, 827

이튓Itys (트로이아 사람) IX 574

인도Indi (동방의 땅) XII 67

일루스Ilus (루툴리 사람) X 400, 401

일리온Ilium (트로이아) IX 285; X 61, 334, 635; XI 35, 245, 255, 394; XII 861

일바Ilua (이탈리아 서해안의 섬) X 173

일요넷Ilioneus (트로이아 사람) IX 501, 569

임브랏Imbrasus (뤼키아 사람) X 123; XII 343

잇마룻Ismarus (뤼디아 사람) X 139; (트라키아의 산) X 351

# 저녁 땅Hesperia XII 360

# 천랑성Sirius (별자리 이름) X 273

# 카멜스Camers (루툴리 사람) X 562; XII 224

카밀라Camilla XI 432, 498, 535, 543, 563, 604, 649, 657, 689, 760, 796, 821, 833, 839, 856, 868, 892, 898

카산드라Cassandra (프리아모스의 딸) X 68

카스밀라Casmilla (카밀라의 모친) XI 543

카스톨Castor (트로이아 사람) X 124

카이레Caere (에트루리아의 도시) X 183

카이쿳Caicus (트로이아 사람) IX 35

카틸룻Catillus (티부르의 건설자) XI 640

카페룻Caphereus (에우보이아의 암초) XI 260

카퓌스Capys (트로이아 사람) IX 576; X 145

카피톨Capitolia (로마의 언덕) IX 448

칼뤼돈Calydon (아이톨리아의 도시) XI 270

칼리오페Calliope (무사 여신의 한 명) IX 525

칼타고Karthago (카르타고) X 12, 54

캄파냐Campanus (캄파니아) X 145

케네웃Caeneus (트로이아 사람) IX 573

케디쿳Caedicus (레물루스의 빈객) IX 361; (에트루리아 사람) X 747

케쿨룻Caeculus (불카누스의 아들) X 544
케테굿Cethegus (루툴리 사람) XII 513
켄토룻Centaurus (전함의 이름) X 195
코랏Coras (티부르의 건설자) XI 465, 604
코뤼넷Corynaeus (트로이아 사람) IX 571(A); XII 298(B)
코뤼툿Corythus (에트루리아의 도시) IX 10; X 719
코사이Cosae (에트루리아의 도시) X 168
쿠네룻Cunerus (리구리아 사람) X 186
쿠레스Cures (사비눔의 도시) X 345
쿠파보Cupauo (리구리아 사람) X 186
쿠펭쿳Cupencus (루툴리 사람) XII 539
쿼르켄Quercens (루툴리 사람) IX 684
퀴도냐Cydon (크레타) XII 858
퀴돈Cydon (루툴리 사람) X 325
퀴모도케Cymodoce (네레우스의 딸, 요정) X 225
퀴베베Cybebe (퀴벨레 여신의 다른 이름) X 220
퀴벨룻Cybelus (프뤼기아의 산, 퀴벨레의 산) XI 768
퀴크눗Cycnus (리구리아의 왕) X 189
퀴클롭Cyclops (외눈박이 거인족) XI 263
퀴테라Cytherea(베누스 여신의 다른 이름) X 51, 86
크노솟Cnosius (크레타의 도시) IX 304
크레타Creta (지중해의 섬) XII 412
크레툿Cretheus (무사 여인들의 친구) IX 774, 779; (희랍인 가운데 가장 용맹한 사람) XII 538
크로밋Chromis (트로이아 사람) XI 675
크류사Creusa (아이네아스의 아내) IX 297
크산톳Xanthus (트로이아의 강) X 60
클라룻Clarus (뤼키아 사람) XI 126
클로늣Clonius (트로이아 사람) IX 574(A); X 749(B). Clonus (금세공사) X 499
클로룻Chloreus (트로이아 사람) XI 768; XII 363
클로숫Clausus (사비눔 사람) X 345
클루숨Clusium (에트루리아의 도시) X 167, 655
클뤼툿Clytius (트로이아 사람) IX 774(아욜의 아들Aeolides);(유네웃의 부친) XI 666; (트로이아의 뤼르네소스 사람) X 129; (루툴리) X 325
키세웃Cisseus (라티움 사람) X 317

# 타

타굿Taqus (루툴리 사람) IX 418
타나잇Tanais (루툴리 사람) XII 513
타르코Tarcho (에트루리아 사람) X 153, 290, 298, 302; XI 184, 727, 729, 746, 757
타르타라/저승Tartara (하계) IX 496; XI 397; XII 14, 205, 846
타뮈룻Thamyrus (트로이아 사람) XII 341
타불눗Taburnus (삼니움의 산) XII 715
타우맛의 딸Thaumantias (이리스) IX 5. 〈이리스〉를 보라
타퀴툿Tarquitus (루툴리 사람) X 550
탈롯Talos (루툴리 사람) XII 513

탈페야Tarpeia (카밀라의 전우) XI 656
테레웃Tereus (트로이아 사람) XI 675
테론Theron (루툴리 사람) X 312
테모돈Thermodon (카파도키아의 강) XI 659
테몬Thaemon (뤼키아 사람) X 126
테밀랏Themillas (트로이아 사람) IX 576
테베Thebae (보이오티아의 수도) IX 697
테실록Thersilochus (트로이아 사람) XII 363
테아노Theano (미마스의 모친) X 703
테우켈Teucer (트로이아 사람들) IX 34, 39, 55, 68, 77, 114, 130, 149, 226, 248, 510, 516, 636, 719, 778, 791, 805; X 8, 22, 28, 44, 58, 61, 105, 158, 260, 309, 430, 512, 528, 617, 684, 690, 866; XI 92, 116, 134, 164, 168, 175, 279; XI 321, 385, 434, 449, 585, 690, 834, 842, 872; XII 60, 78, 117, 189, 193, 506, 562, 629, 642, 738, 744, 770, 812, 824, 836
토앗Thoas (트로이아 사람) X 415
톨룸Tolumnius (루툴리 사람) XI 429; XII 258, 460
투르눗Turnus (루툴리의 왕) IX 3, 4, 6, 28, 47, 73, 108, 115, 126, 269, 327, 369, 462, 526, 535, 549, 559, 573, 574, 593, 691, 737, 740, 789, 797, 805; X 20, 75, 143, 151, 240, 276, 308, 440, 446, 453, 456, 463, 471, 478, 479, 490, 500, 503, 514, 532, 561, 615, 624, 629, 645, 647, 657, 665, 677; XI 92, 114, 115, 123, 129, 175, 178, 217, 221, 223, 336, 363, 371, 376, 441, 459, 486, 502, 507, 825, 896, 910; XII 1, 9, 11, 32, 38, 45, 56, 62, 74, 81, 87, 97, 138, 148, 164, 183, 220, 232, 243, 317, 324, 337, 353, 368, 380, 383, 446, 466, 469, 502, 509, 526, 539, 557, 570, 597, 614, 625, 631, 645, 652, 653, 666, 689, 697, 729, 765, 776, 799, 809, 861, 865, 872, 889, 913, 927, 943

툴라Tulla (카밀라의 전우) XI 656
튀데웃Tydeus (디오메데스의 아버지) X 29; XI 404; XII 351
튀레눔Tyrrhenus (에트루리아) X 71, 691, 787, 898; XI 93, 170, 171, 449, 504, 517, 581, 686, 727, 733, 835; XII 123, 272, 290
튀레눗Tyrrhenus(에트우리아 병사의 이름) XI 612
튀렛Tyres (트로이아 사람) X 403
튀룻Tyrrhus (라티움 사람) IX 28
튀리아Tyros (페니키아인들의 옛 도시 내지 카르타고) X 54
튀모텟Thymoetes (트로이아 사람) X 123(A); XII 364(B)
튀브릿Thybris (티베리스 강) X 421; XI 393; XII 35. 〈티베릿〉을 보라
튀폰Typhoeus (티탄족) IX 716
튐베르Thymber (루툴리의 쌍둥이 전사) X 391, 394
튐브라Thymbraeus (트로이아 사람) XII 458

튐브릿Thymbris (트로이아 사람) X 124
튜트랏Teuthras (트로이아 사람) X 402
트라캬Thraca (에게해 북방) IX 49; X 350; XI 659, 858; XII 335
트로늇Thronius (트로이아 사람) X 753
트로야Troia (프리아모스의 도시) IX 113, 128, 136, 144, 168, 180, 202, 247, 533, 547, 644, 689, 756, 812; X 27, 31, 45, 59, 74, 77, 89, 108, 110, 214, 250, 360, 378, 469, 584, 598, 609, 886, 895; XI 34, 125, 131, 161, 230, 288, 350, 421, 592, 597, 620, 778, 826; XII 122, 137, 231, 281, 359, 502, 625, 704, 723, 730, 804, 824, 828
트리톤Triton (배의 이름) X 209; (미네르바) XI 483
트마룻Tmarus (루툴리 사람) IX 685
티베릿Tiberis (로마를 관통하는 강) IX 125; X 833; XI 449. 〈튐브릿〉을 보라
티부르Tibur (라티움의 도시) IX 360; XI 757
티불툿Tiburtus (티부르의 건설자) XI 519
티시폰Tisiphone (복수 여신의 한 명) X 761
티토늇Tithonus (새벽의 여신의 남편) IX 460

# 파가슛Pagasus (트로이아 사람) XI 670
파두사Padusa (파두스 강의 하구) XI 457
파둣Fadus (루툴리 사람) IX 344
파둣Padus (이쪽 알프스의 강) IX 680
파라샤Parrhasius (아르카디아 마을) XI 31
파룻Pharus (루툴리 사람) X 322
파르탸Parthi (페르시아 제국) XII 857, 858
파릿Paris (트로이아의 왕자) X 702, 705
파우늇Faunus (라티누스의 부친, 목축의 신) X 551; XII 766, 777
파이온Paeonius (의술의 신 아스클레피오스) XII 401
파이톤Phaethon (태양신의 아들) X 189
파풋Paphus (퀴프로스 섬의 도시) X 51, 86
팍톨룻Pactolus (뤼디아의 강) X 141
판다룻Pandarus (트로이아 사람) IX 672, 722, 735, 744; XI 396
팔라스Pallas (미네르바) XI 477; 팔라스 신상Palladium IX 151
팔라스Pallas (에우안데의 아들) X 160, 365, 374, 385, 393, 399, 411, 420, 433, 442, 458, 474, 480, 492, 504, 506, 515, 533; XI 27, 30, 39, 97, 141, 149, 152, 163, 169, 177; XII 943, 948; 팔라스 성 Pallanteum IX 196, 241
팔라튬Palatinus (로마의 팔라티움 언덕) IX 9
팔레릿Phaleris (트로이아 사람) IX 762
팔리쿳Palicus (시킬리아의 신) IX 585
팔뭇Palmus (트로이아 사람) X 697, 699
팔테늇Parthenius (트로이아 사람) X 748
페게웃Phegeus(트로이아 사람) IX

765(A); XII 371(B)

페니캬Phoeni (페니키아) XII 4

페렛Pheres (트로이아 사람) X 413

페리댜Peridia (루툴리 사람 오니테스의 모친) XII 515

펜테실랴Penthesilea (아마존의 여왕) XI 662

펠가마Pergama (트로이아의 성채) X 58; XI 280

포달리우스Podalirius (트로이아 사람) XII 304

포르쿳Phorcus (라티움 사람) X 328

포이베Phoebe (달의 여신) X 216. 〈디아나〉를 보라

포이붓Phoebus (아폴로) IX 661; X 316, 537; XI 794, 913; XII 391, 402

포풀로냐Populonia (에트루리아의 도시) X 172

폴룻Pholus (트로이아 사람) XII 341

퓌르기Pyrgi (에트루리아의 도시) X 184

프로몰루스Promolus (트로이아 사람) IX 574

프로퀴타Prochyta (섬) IX 715

프로텟Proteus (이집트의 왕) XI 262

프뤼갸Phrygia (소아시아) IX 80, 134, 599, 617, 635; X 88, 157, 255, 582, 702, XI 145, 170; XI 403, 484, 677, 769; XII 75, 99

프뤼탄Prytanis (트로이아 사람) IX 767

프리벨Priuernus (루툴리 사람) IX 576

프리벨룸Priuernum (볼스키의 도시) XI 540

프리암Priamus (트로이아의 왕) IX 284, 742; XI 259; XII 544

피사이Pisae (에트루리아의 도시) X 179

필룸눗Pilumnus (라티누스의 조부) IX 4; X 76, 619; XII 83

# 하계Orcus (저승) IX 527, 785

하드랴 파도Hadriacus (이탈리아 반도의 동해안) XI 405

하르팔Harpalycus (트로이아 사람) XI 675

하이몬Haemon (루툴리 사람) IX 685; (라티움 사람) X 537

할레숫Halaesus (이탈리아의 왕) X 352, 411, 417, 422, 424

할리웃Halius (트로이아 사람) IX 767

할릿Halys (트로이아 사람) IX 765

헤르쿨Hercules (헤라클레스) X 319, 779. Alcides (알케웃의 손자) X 321, 461, 464

헤브룻Hebrus (트라키아의 강) XII 331; (트로이아 사람) X 696

헤쿠바Cisseis (키세우스의 딸) X 705

헥토르Hector (트로이아의 영웅) IX 155; XI 289; XII 440

헬레노Helenor (트로이아 사람) IX 544, 545

헬미눗Herminius (트로이아 사람) XI 642

헬베숫Herbesus (루툴리 사람) IX 344

휘다펫Hydaspes (트로이아 사람) X 747

휠룻Hyllus (트로이아 사람) XII 535

휠타쿳Hyrtacus (트로이아 사람) IX 177,

234, 319, 406
히베랴Hiberus (히스파니아의 강) IX 582;
XI 913
히스보Hisbo (루툴리 사람) X 384
히케톤Hicetaon (트로이아 사람) X 123
히포탓의 아들Hippotades (아마스트루스)
XI 674. 〈아마룻〉을 보라
히폴뤼테Hippolyte (아마존의 여왕) XI
661

# 아이네이스 3

**옮긴이 김남우** 로마 문학 박사. 연세대학교 철학과를 졸업했다. 서울대학교 서양고전학 협동과정에서 희랍 서정시를 공부하였고, 독일 마인츠에서 로마 서정시를 공부하였다. 정암학당 연구원이다. 연세대학교와 KAIST에서 가르친다. 마틴 호제의 『희랍문학사』, 오비디우스의 『변신 이야기』, 에라스무스의 『격언집』, 『우신예찬』, 토머스 모어의 『유토피아』, 몸젠의 『로마사』, 호라티우스의 『카르페디엠』, 『시학』, 키케로의 『의무론』, 『투스쿨룸 대화』, 『노카토 노년론』, 『라일리우스 우정론』 등을 번역하였다.

**지은이** 베르길리우스 **옮긴이** 김남우 **발행인** 홍예빈
**발행처** 주식회사 열린책들 **주소** 경기도 파주시 문발로 253 파주출판도시
**전화** 031-955-4000 **팩스** 031-955-4004
**홈페이지** www.openbooks.co.kr **이메일** literature@openbooks.co.kr
Copyright (C) 주식회사 열린책들, 2025, *Printed in Korea.*
ISBN 978-89-329-2518-9 93890 **발행일** 2025년 7월 15일 초판 1쇄